幼儿园科学教育

主　编：刘立民
副主编：李琳琳　耿晓颜　边　锐

北京理工大学出版社
BEIJING INSTITUTE OF TECHNOLOGY PRESS

版权专有 侵权必究

图书在版编目（CIP）数据

幼儿园科学教育 / 刘立民主编. —北京：北京理工大学出版社，2016.8（2022.8重印）
ISBN 978-7-5682-2986-9

Ⅰ．①幼… Ⅱ．①刘… Ⅲ．①科学知识–学前教育–教材 Ⅳ．①G613.3

中国版本图书馆 CIP 数据核字（2016）第 202803 号

出版发行 / 北京理工大学出版社有限责任公司
社　　址 / 北京市海淀区中关村南大街 5 号
邮　　编 / 100081
电　　话 / （010）68914775（总编室）
　　　　　（010）82562903（教材售后服务热线）
　　　　　（010）68944723（其他图书服务热线）
网　　址 / http://www.bitpress.com.cn
经　　销 / 全国各地新华书店
印　　刷 / 三河市华骏印务包装有限公司
开　　本 / 787 毫米×1092 毫米　1/16
印　　张 / 9.5　　　　　　　　　　　　　　　　　　责任编辑 / 梁铜华
字　　数 / 225 千字　　　　　　　　　　　　　　　　文案编辑 / 孟祥雪
版　　次 / 2016 年 8 月第 1 版　2022 年 8 月第 6 次印刷　责任校对 / 孟祥敬
定　　价 / 29.80 元　　　　　　　　　　　　　　　　责任印制 / 李志强

图书出现印装质量问题，请拨打售后服务热线，本社负责调换

前 言

《幼儿园教育指导纲要》中指出：幼儿园课程内容包括五大领域，其中科学教育领域包括数学教育和科学教育两部分内容。

《幼儿园科学教育》一书，涵盖了科学教育领域中"幼儿园科学教育"内容。

本书主要适用对象是幼专和高职学前教育专业的学生，旨在适应和推动我国高职学前教育课程改革，为广大的幼教工作者提供"幼儿园科学教育"方面的参考和帮助。本书也可作为幼师、本科学前教育专业学生以及其他旨在培养学生实践能力的培训机构的教学参考用书。

本书总体上有以下特点：

以《幼儿园教育指导纲要》（以下简称《纲要》）为理论基础，以"3～6岁儿童学习发展指南"为实践依据，根据课程是实现教育目的、教育价值载体的思想，比较深入地研究了《纲要》颁布以后幼儿园科学教育领域课程内容及改革方向，并对中外已有的学前教育资料进行认真的研究和借鉴，取其精华，去其糟粕，加以理论上的归纳，力图做到有的放矢，理论联系实际，对现行的幼儿园科学教育领域的教学有所补益。本教材是面向学前教育专业的学生和一线教师而编写的一本学前教育教材。

本教材具有观点外显、思路清晰、表述通俗、文例结合、立足现实的特点，试图在"是什么"和"为什么"的基本铺垫后，让学习者更多地知道"怎么做"。提高从事学前科学教育领域的教育教学工作的实际能力。

第一，具有理论性、系统性。

教材吸收了现代认知心理学和发展心理学的研究成果，借鉴国内外幼儿园科学教育的科研成果和教学实践经验，形成了较系统的理论观点，具有较高的理论性；对幼儿园数学教育、科学教育目标、内容、教学的原则、方法、评价与研究作了系统的阐述，力求使教材具有较强的系统性和完整性。

第二，具有实践性、针对性。

《幼儿园科学教育》根据幼儿科学概念认知发展的理论和教育的实践经验，科学地选择和阐述各年龄班科学教育内容和具体的教学方法，图文并茂，案例丰富，增强了教材的趣味性和可阅读性，是指导实际教育工作不可缺少的教材。

本书由刘立民担任本书主编,负责拟订编写大纲、写作体例和全书的修改统稿工作。在本书的编写过程中,各位编写者负责的单元是:第一单元由耿晓颜编写;第二单元由李琳琳编写;第三单元由边锐编写,并由其负责全书的 PPT 制作;前言、第四单元、第五单元、第六单元、第七单元刘立民编写。

编者根据自己多年教学体会与实践经验,本着全面性、客观性、实用性、发展性的原则,力求对幼儿园数学教育课程的改革进行深入的研究和探索,但是由于才疏学浅,难免有不当之处,敬请读者批评指正。

编 者

目 录

第一单元　幼儿园科学教育概述……………………………………………………1
　第一课　幼儿园科学教育的概念与特性……………………………………………1
　　一、幼儿园科学教育的概念…………………………………………………………1
　　二、幼儿园科学教育的特点…………………………………………………………6
　　三、幼儿园科学教育活动的基本特征………………………………………………8
　第二课　我国幼儿园科学教育的历史发展…………………………………………11
　　一、幼儿园科学教育的价值取向及教育目标的发展………………………………11
　　二、教育的变革及幼儿园科学教育的组织策略的改革……………………………14
第二单元　幼儿园科学教育的目标及内容……………………………………………15
　第一课　幼儿园科学教育目标的价值取向…………………………………………16
　　一、幼儿园科学教育的价值取向……………………………………………………16
　　二、幼儿园科学教育目标的构成……………………………………………………16
　第二课　幼儿园科学教育的内容选择和目标确定…………………………………17
　　一、幼儿园科学教育内容选择的原则………………………………………………17
　　二、幼儿园科学教育目标的确定……………………………………………………19
　　三、幼儿园科学教育内容选择的要求………………………………………………21
　第三课　幼儿园科学教育的内容与要求……………………………………………22
　　一、幼儿园科学教育的内容及要求…………………………………………………22
　　二、幼儿园科学教育内容的选择依据………………………………………………26
第三单元　幼儿园科学教育方法………………………………………………………28
　第一课　观察法………………………………………………………………………29
　　一、什么是观察………………………………………………………………………29
　　二、观察的类型………………………………………………………………………29
　　三、观察活动的指导…………………………………………………………………31
　第二课　实验法………………………………………………………………………32
　　一、实验的含义………………………………………………………………………32

·1·

二、实验的类型 …………………………………………… 33
　　三、实验活动的指导 ……………………………………… 33
 第三课　种植与饲养法 ……………………………………… 35
　　一、种植与饲养的含义 …………………………………… 35
　　二、种植与饲养的类型 …………………………………… 35
　　三、种植与饲养活动的指导 ……………………………… 36
 第四课　科学游戏法 ………………………………………… 37
　　一、对科学游戏的理解 …………………………………… 37
　　二、科学游戏活动的价值 ………………………………… 38
　　三、幼儿科学游戏的设计与组织领导 …………………… 39
　　四、幼儿科学游戏的种类 ………………………………… 41

第四单元　幼儿园科学教育的教学组织策略 ………………… 45
 第一课　幼儿园科学教育活动概述 ………………………… 46
　　一、幼儿园科学教育活动的特点 ………………………… 46
　　二、幼儿园科学教育活动的价值 ………………………… 47
　　三、幼儿园科学教育活动的准备 ………………………… 47
 第二课　幼儿园科学教育活动的设计 ……………………… 50
　　一、幼儿园科学教育活动的分类 ………………………… 50
　　二、预成式科学教育活动的设计 ………………………… 52
　　三、选择性科学教育活动的设计 ………………………… 64
 第三课　幼儿园科学教育活动的指导 ……………………… 68
　　一、预成式科学教育活动的指导 ………………………… 68
　　二、选择性科学教育活动的指导 ………………………… 71
　　三、生成式科学教育活动的指导 ………………………… 73
 第四课　幼儿园常见科学教育内容教案示范 ……………… 77
　　一、关于人体 ……………………………………………… 77
　　二、关于自然生态环境 …………………………………… 80
　　三、关于自然科学现象 …………………………………… 87
　　四、关于现代科学技术 …………………………………… 92

第五单元　幼儿园科学教育的评价 …………………………… 95
 第一课　教育评价的概念和作用 …………………………… 96
　　一、幼儿园科学教育评价的概念 ………………………… 96
　　二、幼儿园科学教育活动评价的内容 …………………… 96
　　三、幼儿园科学教育评价的作用 ………………………… 98
 第二课　幼儿园科学教育活动评价的类型 ………………… 100
　　一、幼儿发展评价和教学评价 …………………………… 100
　　二、诊断性评价、形成性评价和终结性评价 …………… 102
　　三、外部评价和内部评价 ………………………………… 104
 第三课　幼儿园科学教育评价的一般步骤 ………………… 105

一、确定评价目的 …………………………………………………………… 106

二、设计评价方案 …………………………………………………………… 106

三、实施评价方案 …………………………………………………………… 107

四、处理评价结果 …………………………………………………………… 108

第四课　幼儿园科学教育评价资料的收集方法 …………………………… 108

一、观察分析法 ……………………………………………………………… 108

二、测查法（适用于教师或幼儿） ………………………………………… 109

三、作品分析法（适用于幼儿） …………………………………………… 110

四、问卷调查法 ……………………………………………………………… 110

五、访谈法 …………………………………………………………………… 111

第五课　幼儿园科学教育评价的指标体系 …………………………………… 112

一、对教师教育组织策略的评价 …………………………………………… 112

二、对幼儿所获得的发展的评价 …………………………………………… 116

三、评价时需要注意的问题 ………………………………………………… 118

第六单元　幼儿园科学教育环境建设 ……………………………………………… 119

第一课　幼儿园科学教育物质环境的创设 …………………………………… 120

一、幼儿园科学教育物质环境的创设 ……………………………………… 120

二、幼儿园科学教育物质材料的提供 ……………………………………… 121

三、创设与幼儿生活背景相适应的幼儿园环境 …………………………… 124

四、创设与幼儿互动的良好物质环境 ……………………………………… 125

五、家庭、自然环境和社区教育资源的充分利用 ………………………… 126

第二课　幼儿园科学教育心理环境的创设 …………………………………… 126

一、营造对幼儿具有激励作用的良好的人际环境和精神氛围 …………… 126

二、同伴集体和教师集体是重要的教育资源 ……………………………… 129

第七单元　幼儿园科学教育课程的整合 …………………………………………… 130

第一课　课程整合的概念及方法 ……………………………………………… 130

一、课程整合的概念 ………………………………………………………… 130

二、幼儿园科学教育课程整合的方法 ……………………………………… 132

三、在多样化的活动过程中进行课程整合 ………………………………… 135

第二课　幼儿园科学教育课程整合的实践 …………………………………… 135

一、幼儿园科学教育与其他教育领域的整合 ……………………………… 135

二、课程整合应该注意的问题 ……………………………………………… 137

参考书目 …………………………………………………………………………… 141

第一单元

幼儿园科学教育概述

1. 内容提要

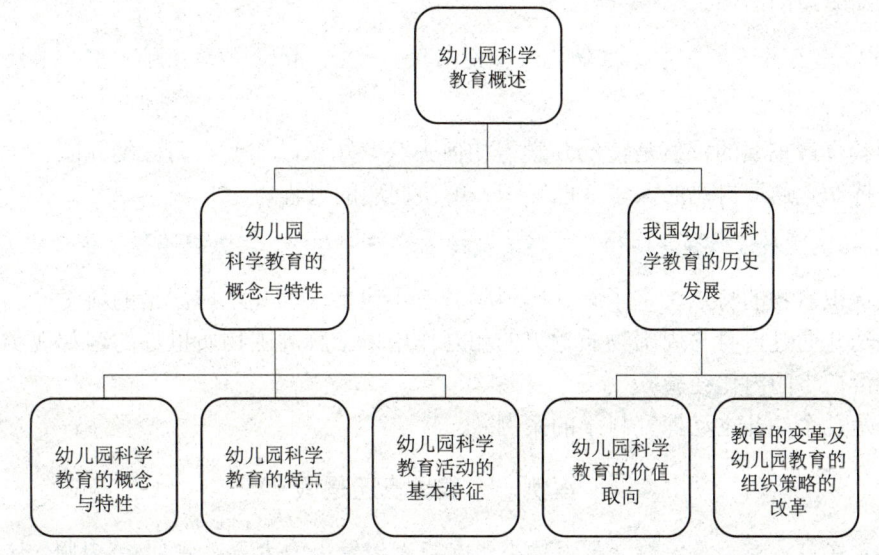

```
                    幼儿园科学
                    教育概述
                   /          \
          幼儿园                我国幼儿园科
          科学教育的              学教育的历史
          概念与特性              发展
         /    |    \            /        \
   幼儿园科学  幼儿园科学  幼儿园科学   幼儿园科学   教育的变革及
   教育的概念  教育的特点  教育活动的   教育的价值   幼儿园教育的
   与特性             基本特征    取向      组织策略的
                                          改革
```

2. 教学基本要求

了解科学概念和基本要素；重点是理解掌握幼儿科学教育的概念与特性。

第一课 幼儿园科学教育的概念与特性

一、幼儿园科学教育的概念

新中国成立初期至 20 世纪 90 年代，幼儿园一直沿用着"常识教育"。直至 90 年代初期"常识教育"才被"科学教育"取代。随后出现了一些相关的理论和实践研究。这一变化，不仅仅是简单的名称的取代，也不是只加上些新内容和动手操作的常识教育，更是在于赋予了幼儿园科学教育新的内涵。

幼儿园科学教育是指幼儿在教师的指导下，通过自身的活动，对周围自然界（包括人造自然）进行感知、观察、操作、发现，以及提出问题、寻找答案的探索过程。例如，教师把孩子带到郊外，启发他们采集各种小石块，然后带回幼儿园，让孩子向同伴介绍自己采集的石头，互相交流，并进行分类、制作活动。在这种活动过程中，孩子们不仅认识了各种各样的石头，学习了分类的方法，发展了他们的观察能力、思维能力、审美能力，同时还培养了幼儿探索大自然的兴趣和热爱大自然的情感。

幼儿园科学教育的实质是对学习儿童进行科学素质的早期培养。幼儿园科学教育应成为引发、支持和引导幼儿主动探究、经历探究和发现，获得有关周围物质世界及其关系的经验的过程，是实现幼儿获得乐学、会学这种有利于幼儿终身发展的长远教育价值的过程。由此可见，幼儿园科学教育有以下几个特点。

（一）幼儿园科学教育是引导幼儿主动学习、主动探索的过程

主动性是幼儿终身学习和发展的动力。社会的发展要求教育要培养人的主动性和创造性。不仅如此，人原本就是一个能动的个体，学习是学习者主动建构的过程。幼儿园科学教育必须成为幼儿主动学习、主动探索的过程。这样，幼儿的科学教育才会有成效，才会使幼儿养成主动学习的习惯。

（二）幼儿园科学教育是支持幼儿亲身经历探究过程、体验科学精神和探究解决问题策略的过程

科学教育最重要的价值是使幼儿学得如何去获取知识，如何学习。幼儿园科学教育应成为教师支持幼儿通过自己的探索获取知识、解决问题的过程。

（三）幼儿园科学教育是使幼儿获得有关周围物质世界及其关系的感性认识和经验的过程

幼儿认识事物的特点决定了幼儿园科学教育不应要求幼儿掌握严格的科学概念，而应引导、支持幼儿通过自身与周围物质世界的相互作用，了解周围物质世界的客观现实及其间的关系，获得初步的内化经验。

以下是几个幼儿主动探究科学的案例

案例一　表是真还是假

当儿童在游泳馆里游泳时，王森然小朋友指着墙壁上的大石英钟问："老师，这表是假的吧？"我随口答道："是真的。""不对，是假的。"他并不相信我的回答。他的辩驳引起了我的思考，为什么不让他自己去观察再得出结论呢？虽然他平时对什么都不感兴趣，能力相对较弱，但今天的机会却是难得的。于是，我问："你怎么知道它是假的呢？""它不动。"我继续对他说："那好，表是真的还是假的你自己看看，记住表现在是什么样子，表针指在哪儿，过一会儿再看看它变地方了没有。""行"他爽快地答应一声走开了。

几分钟后，他找到我说："这表是真的"我逗他说："假的吧？"他认真地说："它动了，是真的。"又有了几个来回后他仍对我说："这表是真的，它又动了。"

我觉得这样一件小事在日常生活中并不起眼。但对于平时无任何观察兴趣的孩子能对石英钟产生疑问，教师能及时抓住了他的关注点，利用孩子自己提出的问题给予指导，帮助他找到解决问题的方法，最后让他能主动地学习就是一件十分有意义的事情了。因此，教师能

有针对性地对儿童给予指导，是每位幼儿都能得到发展的关键。

评析：刘占兰（中央教育科学研究院）

"表是真是假"是教师在日常生活中引导幼儿自发产生疑问和探究活动的典型事例。

首先，张老师在生活中有随机教育的意识。对于幼儿在游泳时提出的与游泳无关的问题张老师能予以关注是难能可贵的，更可贵的是，张老师利用幼儿这次少有的主动提出问题的时机，试图培养他对学习和探究的兴趣。相信通过对这种随机渗透和积极支持幼儿探究的教育，一定能培养这个幼儿对学习和探究的兴趣。

其次，张老师能引导幼儿通过自己的观察和发现得出结论。幼儿通过记住指针的位置，观察表针是否移动的方法，判断表的真假。

在生活中，科学教育的时机随时出现，我们要善于抓住这些时机，引导幼儿的探究和学习兴趣。

案例二　观 察 水 表

吕明琪腾小朋友取毛巾时，无意碰掉了水表盖，当他捡起来表盖准备盖上时，有了新的发现："咦，这红的针还转呢！"边上的孩子七嘴八舌地说起来。"这是水表，用水的时候这表就转。""还有黑针呢！""那是干什么用的呀？""为什么看不到黑针动呢？""黑针会动""不会动""会动"黑表针动与不动成了他们关注的焦点。我想，黑表针到底动还是不动应该让幼儿自己去发现。怎么发现呢？每天只去看，没有与前一次进行比较，孩子们是看不出问题的关键的。活动室，我把水表画在黑板上，里面有8个小盘和指针观察记录本，有兴趣的幼儿可以自愿参加。有16位幼儿想参与记录。我征求大家的意见，让他们自由结合，2人1组，选定了记录本，制定了时间和次数，每周一和周三做记录，共10次，记录后写清记录时间，以便最后分析时更好地利用这些原始材料。

时隔几天，我突然想起还没提醒幼儿做第二次水表观察记录分析，又一想，他们会不会和我一样也忘了呢？我照直向记录本走去，从第一本开始，就让我，兴奋异常，因为每一本都做了记录，只有王森然和梁华伦的记录本把这两次记录画在了一个表上，也忘记写日期了。

孩子能在无人提醒的情况下自己主动去做记录，说明黑表针走与不走是孩子们很想知道的事情，是他们的需求。他们有了这种需求就会自发地产生主动探索的过程。

幼儿观察水表时是非常认真的，在做记录的过程中，他们互相交谈，提出问题，一次吕明琪腾说："我这黑针还是没走。"王蕾说："哎呀，这红针老转我怎么记啊？"王琳说："不用水的时候就不转了。"李良旭说："这黑表针怎么老在这儿，不动的呀？"一幼儿到保温桶接水，蔡正羽说："接水时表怎么不动啊。"刘屿说："喝的水是热的，这管子是凉水，它们两个管子没接通怎么会转啊？""哦，我明白了，厕所用水是不是这表也转呀，你看厕所和洗手管子都是连着的。"盛文天恍然大悟地说起来。幼儿在观察中主动探索，找到了问题的关键。

孩子们用完最后一次记录纸后，几个孩子找到我说："老师我们记录完10次了，咱们一块看看吧。"我答应了他们的要求，对观察记录本做了如下分析：

（1）请每一组的幼儿总结一下表针是否有变化，变动了多少格。

（2）把每一组的第一次记录和最后一次记录用分表盘的形式展现在黑板上，便于幼儿对照观察。

（3）引导幼儿观察每个表针之间的关系，让幼儿知道后面的表针转一个圈是前面的表针走一格的递进关系。

（4）利用第一次与最后一次的数字列出竖式，算出得数，结果发现一个多月的时间中班内用水 264 个字。

（5）一个字的水比小朋友的桌子还要多（长宽高），那么多水都可以做什么呢？

（6）孩子们知道水是宝贵的，应当珍惜每一滴水，所以洗手时要关上水龙头再打肥皂。他们找到了节约用水的方法。

观察水表是幼儿无意中产生的兴趣。从黑表针走与不走到表针递进关系，直至最后的节约用水，都是在观察、总结的过程贯穿教育的。孩子们对水表产生兴趣时，别说配班老师告诉我她不会看水表，就连我也从未看到过和计算过水表走了多少字，只觉得红针转得太快，不能算红针而已。在这样的活动中我不但引导了幼儿，而且和孩子一起增长了知识。这个观察活动，培养了幼儿认真做事的态度，同时也让幼儿知道，只有个人与他人的成功合作，才能得出比较科学合理的结果。

评析：刘占兰（中央教育科学研究院）

"观察水表"是在幼儿的关注点上生成科学教育的典型一例。

与孩子偶然发现了水表的红表针不停地转动而对黑表针动还是不动发生了争议时，张老师成功地引导他们对水表进行了较长时间的探究活动。孩子们进行了一系列的观察、记录，并依据自己的记录得出结论。这件事为我们带来了如下启示。

1. 在幼儿的关注点上生成教育，并引导幼儿通过自己的探究得出结论

幼儿在取毛巾时对水表的无意发现，引起了同伴们的关注和争议。张老师却看到了教育时机和这件事的价值，对孩子们予以了积极的响应和支持。

张老师支持幼儿探究活动并引导幼儿通过自己的探究得出结论。在这里，"引导"一词十分重要。它不是完全撒手不管，完全让幼儿自己去做；也不是直接告诉幼儿"如何做"和"是什么"，而是为幼儿搭建探究的阶梯和台阶，使幼儿能通过自己的努力获得成功。把八个指针分别画在不同的记录本上，让每组幼儿只观察一个指针，这非常适合他们的水平，是适宜的台阶。

在这样的活动中我们看到，孩子们自己发起的活动，他们会自觉地进行观察、记录。

2. 引导幼儿依据自己记录到的事实得出结论，培养科学的态度和精神

张老师引导幼儿在观察、记录的基础上，通过分析、比较，获得了多方面的经验，包括表针时间的关系、一个月的用水量、一个字的水有多少、节约用水等。

幼儿依据自己的观察、记录获得的事实得出结论，不仅可以使幼儿获得真正内化的知识和经验，更重要的是会使幼儿感觉到"真理"存在于客观事实之中，而不是教师头脑中，这是重要的科学精神和品质之一。

（以上案例摘自刘占兰　沈心燕著：《让幼儿在主动探索中学习科学》，2001 年版。）

★拓展阅读　**幼儿主动探究科学案例**

案例三　蚯蚓（唐山　李庆华）

一夜春雨过后，我班门前的空地上，出现了许多蚯蚓，孩子们兴奋地要把它们带回活动室。我一直不怎么喜欢那些软软的、蠕动的动物，一看心里就不舒服，甚至害怕。如果是在参与主动学习的科研活动以前，面对孩子们这样的提议，我一定不会组织他们接触那些不卫生的小东西。可如今，我知道，孩子们的关注点，就是教育的最好切入点。于是，我们将这些朋友"请"进了活动室。

我们共同点数了蚯蚓的数量，而且测量了其中最短小和最长的两条蚯蚓的长度。

"你们看清楚蚯蚓的样子了吗？"我问大家。

"蚯蚓是长长的，软软的。""它身上有黏黏的东西。""蚯蚓好像没有头！""对，我也没看见。"

"还有其他的发现吗？"面对我进一步的询问，孩子们有些沉默。

"老师，咱们再看看蚯蚓吧。"杨一小朋友说。

我允许孩子们每人用纸托着一条蚯蚓去观察。孩子们惊喜地、仔细地看着，用小手轻轻地摸一摸、拉一拉，相互交流着对这些新朋友的发现。

"你看，蚯蚓一会儿变长，一会儿变短。"依依说。

"它是在走路呢。"昕然说。"蚯蚓像松紧带似的，一松一紧地走。"

刚刚则一边将蚯蚓拉起、放下、再拉起地摆弄，一边说："我觉得蚯蚓像蛇，它肯定有内骨，身体一动，像迈开无数只小脚在走路。你们看，它的身体像弹簧，一小节一小节的，能伸缩。"边说边学起了蚯蚓走路。

杨一小朋友一直在专心地找蚯蚓的头，终于有了发现，他说："我看到蚯蚓的嘴了！"好多孩子围拢过去，真的，大蚯蚓那张像皮圆筒似的嘴在一翻一翻地动。

"老师，那是嘴吗？我看不像。"

"老师，蚯蚓的眼睛、耳朵在哪里？"

"地下那么黑，它能看见东西吗？"

"它只吃土吗？它会不会老死呢？"

孩子们边看边提出各种各样的问题，我为他们记录下来，并说好一起找答案。

我们暂时将蚯蚓放进一个装有土的盒子里。

自由谈话时，我先念了孩子们提出的问题。然后，我拿出一套《幼儿十万个为什么》的图书，告诉他们，这里有关蚯蚓的内容，孩子们催促着："老师，快讲讲。"

我让孩子们看我如何通过归类和查目录的方法找到相关问题的页码。在读的过程中，我有意在孩子们关注的问题处稍作停顿，以便孩子将书中内容与自己的疑问相印证、理解。讲完后，有些问题的答案还是没有找到，我建议孩子们在以后的时间去找谜底。

接下来的一段时间里，当有孩子找到关于蚯蚓的材料时，我就请他当小老师为大家讲一讲，然后制作成字条或图片，分成生活习性、生存环境、身体结构、作用等几项内容，贴在相同大小的硬纸上，装订成一本书，并给它起了名字：《我们的朋友——蚯蚓》。

在做这一切的同时，我们也关心着盒子里的蚯蚓。当发现有几条蚯蚓死去时，孩子们有些着急了，忙问这是为什么。我们翻开自己制作的书，在蚯蚓的生存环境这一项找到答案。

孩子们了解到，虽然我们很爱小蚯蚓，可它们并不适应这样的生活环境，怎么办呢？经过反复讨论，孩子们决定班内养几条蚯蚓，其余的放回大自然中。

和小蚯蚓分手时，孩子们有的会说："小蚯蚓，回家吧。"有的说："我会想你的"还有的说："好朋友，千万别让钓鱼的人捉到你"……

现在，我班的"小菜地"成了剩下的几条蚯蚓的家。有了小蚯蚓的帮助，我班的菜地会不会长得更好呢？孩子们长久地关注着。

评析：沈心燕（北京西城教研中心）

"蚯蚓"这一教育实例充分体现了王老师正确的课程观。

1. 教师是课程的重要组成部分

蚯蚓是王老师一向害怕的动物，但教师的责任感使王老师意识到教师不仅是执行课程的人，而且是课程的重要组成部分。教师的言行举止对幼儿有潜移默化的影响，为此，王老师注意克服心理障碍，以自己对蚯蚓的关注与关爱，激发幼儿对蚯蚓的关注与关爱。王老师自始至终同孩子一起观察蚯蚓、研究蚯蚓、测量蚯蚓、保护蚯蚓。

2. 将环境作为幼儿学习的课堂

传统课程将教材作为幼儿学习的全部内容，一切从教材出发，从教师出发，而王老师能够注重环境对幼儿的影响，将孩子关注的蚯蚓作为教育的切入点，在丰富幼儿自然知识的同时，让幼儿学习观察、分类和如何去收集信息、整理信息，学会看图书和制作图书。

（此案例摘自刘占兰沈心燕著：《让幼儿在主动探索中学习科学》，2001年版。）

二、幼儿园科学教育的特点

幼儿有着与生俱来的好奇心和探究欲，这是基于幼儿的心理特点及其表现得出的结论。幼儿最爱问"为什么"，而且这些为什么大多与科学问题有关，如："太阳在天上怎么不掉下来呀？""为什么晚上就看不见太阳了？""为什么秋天树叶都掉了？"等。他们对周围世界的任何新颖、陌生、有趣、神秘或难以理解的事物都会产生探究兴趣和欲望，并以自己的方式与周围世界相互作用。幼儿对周围世界的认识经历了一个由片面到全面、由表面到本质、由前概念到概念的发展过程。

2~3岁的幼儿思维明显具有自我为中心的特点。他们在理解、判断比较复杂的事物时还不能把自己和外部客观世界完全分开。他们对客观事物和自然现象的认识和解释往往从主观意愿和个人感觉出发，常常把周围的事物拟人化，形成了看到事物及其关系的"独特眼光"。5~6岁幼儿虽然仍具有自我中心阶段的一些认识特点，但这时的认识更多依赖于所感知的现象。他们对事物及其关系的认识和解释往往依据具体接触到的表面现象进行，直接受到其原有经验的影响，所以，还不能抓住事物的本质特征。幼儿在认知发展上的这些局限性，决定了他们在科学探索活动中、在理解科学知识时，具有一定程度的非科学性。下面，我们具体分析不同年龄阶段幼儿学习科学的特点。

（一）3~4岁幼儿学习科学的特点

刚入园的幼儿已经从成人那里或日常生活中获得一些有关周围事物及现象的印象，其中可能是正确的，也可能是错误的。由于他们的思维正处在由直觉行动思维向直觉形象思维过渡阶段，因此幼儿在学习科学教育过程表现出以下特点。

1. 认识处于混沌状态

刚刚入园的幼儿的头脑中对一些事物现象分不清，科学探究时更依赖于真实的具体事物，探究视角小，难以按照一定顺序对事物的结构和特点进行有序观察。

2. 认识事物带有模仿性，缺乏自主意识

3~4岁幼儿不仅不会有意识地围绕一定目的去认识某一事物，也不善于根据自己的所见、所闻、所知来表达自己的认识，调节自己的行为，而是喜欢模仿别人的言行，表现为别人做什么，他也做什么。如一个幼儿在沙坑里挖洞，另一个幼儿往往效仿他。

3. 认识问题带有明显的拟人化现象

3~4岁幼儿认识问题受自我为中心影响，常以自己的生活经验去解释各种事物和现象，而且带有明显的拟人化现象。如4岁的女孩有一天忽然对妈妈说："我知道天上的星星为什么眨眼睛了。"妈妈很奇怪，因为从来没有人教过她，而孩子的解释更令妈妈奇怪："因为每颗星星上都有人拿着手电筒对着我们一会开一会关。我们在地球上看，就像星星在眨眼。"又如，有的孩子常常会对着小鸡说话："你的家在哪里，为什么一个人跑出来了，你的妈妈一定很着急了"等。

4. 认识问题带有表面性和片面性

3~4岁幼儿喜欢探索日常的、熟悉的、可反复操作的事物。当有人问他选择什么样的车和小动物时，他们一般的选择都会集中在自己玩过的玩具或听过的故事中出现频率较高的事物。他们对科学探究内容的选择具有强烈的以自我为中心倾向和主观色彩，这就导致幼儿的认识问题必然带有表面性和片面性，影响他们对事物主要方面和主要特征的认识。

（二）4~5岁幼儿学习科学的特点

经过1~2年的幼儿园生活，4~5岁的孩子对科学的兴趣明显加强。此时幼儿以具体形象思维为主。因此，4~5岁幼儿在学习科学的过程中表现出以下特点。

1. 好奇好问

4~5岁幼儿对生活中接触但不熟悉的事物易表现出探究兴趣，喜欢观察特征明显、多元、有变化且好玩的事物与现象。他们会经常向成人提问，不但喜欢问"是什么"，而且还爱问"为什么"。例如："人为什么会跑到电视机里面去？""小鸟为什么会飞"等。

2. 初步理解科学现象中表面和简单的因果关系

4~5岁幼儿一般能够从直接感知到的自然现象中理解一些表面的因果关系；能够进行简单的因果分析和逻辑概括。例如"花不浇水就会死""鸟因为有翅膀，所以能飞"等。

3. 探究视野逐渐扩大

4~5岁幼儿对事物的观察能够从点扩大到面，能整体有序地观察，对事物进行比较。例如，中班幼儿观察小白兔，能够从头到尾地观察，在描述时不再只是说："小白兔有长长的耳朵，"而是很全面。还会情不自禁地说"小白兔有长长的耳朵，小猪的耳朵是圆圆的。"

4. 开始根据事物的表面属性、功能和情境进行概括分类

4~5岁幼儿在已有的感性经验的基础上，开始能够对具体事物进行概括分类，但概括的水平还很低。如问幼儿公共汽车、小汽车、消防车、救护车、装甲车等，我们都把它们叫作什么，在成人的启发下，他们回答出它们都是车，都有四个轮子，跑得都很快。在利用图片进行分类时，幼儿把苹果、西瓜、桃子归为一类，认为它们"能吃，吃起来水多"，把太阳、卷心菜归为一类，认为它们都是圆的等。可见4~5岁幼儿对事物的概括分类，具有明显的形象性和情境性特点。

(三) 5～6岁幼儿学习科学的特点

5～6岁幼儿的认知水平和各种经验相对于3～4岁、4～5岁幼儿更加丰富，这一时期的幼儿抽象逻辑思维已经开始萌芽。因此，其学习科学的特点表现得更为特殊。

1. 有积极的求知欲望

5～6岁幼儿不再满足眼前熟悉的一切，而是探究的内容更加广泛，并且开始对有一定挑战性的内容或问题表现出探究兴趣，而且喜欢关注事物的变化和奇特的现象，比如对天上的彩虹感兴趣，对地上影子的长短变化感兴趣。他们能够观察到事物的细节，考虑到探究事物的功用。例如，同样是探究车的活动，大班幼儿的关注点会放在车型、车的商标、车的速度和车的用途上。有的幼儿还会把车拆开，看看其中的奥秘。他们对自然现象的起源和机械运动的原理等开始感兴趣，渴望得到科学的答案。

2. 初步理解科学现象中比较内在的隐藏的因果关系

5～6岁幼儿已经开始能够从内在的隐蔽的原因来理解科学现象的产生。例如，解释乒乓球从倾斜的积木上滚落时说："乒乓球是圆的，积木是斜的，所以球放到上面会滚下来。"说明他们已经能从客体的形状与客体的位置之间的关系，即"圆"与"斜"的关系中寻找乒乓球滚落的原因。

3. 能初步根据事物的本质属性进行概括分类

5～6岁幼儿开始能够根据事物的本质属性，按照客观事物的分类标准概括地进行分类。如把电视、电冰箱归结为家电，把铅笔、橡皮归结为文具。幼儿阶段，由于受知识、语言、抽象概括水平的制约，对类概念的掌握还是比较简单的，缺乏高层次类概念所需要的在概括基础上进行高一级抽象概括的能力。因此，5～6岁幼儿仍然不可避免地会出现一些概念外延上的错误。如有的幼儿只能把家禽、家畜概括为动物，而把昆虫排斥在动物之外，认为昆虫是虫子，而不是动物。

总之，幼儿在探索和认识事物的过程中所表现出的不合成人逻辑的想法和做法，从幼儿已有经验和认知结构的角度看却是极其合理的。幼儿在认知发展的这种局限性，决定了他们无法获得客观的反映事物本质的认识。

三、幼儿园科学教育活动的基本特征

(一) 目标的长远性

追求有益于幼儿终身发展的大目标，是幼儿园科学教育的价值取向。当今，社会的迅速发展已经引起了教育的巨大变革。终身教育的倡导和实施，使幼儿的学习已经走出以往的狭小范畴，开始成为贯穿一生的完整过程。这意味着两个重要变化：一是一个人仅仅依靠十几年的学校教育无法适应一生的社会生活，他必须终身不断学习；二是作为人生起始阶段的幼儿教育，要为一个人终身的学习和发展做准备。为了幼儿终身的学习和发展，幼儿园科学教育应注重幼儿乐学和会学的教育目标和价值，强调培养幼儿内在的学习动机和兴趣，发展幼儿不断学习的能力。如果通过科学教育培养起幼儿对学习的兴趣，幼儿就有了终身学习的动力机制。孩子们如果通过学习科学，获得了探究解决问题的方法，就能不断运用这些方法去获得知识，解决各种问题。当我们预想的教育内容与幼儿的兴趣和需求发生矛盾时，我们绝不能以牺牲幼儿对学习的兴趣为代价来求取知识的传递。

（二）教育内容要生活化和具有生成性

1. 教育内容生活化的目的是让幼儿理解和体验到教育目标和内容对于幼儿当前学习的意义

只有当幼儿真正感到所要学的内容对于自己当前有意义，是他当前想要知道的东西或想要解决的问题时，他才能积极主动地去学习和理解事物及其关系，才有真正的内在的探究科学的动机。同时，要适时地将教育目标融入幼儿感兴趣的活动，使幼儿在感兴趣的活动当中实现有意义的教育。例如，在吃西瓜的季节，可以引导孩子发现是科学使我们能吃到无籽西瓜；在白雪飘舞的季节，可以引导幼儿感受到雪、冰、水的物态变化，从而增强儿童对科学的兴趣。

2. 内容的兴趣性和生成性

心理学告诉我们，幼儿对感兴趣的东西学得积极主动、效果好。兴趣使幼儿主动地从事某种活动，从中获得经验和乐趣。兴趣使幼儿产生自觉学习和发展的动机。兴趣使幼儿产生探究事物的欲望，并使这种探究性的活动得以维持。幼儿没有兴趣，就缺乏学习的内在动力，科学教育活动就难以开展。过去，在教育实践中，教师常常从自己的经验出发选择教育内容，也常常因为许多幼儿不感兴趣而懊恼。为了使幼儿园科学教育活动更富有实效性，作为教师，应当改变自己的教育出发点，要花时间寻求幼儿感兴趣的事物和内容，生成科学教育活动，使幼儿园科学教育活动成为幼儿感兴趣的活动是引导幼儿主动探究的前提。教师要发现、支持、扩展和利用幼儿感兴趣的活动，发现、保护和培植幼儿可贵的好奇心和探究兴趣。幼儿园科学教育活动的这一特性是培养幼儿的探究兴趣和好奇心，使幼儿理解科学的实际意义，获得终生学习的动力机制的根本保证，也是幼儿获得真正内化的科学经验的根本保证。

（三）教育过程能引导幼儿主动探究

真正的主动探究和学习，应是幼儿积极主动地与客观事物相互作用，并通过相互作用，不断强化或调整幼儿对客观事物原有的认识的过程。它应该包括以下必要环节和要素。

1. 幼儿产生疑问或疑惑

幼儿真正的主动探究和学习是从意识到有问题开始的。当幼儿有了疑问和问题，并产生想寻求答案的愿望时，主动探究才进入真正的准备状态。教师预想的问题如果不成为幼儿自己的问题，接下来的操作就不是幼儿的主动探究。

2. 幼儿用已有的经验对现象或问题进行猜想和解释

幼儿运用已有的知识经验，对所遇到的问题和产生的疑问进行解释、猜想和判断，这是幼儿调动原有的经验和认识的过程，为幼儿认识的主动建构，即主观原有认识与客观物体和事实相互作用，提供了可能。

3. 幼儿按自己的想法作用于物体，作用的结果和事实调节幼儿的认识，验证幼儿的解释是否适宜

这是客观现实与幼儿的主观认识相互作用的过程。客观现实或实验的结果如果与幼儿预先的猜想和解释一致，将强化幼儿原有的认识，提高幼儿原有经验的概括程度。如果客观现实或实验的结果与幼儿预先的解释相矛盾，将促使幼儿调整自己的原有认识，形成新的解释，再去与现实相互作用。这种过程不断循环往复，构成了儿童对客观事物探究的不断演进的过程。

然而，在实践中，教师往往很难做到这一点，总是在幼儿没有猜想和试试之前就急于把答案告诉幼儿，或在幼儿还没有经历足够的探究，获得足够的经验之前就急于替孩子概括和总结。这种教育方式实际上不是真正的主动学习和探究，致使幼儿的操作往往是在验证老师的想法而不是幼儿自己的想法，幼儿获得的认识不是自己经验的概括而是教师告诉的事实。这里，应当强调的是，幼儿园科学教育的过程，必须成为幼儿的探索性过程，成为幼儿猜想、尝试和发现的过程。这是幼儿教育工作者应当注意的问题。

（四）教育活动的结果是使幼儿获得广泛的科学经验

幼儿的思维发展水平决定了他们不可能获得真正的科学知识和科学概念。幼儿园科学教育活动的目的，在于引导幼儿经过探究活动获得广泛的科学经验。

皮亚杰的早期研究工作和我国有些学者的实验研究早就证实了幼儿认识客观事物的主观性和表面性特点。而且，在实际观察中我们还会发现幼儿认识事物具有很强的直接经验性。幼儿对事物的认识不能抓住本质特征，对事物及其关系的认识和解释只依据具体接触到的表面现象来进行。例如，当幼儿探索接亮小电珠的方法时，两节电池横着放在桌面上接亮了小电珠，幼儿会惊喜地报告自己的发现；当他把两节横放的电池竖起来，与刚才线路的连接方式没有任何不同时，幼儿却会把它作一种新方法，以同样的惊喜向别人报告。而事实上，幼儿眼里的新方法在成人看来没有质的区别。

幼儿对事物的认识直接受到其原有经验的影响。幼儿在探索和认识事物过程中所表现出的不合乎成人逻辑的想法和做法，在幼儿已有经验和认知结构上却是极其合理的，合乎他"自身的逻辑"。例如，幼儿有种子泡在水里能发芽、长大的经验，会形成"小花瓣泡在水里能长大"这样的假设和解释。幼儿的原有经验是树能产生氧气，当教师问到菊花对人有什么好处时，幼儿的解释和推论是"菊花能产生氧气"。老师常常教幼儿喝开水长得好，有的幼儿会给菊花浇开水。幼儿认识事物的这一特点是由他们思维的具体形象性派生出来的。幼儿在认知发展上的这种局限性决定了他们无法获得客观的认识。孩子的认识有时在成人看来甚至是错误的。也就是说，幼儿能理解的科学知识具有一定程度的"非科学性"。我们再次强调：幼儿认识事物的特点决定了幼儿不能像中小学生那样学习真正的科学概念，只能获得一些有关周围物质世界的经验，学习一些粗浅的科学知识。因此，作为教师要以"幼儿化的思维"方式努力去理解幼儿，接纳幼儿对周围事物不同于成人的"独特认识和解释"、"非科学性"认识和想法。

（五）教育价值的可持续性和多样性

1. 教育价值的可持续性

任何科学教育活动和教师的指导策略所应追求和实现的核心目标与价值都是幼儿的可持续发展。在科学教育活动中能否使幼儿获得可持续发展的、具有终生价值的大目标，是我们衡量科学教育活动成败与否的核心原则。由此可见，我们所进行的任何科学教育活动和所采取的任何一个指导策略都应对幼儿的终生发展有意义。培养幼儿对科学的好奇心和科学的态度是首位的价值和目标；培养幼儿获得探究解决问题的策略的经验是重要的价值和目标。在科学态度方面，要让幼儿尊重事实，用事实说明问题；相信并乐于通过探究解决问题，尝试用不同的方式解决问题；接纳、听取别人的不同意见，学着从不同的角度看问题等科学的态度和品质，对幼儿终生的学习和发展有重要意义。在科学活动中，知识经验是幼儿探究活动的必然结果，不应成为教师追求的主要对象。作为教师，要时刻牢记"人是教育的目的"，"不能以牺牲幼儿的主体性来求取知识的传递",不能牺牲幼儿的探究兴趣来求取知识的获得。

2. 教育价值的多项性

科学活动作为幼儿与事物的交往和认识活动,所实现的教育价值是多方面的。培养幼儿乐于探究、知道如何去探究以及在探究过程中获得对周围世界的认识,实现的是科学教育的认知价值;在科学教育过程中使幼儿体验和获得科学的精神,尊重事实的态度,培养坚持性与克服困难的精神,实现的是科学教育的意志价值;与同伴交流时发现,学着从同伴的角度看问题,欣赏同伴的价值,尊重同伴,与同伴友好相处,实现的是科学教育的人文价值;在探究过程中,发现自然界中事物各具特色的有序排列,了解人与周围环境的依存关系,热爱与保护周围环境,热爱与保护周围的动物,培养幼儿的爱心和对生命的尊重,实现的是科学教育的社会性和审美价值。如同真、善、美的统一是科学的一个本质属性一样,在引导幼儿探究周围物质世界中实现认知、社会性和审美价值的统一,也是幼儿园科学教育的一个本质属性。

(六)教育组织方式的多样性和灵活性

1. 注重幼儿自发的个别探究和小组探究活动

幼儿自发的个别活动和小组活动应受到特别的重视,甚至应成为幼儿园科学教育的主渠道。教师应支持和引导幼儿积极地开展这些活动。集体活动也应是在此基础上扩展和生成的。这也是幼儿园科学教育不同于学龄阶段的科学教育的一个重要特征。

2. 灵活地将幼儿园科学教育活动渗透于幼儿的一日生活

对于幼儿来说,科学就是他们每天所做的事。而且,幼儿对周围世界的好奇和疑问无时无刻不在发生。因此,幼儿园科学教育更多的应是随机教育,应在幼儿的一日生活中随时随地进行。

例如,阳光明媚的日子,幼儿在喝水时可能发现水杯反射到墙上出现了明亮的光圈。晃动水杯,墙上的光圈也随之晃动,还有时大,有时小。阴天的时候。光圈却没有了。这时,教师对幼儿的支持、引导、扩展和生成,会使幼儿不断地探索下去,逐渐深化。自选活动时,由于材料是教师有目的投放的,所以幼儿的探究和发现不断出现。户外活动时,幼儿不断地使用各种材料,可以和动植物有更多的接触,主动的探究和发现会更多。滚动的铁环、滑梯、风车……地上行动着的蚂蚁、各种小虫……各种不同的树、叶子和花,小草和各种不知名的动植物……这些丰富多彩的现实生活,都构成了幼儿的科学教育。幼儿园科学教育组织方式的多样性和灵活性也是保证幼儿主动探究和学习的重要条件。

第二课 我国幼儿园科学教育的历史发展

一、幼儿园科学教育的价值取向及教育目标的发展

(一)20世纪80年代常识教育的目标

20世纪80年代常识教育的目标(任务)由知识、兴趣、能力三个方面构成,具体表述为:
(1)丰富幼儿关于社会和自然方面粗浅的知识,扩大他们的眼界;
(2)培养他们对认识社会和自然的兴趣和求知欲,逐步形成对待人们和周围事物的正

确态度；

（3）发展幼儿的注意力、观察力、记忆力、想象力、思维能力和语言表达能力。

在这一目标体系中，知识被摆在首要位置，并强调兴趣的培养和智力的发展，但忽略了幼儿探究事物的过程和方法。

（二）20世纪90年代以来的科学教育的目标

20世纪90年代以来，科学教育的总目标是由科学知识、科学方法和对科学的情感态度三个方面构成的，具体包括：

（1）帮助幼儿获取周围世界广泛的科学经验，并在感性经验基础上形成初步的科学概念；

（2）帮助幼儿学习探索周围世界和学科学的方法，通过观察、分类、测量、思考、表达和交流信息等，发展幼儿的观察力、思维能力、初步的解决问题的能力和动手操作的能力；

（3）激发幼儿对周围世界的好奇心，探索周围世界和学习科学的兴趣，培养幼儿关心、爱护自然的积极情感和态度。同时，强调科学知识、科学方法和科学情感态度的统一和不可分割。

20世纪90年代我国幼儿园科学教育的目标与80年代的常识教育相比较，可以看出两者在很大程度上的承袭性，也可以看出明显的变化。

1. 承袭性

1）知识的掌握仍被放在第一位

这种情况不仅从总的教育目标的表述上可以看到，尤其在总目标具体到各个年龄阶段时，在众多的知识点构成的庞大的内容体系中更可以看到。而事实上，这种众多的知识点构成的庞大的内容体系，冲淡甚至淹没了总目标所要体现的价值。在实际工作中，教师无法"透过知识看到大的目标和价值"，知识仍是教师追求的核心目标。这种情况实际上影响着教育目标的实现。

2）情感态度放在较不重要的位置

虽然这一目标体系也重视了幼儿的学习兴趣与动机，但是并没有将兴趣的培养与动机的激发放在重要的位置上。尤其在实际工作中，激发幼儿的好奇心、兴趣等情感态度往往是为了完成教师所要传授的知识，而不是为了幼儿本身发展的更长远的、终生的目的。

3）注意在掌握知识的同时发展幼儿的一般认识能力：注意力、观察力、思维能力等。其中，突出强调观察力的培养。

2. 明显的变化

1）20世纪90年代幼儿教育较之80年代更加重视幼儿的感性经验，注重在幼儿获得感性经验的基础上形成初步的科学概念；强调发展幼儿的动手操作能力。这种变化使幼儿园科学教育更加符合幼儿的学习和发展特点。

2）重视幼儿学科学的方法。提出了帮助幼儿学习观察、分类、测量、思考、表达和交流信息等学科学的方法。这一目标的提出，体现了注重幼儿探究过程这种倾向，而且还提到了解决问题的能力，使20世纪90年代的幼儿园科学教育与80年代的幼儿常识教育有了明显的区别。

通过上述分析比较可见，20世纪90年代的幼儿园科学教育目标比80年代有了很大的改进。但笔者认为，这种变化仍然是非实质性的，必须构建新的目标体系，体现新的价值取向。

这是时代发展的必然要求。尤其要强调以下几个方面：

第一，幼儿教育应当注重有益于幼儿终生发展。当今，世界正在发生着迅速的变化，教育正在发生着巨大的变革。幼儿的学习已走出以往狭小的范畴，开始成为贯穿一生的命题。科学教育的目标和价值取向正面临着从表层、短近向深层、长远的变革。为了幼儿终身的学习和发展，幼儿园科学教育应注重幼儿乐学、会学这种大目标和教育价值。正如《学会生存》一书中所写的："我们再也不能刻苦地一劳永逸地获取知识了，而需要终身学习如何去建立一个不断演进的知识体系。——学会生存"。《教育——财富蕴藏其中》一书中更是明确提出了将乐学、会学作为具有终身价值的教育目标。书中写道："这种学习更多的是为了掌握认识的手段，而不是获得经过分类的系统化的知识，既将其视为一种人生手段，也可将其视为一种人生目的。作为手段，它应使学生个人学会了解他周围的世界，至少是使他能够有尊严地生活，能够发展自己的专业能力和交往；作为目的，基础是乐于理解、认识和发现。"

第二，注重幼儿的主动性和创造性。其原因在于：首先，社会的发展需要主动的、有创造性的个体。我国历来以"人口众多，地大物博"而自豪，如今地大物博的美好时代已经过去，人口越来越多，耕地越来越少，资源越来越匮乏；凭股子力气就能生活得很好的时代即将过去，我们的生存环境已经面临着危机。加上近年来追求眼前的经济利益，无度地滥砍滥伐，无度地开采资源，用不了多长时间我们将把自然界赐给我们的财富——土地、资源和能源掠夺、滥用和浪费完结。中国要发展，中国人要在21世纪能有尊严地生活着，怎么办？出路只有一条，那就是大力"开发人力资源"，而人力资源中最有可持续性的、最可深度开发的资源就是人的创造性和创造力。要让盐碱地变成高产田，要让"沙漠长出粮食"。我们要通过教育让我们的孩子，让我们的后代敢想祖先没有想过的事，敢做祖先没有做过的事。其次，社会的发展需要它的每一个公民都具有主动性和创造性。个体要在社会上更好地生存必须具备主动性和创造性，快速变化是未来社会的根本特征，人类将面临有史以来最为瞬息万变的境遇。生活在这样一个时代的人，要想很好地生活，最需要的就是主动性和创造性，其核心就是学会解决新问题。我们的孩子所面临的社会将比我们今天更复杂多变。我们的孩子们将生活其中的世界正在以比我们的学校快几倍的速度变化着。一切都要自我选择、自我决定，自己尝试着解决新问题。我们要通过我们的教育，使孩子们学会自己选择、自己决定，培养他们的主动性和创造性，让他们乐于探究，敢于创造和尝试新事物。

培养具有主动性和创造性的人是社会发展到今天对教育提出的必然要求。教育正在或即将进入一个以主动学习和创新性适应为标志的更为人性化的终身教育的时代。科学教育必须迎接这一挑战。

第三，注重并优先考虑幼儿的情感体验。幼儿探求知识的过程和方法比掌握知识的多少本身更重要。身处当今知识爆炸、知识快速增长、衰老、更新的时代，知识是学不完的，学得的知识也会过时的。"我们今天知道的东西，到明天就会过时，就会停滞不前"。人类已没有"一劳永逸地获取知识"的可能性。唯有乐学、会学才能使人终身受益。对于一个人来说，兴趣是探索和学习的原动力、内驱力，不仅能提高认识活动的积极性和效果，还能使认识活动成为快乐的事情；一个人如果通过学习科学而获得了探究解决问题的方法，那他就有可能不断运用这些方法去寻求尚未知晓的知识，探求解决各种新问题的方法。

当代教育目标新三层的提出已确定了这种教育发展的全球趋势。在教育目标旧三层结构中，知识被放在最优先的位置，态度被放在最后的位置。而今，新的三层结构将两者的位置倒置了过来，已将知识从最优先的位置颠倒到最后的位置，态度被突出出来，优先考虑。这是时代发展的必然要求。我们要在理论和实践上倡导的是，情感态度必须优先考虑，过程和方法比知识本身更重要。也就是说，使幼儿愿意去获取知识和学习如何去获取知识比知识的多少本身更重要。

二、教育的变革及幼儿园科学教育的组织策略的改革

在20世纪80年代及其之前的幼儿园科学教育（当时称"常识教育"）中，教师在组织实施中最关心的是把教学大纲中规定的自然常识和社会常识传授给幼儿；主要的教育策略是教师讲（做）、幼儿听（看），教师告诉幼儿事实和规律，幼儿被动接受、练习和记忆。由于教育以追求幼儿对知识的掌握为主要目的，教师大有一节课不教会幼儿某个（些）预想的知识点誓不罢休的劲头。幼儿相信和畏惧教师的权威，不会自己思考，不会也不敢自己动手探究，严重缺乏主动性和创造性。可以说，这种教育组织策略下培养出来的孩子，都是不会自己想、不会自己做的乖孩子。

进入20世纪90年代，在教育组织策略上提出增加幼儿的感性认识和操作，但重在理解知识和关系所进行的练习性和验证性操作，忽视幼儿的探索性和创造性操作。科学教育事实上没有真正成为幼儿主动探索的过程。虽然也有极少学者提出幼儿园科学教育要重演科学家科学活动的过程，但这只是一种有益的倡导，究竟重演什么和如何重演都需要深入探讨和研究。在幼儿园科学教育实践中，另一个突出的问题就是幼儿的需要和兴趣、发展和学习的特点得不到应有的尊重。在幼儿的需要和兴趣与教师预想的目标发生冲突时，教师们往往追求自己制定的、不知是否合适的目标，而不顾孩子的需要和兴趣。在幼儿的直接经验不足，还不能达到某种概括时，教师往往不是去扩展孩子的直接经验，而是凭空变换各种提问方式"引导"孩子概括；或用一遍又一遍地让幼儿"再想想"来"启发"孩子概括；实在"引导"和"启发"不出来时，就只好把抽象的东西直接告诉孩子，让孩子记住。这种教育实际上也是"没有孩子的教育"，教师把目标装在心里了，而没有把孩子装在心里，不知道孩子喜欢探索什么，能探索什么和怎么探索。这种"眼中有目标，心中没孩子"的教育是注定要失败的。

因此，必须对幼儿园科学教育的组织策略进行"更新型"的改革，实施以幼儿主动探索和学习为基点的科学教育的组织策略，使幼儿从教师高控制和被动学习中解放出来，真正成为主动的探索者和学习者。

学练结合

（1）幼儿园科学教育应成为引发、支持和引导幼儿主动探究、经历探究和发现过程中的"引发""支持""引导"，用实例说明。

（2）20世纪90年代与80年代在科学教育目标上有哪些明显变化？

第二单元

幼儿园科学教育的目标及内容

1. 内容提要

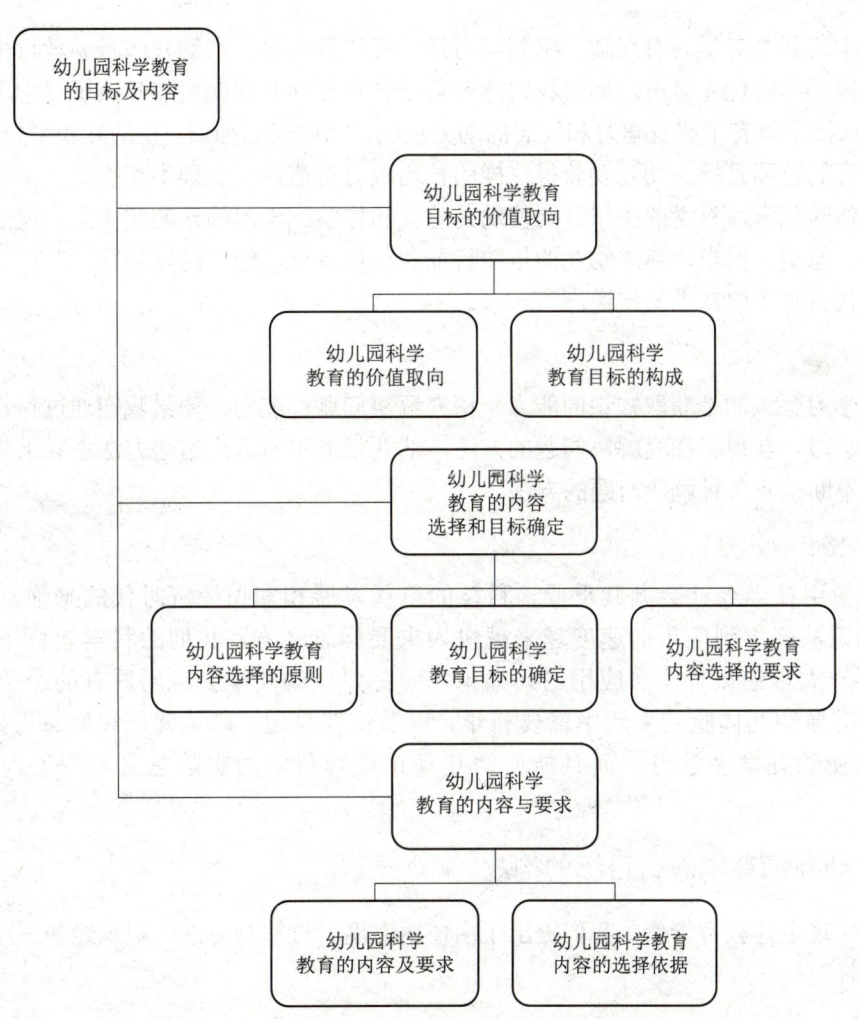

```
幼儿园科学教育
的目标及内容
    │
    ├──────────────────────────┐
    │                幼儿园科学教育
    │                目标的价值取向
    │                      │
    │            ┌─────────┴─────────┐
    │        幼儿园科学            幼儿园科学
    │        教育的价值取向        教育目标的构成
    │
    ├──────────────────────────┐
    │                幼儿园科学
    │                教育的内容
    │                选择和目标确定
    │                      │
    │        ┌─────────────┼─────────────┐
    │    幼儿园科学教育   幼儿园科学      幼儿园科学教育
    │    内容选择的原则   教育目标的确定  内容选择的要求
    │
    │                幼儿园科学
    │                教育的内容与要求
    │                      │
    │            ┌─────────┴─────────┐
    │        幼儿园科学          幼儿园科学教育
    │        教育的内容及要求    内容的选择依据
```

2. 教学基本要求

掌握科学教育的价值取向，根据科学教育的目标要求，学会合理选择科学教育内容。

第一课　幼儿园科学教育目标的价值取向

长期以来，我国幼儿园科学教育一直把知识的掌握放在教育目标的首位。教育目标追求的价值主要指向为入学做准备。教育目标的表述也基本以知识为主要线索，目标具体到各个年龄阶段的任务时，分成为小、中、大班的庞大的知识体系。这种目标体系，很难实现有益于幼儿终身发展的大价值，也很难发展幼儿的主动性、个体差异和创造性。

一、幼儿园科学教育的价值取向

当把幼儿园科学教育定义为"支持和引导幼儿主动探究、经历探索和发现"的时候，我们就可以把幼儿园科学教育的价值取向概括为使幼儿获得快乐学习、学会学习、学会应用这些有益于幼儿终身学习和发展的价值。

（一）快乐学习

快乐学习就是对学习有兴趣，感到学习是一件快乐的事。在幼儿园科学教育中，我们倡导的是：情感态度优先考虑。如果我们通过科学教育在幼儿期就培养起孩子对学习和探究的兴趣，那么孩子就有了终身学习和发展的动力机制。因此我们强调，使幼儿获得乐学的态度，是科学教育的首要目标。幼儿要获得这样的长远教育价值，就必须不断感受到学习科学的乐趣，不断体验到学习科学的快乐。要使幼儿感受和体验到学习的乐趣和快乐，就必须尊重幼儿的兴趣、愿望、需求，尊重幼儿的年龄特征和认识特点，绝不能以牺牲幼儿对学习和探究的兴趣为代价来求取知识的传递。

（二）学会学习

学会学习强调的是获取知识的能力、探究解决问题的能力。如果我们通过科学教育使幼儿学会了学习，获得了探究解决问题的方法，幼儿就能不断运用这些方法去寻求尚未知晓的知识，并不断探求各种解决问题的方法。

（三）学会应用

学会应用在当今社会尤其重要。科技的迅猛发展和知识经济时代的来临，以科学技术、新知识从产生到应用的速度越来越快为重要标志之一。我们的科学教育不再追求使幼儿获得一大堆僵化且无法应用的死知识，而是要让幼儿学会运用原有的经验去解决新问题，并引导幼儿体验到生活中需要科学，科学就在身边，科学就是我们每天所做的事。这不仅能使幼儿学会学习，而且能使幼儿真正理解科学的实际意义，产生内在的学习动机。

二、幼儿园科学教育目标的构成

为了实现上述教育价值，我们提出了由情感态度、过程与方法、知识经验三个要素构成的教育目标。

（一）有好奇心和探究热情，并有初步的科学精神和态度

好奇心是幼儿认识事物的天性，求知是幼儿的本能。幼儿天生具有科学家一样强烈的好奇心。幼儿总是有无数的惊奇和疑惑。他们对周围世界的认识是从这里开始的。爱探索是幼儿的年龄特点，对陌生的事物和现象幼儿都会产生尝试一下或摆弄一番的愿望。在探索过程中，通过自己动手对物体的触摸与操作，在与物质世界相互作用的过程中，幼儿主动建构起他们自己的有关物质世界的认识，并在今后不断地对客观物体的探索中补充、修正、达到完善。好奇心是幼儿认识和探索事物的内驱力，对幼儿形成积极的学习态度起着重要的作用。

社会日益加快了变化的速度，科学技术日益加快了前进和发展的步伐。创造的精神和创造的思想方法已经是现代社会生活和学习向每一个人提出的必然要求，也是社会发展所必需的。

我们要通过科学教育，使幼儿感受到创造可以使同样的东西具有更大的价值，从而乐于探索、乐于创造。要接纳、支持和鼓励幼儿以不寻常的、创造性的方式使用设备、材料，提出建议、尝试新实验和解决新问题。

（二）获得探究解决问题的策略的感性认识

对于幼儿而言，科学思维的第一步是用感官观察和探究周围环境。他们对使用工具发生了兴趣，并体验到工具有助于他们更好地探究事物的细节。当幼儿受到鼓励去观察和进行谈论时，能表现出对周围世界的惊奇和欣赏，他们受到成人对世界所表现出的兴趣的强烈影响，能提出相关问题。幼儿正式通过提出有关自然和物理世界的问题和参与科学研究的方法来表明他们无限的好奇心，表达他们对周围世界的疑问。逐渐地，幼儿的问题从"是什么"扩展到"为什么"和"怎么样"。幼儿通过各种感官进行观察、操作、实验来认识周围事物及其关系，同时获得探究解决问题的策略的感性认识。

（三）获得有关周围事物及其关系的经验，并有使用的倾向

（1）幼儿对事物及其关系的认识不是靠记忆，而是靠对特殊的材料、物体进行科学探索，通过各种例证得到的，是幼儿在和物体不断相互作用的过程中，经过反复操作、思考而悟出来的、体验到的和感知到的。幼儿通过亲身经历获得的经验性知识是幼儿理性思维和今后学习的基础。经验性知识是幼儿能够获得的最有价值的知识。

（2）对于幼儿来说，能够运用的知识才是真正的幼儿自己的知识。幼儿的科学知识必定是通过亲自体验获得的知识，并且是能够运用的活的知识。而且，运用有助于幼儿概念化已有的知识经验，使其不断丰富和深化，逐渐向人类共同的标准迈进。

上述三条目标的排列顺序体现了对三者关系的新看法。相对于知识来说，情感态度和探究解决问题的策略更为重要。无论在目标的表述上，还是在幼儿园教育实践中都要坚持这样的价值观。

第二课　幼儿园科学教育的内容选择和目标确定

一、幼儿园科学教育内容选择的原则

（一）选择的幼儿园科学教育内容要注意其内容的科学性和启蒙性

所谓科学性，是指幼儿园科学教育的内容应符合科学原理，不违背科学事实；所谓启蒙

性，是指幼儿园科学教育内容应是粗浅的而不是系统的科学知识，内容应是激发幼儿好奇心和科学探索、启示幼儿科学学习的媒介，不能超越幼儿的发展水平和理解能力。教师在根据这一要求选择幼儿园科学教育内容时应做到如下：

1. 选择幼儿生活中熟悉的内容，引导其发现日常生活中的科学

选择对幼儿具有启蒙作用的内容必须是他们较为熟悉的内容。这样的内容往往是幼儿能够经常看到又感兴趣的自然现象和事物。他们在生活中已经积累了丰富的科学经验。科学启蒙教育建立在这样的基础上，能较好地实现教育目标。如水的浮力是幼儿难于理解的抽象概念，我们可以通过在水中放置一些能够漂浮的物体，让幼儿观察它们向上浮的过程，从而获得关于浮力的科学经验。

2. 选择幼儿可以直接探索的内容，让幼儿在力所能及的范围内学科学

并不是所有的科学内容都适合幼儿。一些幼儿用感官无法直接感知或不能直接操作的内容不适合选用，如认识毒蛇的特性、龙卷风的危害、微生物的形态等。

（二）选择的幼儿园科学教育内容要有广泛性和代表性

广泛性指的是我们选择的幼儿园科学教育内容要尽量涉及多个方面，确保教育活动让幼儿获得广泛的科学经验；代表性指的是选择的内容要能典型反映某领域的基本知识结构。前者要求内容不局限于某一个或几个方面，从而让幼儿认识到世界的多样性和多变性，帮助他们积累丰富多样的科学经验；后者要求教育内容具有该内容所在领域的典型特征，从而为幼儿今后系统学习这一领域的科学知识打下基础。

为了保证选择的幼儿园科学教育内容符合广泛性和代表性要求，我们建议按下列步骤进行内容选择。

1. 在广泛的范围中选择内容

我们可以把选择范围确定在幼儿广泛的日常生活方面，也可以确定在广泛的学科知识方面。前者如"有趣的叶子""天上的彩虹""各种各样的纽扣""吃草的羊"等；后者可以从自然科学知识体系中得到启发，按知识领域确定内容。生物学中有关动物的知识点有很多，如海洋中的动物、陆地上的动物、空中飞的动物等。

2. 衡量所选内容的代表性

衡量所选内容的代表性也就是衡量所选的内容是否为某一科学领域中最基本的知识结构，以确定其认识价值。衡量的标准就是考察该内容能否让幼儿由这一内容进行举一反三，为他们学习类似的科学内容提供帮助。如水是幼儿日常生活中经常接触的物质，他们通过对水的观察、操作、实验，不仅可以获得关于水的三态（液体、固体、气体）的认识，积累关于水的科学经验，建立表象水平的概念，而且还有利于举一反三，为认识其他物质的两种存在状态奠定基础。

3. 考虑各部分内容的均衡性

考虑各部分内容的均衡性要求我们在安排所选择的内容时，要考虑各部分内容是否覆盖了科学教育的所有范围，各部分内容的比例是否协调。

（三）选择的幼儿园科学教育内容要有地方性和季节性

地方性和季节性要求是指幼儿园科学教育内容选择应结合当地的自然条件和季节特点，做到因地、因时制宜。也就是说，教师应该选择具有鲜明地方特色和季节特点的内容开展幼

儿园科学教育。教师在根据这一要求选择幼儿园科学教育内容时应做到如下几点。

1. 要注重从当地的自然和社会资源中挖掘和选择有价值的教育内容，不要照搬现成的材料

每个地区，甚至每个幼儿园都应该从自身所处的地理环境条件出发，随着季节变化，在当地资源中选择科学教育内容，努力形成具有鲜明园本特色的教育内容。

2. 要灵活地选用当地事物替换离幼儿较远或难以搜集的材料，作为教育的内容

不同的认识对象，可以发挥同样的教育价值。而且幼儿观察、操作的是他们所熟悉的事物，能萌发他们爱家乡的情感。

3. 根据当地季节变化特点，恰当地编排教育内容，不要固守统一的计划

由于我国南北季节特征有较大差异，很难制定统一的教育内容计划，因此各地要根据本地的季节、特点确定计划，并选择合适的时机开展活动。

（四）选择的幼儿园科学教育内容要有时代性和民族性

这一要求是指：幼儿园科学教育内容既体现现代科学技术的发展，又体现传统文化的特色。只有坚持这一要求才能使幼儿园科学教育内容在适应时代变化的同时，又发扬光大了民族优秀文化传统。教师在根据这一要求选择幼儿园科学教育内容时应做到如下几点。

1. 结合幼儿的生活选择介绍先进科学技术的内容

随着现代科技与生活的联系日益紧密，我们可以选择幼儿身边的一些科技新产品或科技新工艺作为教育内容，如无土栽培、现代通信、网络技术等。

2. 选择介绍科学技术发展过程的内容

通过这种内容一方面可以让幼儿积累科学技术发展史方面的知识，另一方面也使他们体会到现代科学技术的先进性以及古代人民的智慧，从而帮助他们了解科学技术的昨天，知道科学技术的今天，更有助于他们去探索科学技术发展的明天。例如幼儿认识"灯的发展"，不仅知道了古时候的人用什么方法照明，还了解了现代生活中各种各样的灯，在对比中体验科学技术的发展。

3. 引导幼儿认识我国具有民族特色的物产，或当地有名的物产

中国具有民族特色的物产很多，如丝绸是中国的一大特产。我们可以选择这样的题材作为幼儿园科学教育的内容，让幼儿观察、感受丝绸的特性，观察养蚕、结茧、叶丝到加工制作成丝绸的过程。此外，我国的很多珍稀动物、植物，如大熊猫、金丝猴、水杉树、银杏树等如果作为科学教育的内容，也充分体现了教育内容的民族性。

二、幼儿园科学教育目标的确定

幼儿园科学教育的目标是幼儿园科学教育的核心。它反映时代、社会对新一代的期望，也反映对该年龄段一般发展水平的幼儿的要求。它是教师进行幼儿园科学教育的指导方向，是制订计划和评价的依据。它关系到幼儿园科学教育的全面实施，制约着科学教育的内容、方法、手段的选择，活动的设计，环境设备的创设以及材料的提供。

（一）总目标

1. 认知

引导幼儿获取周围物质世界的广泛的科学技术经验和具体知识，在感性经验的基础上形成表象水平上的自然科学概念。具体包括以下内容：帮助幼儿获取有关常见的自然现象（包括季节、气象、理化等自然现象）及其与人类、动植物关系的具体经验或形成表象水平上的自然科学概念；帮助幼儿获取有关周围环境（有生命物质和无生命物质）及其相互关系的具体经验或形成表象水平上的自然科学概念；帮助幼儿获取与自己生活有关的科技产品及其对人类影响的具体形象的知识。

2. 方法和技能

帮助幼儿学习探索周围世界和学科学的方法、技能，即观察力、分类、测量、操作等，发展幼儿的观察力、创造力、动手能力和初步解决问题的能力。具体包括以下内容：帮助幼儿了解各种感观在获取信息中的作用，学会使用感观的方法，能够运用感官感知自然界和生活中的科技产品，获取感性经验，并学习有顺序观察和比较观察的方法，发展观察力；帮助幼儿学习分类方法，使幼儿能在一组物体中，按照事物的一个或两个特征挑选出有关物体，并能按照指定的标准，将给予的一组物体进行分类，或能按照自己规定的标准进行分类；帮助幼儿学习测量的方法，使幼儿能以粗略的方法（目测或感知）和非正式量具（如木棍、绳子等）测量物体，并学习以正式量具（如尺、温度计等）测量物体；帮助幼儿学习使用工具进行操作制作小科技产品。

3. 情感、态度和行为

激发幼儿对周围世界的好奇心，探索周围世界和学习科学的兴趣，培养幼儿关心、爱护自然和环境的积极情感和态度。具体包括以下内容：激发幼儿对周围环境中的新异刺激产生怀疑，作出积极的反应，并能集中注意、感知、观察、操作刺激物，并提出问题，寻求有关的信息和答案；培养幼儿对自然界和科学活动的兴趣，使幼儿喜欢观察、探索自然界，积极参与科学活动，谈论有关自然界和科学活动，并在活动中表现出愉悦的情绪；幼儿关心自然界，爱护、保护动植物和周围环境的积极情感、态度和行为。

4. 思维语言能力

激发幼儿积极探索事物间的相互关系，并提高学习思考和表达交流的能力。具体包括以下内容：帮助幼儿在认识个别具体事物的基础上，探寻它们之间的相互关系；帮助幼儿能比较客观地站在其他人、物、事的角度，看待、对待周围世界；帮助幼儿能比较积极地运用语言、图画来表达自己的所见及其观点；帮助幼儿在表达事物间的相互关系时能较多地运用复句形式，在表达关心、欣赏、赞美、感谢、敬仰的意向时会采用一些修辞手法。

上述总目标相互联系、不可分割，为幼儿园科学教育领域实现科学素质早期培养和促进幼儿体、智、德、美和谐地、全面地发展指明了方向。

（二）年龄班目标

1. 小班

引导幼儿观察周围自然现象的明显特征，并使其获取粗浅的科学经验；引导幼儿观察常见的个别动、植物和无生命物质的特征，初步了解它们与人、环境的关系；引导幼儿观察日常生活中个别人造物品的特征及其用途；帮助幼儿了解各种感官在感知中的作用，学习运用各种感官感知的方法，发展感知能力；学会根据一个或两个特征从一组物体中挑选出物体，归入一类；学会通过观察知道物体数量的差别，能以词汇或简单的句子描述事物的特征或自己的发现，并能与成人或同伴交流；使幼儿乐意参加科学活动，喜爱动物、植物，注意周围的自然环境。

2. 中班

帮助幼儿了解四季的特征及其与人们生活的关系，观察简单的理化现象，获取感性经验；

帮助幼儿获取有关自然环境中有生命物质、无生命物质及其与人类关系的具体经验，了解不同环境中个别动物、植物的形态特征和生活习性；引导幼儿了解周围生活中的某些科学产品及其与人们的关系；帮助幼儿学会综合运用多种感官感知事物特征，发展观察力，学会按照指定的标准对物体进行简单分类，学习运用简单的工具进行测量的方法，能用自己的语言描述自己的发现，并能与成人或同伴交流；使幼儿能主动参加科学活动，喜欢探索周围自然界，关心、爱护动植物和周围的自然环境。

3. 大班

帮助幼儿获取有关季节与人类、动植物、环境等关系的感性经验，形成春、夏、秋、冬四季的初步概念，探索周围生活中常见的理化现象，获取有关的科学经验；帮助幼儿初步了解各种环境中的动物、植物及其与环境的相互关系，介绍环境污染的现象和人们保护生态环境的活动；介绍幼儿能够理解的或能够看见的现代社会生活中的科学技术产品及其对人类的影响；使幼儿能主动运用多种感官观察事物，学习观察的方法，发展观察力，能按照自己规定的不同标准对物体进行分类，学习使用正式量具进行测量并学会正确的测量方法，能用语言与成人或同伴交流自己的发现、探索过程和方法，表达存在的问题和自己的愿望；使幼儿喜欢并能较长时间参与科学活动，能主动探索周围自然界并能发现问题、提出问题、寻求答案，能关心、爱护自然环境，并表现为行为。

三、幼儿园科学教育内容选择的要求

（一）对客观事物中广泛而稳定的兴趣和主动探索的精神

一般来说，幼儿天生是好奇的，对周围生活中的各种事物和活动有着广泛的兴趣。但这种兴趣多是自发地、外在的，而且是短暂的，易随条件的变化而不断变化。而作为科学素质中的兴趣则应该是自觉地、内在的、相对稳定的，只有这种兴趣才能促成幼儿对客观事物进行有目的的感知和主动的探索，进而发展为主动探索的精神。

（二）拥有一定的科学知识，并自觉运用科学知识来理解和对待各种事物

在科学教育中促进幼儿学习和掌握的知识不仅应该是科学的、正确的，而且应该是经过幼儿尝试探索、积极思考得来而又被幼儿理解的知识，这些知识还将根据幼儿的年龄、兴趣不同而具有不同的结构。只有符合这些条件的知识才能转化为幼儿内在的心理品质，构成幼儿的科学素质。

（三）掌握简单的科学方法

幼儿能理解和掌握的科学方法还远不是人们在科学研究中使用的严谨的科研方法，只能是人们在日常生活和劳动中认识事物的一般方法，包括针对具体的对象应如何进行有目的的探索、尝试；如何对具体的实物进行观察、比较、分类；如何进行科学小实验，等等。

（四）形成初步的科学观念

科学观念是人们在掌握了一定的科学知识和经验的基础上产生的对客观事物的存在和发展变化的概括性的认识。人们一旦形成了正确的科学观念，就不仅对各种具体的科学知识和科学方法产生独到的理解，而且能够有效地指导幼儿获得更多的科学知识。因而可以说，科学观念是个体科学素质中的集中表现。当然，因受年龄特点的制约，要求幼儿全面掌握现代

科学观念是不切实际的。但一些和具体的科学事实密切联系的浅显易懂的科学观念应该是幼儿能理解和掌握的。

第三课　幼儿园科学教育的内容与要求

《纲要》虽然没有明确规定幼儿园科学教育的内容范围，但是明确提出了通过幼儿园科学教育，让幼儿达到以下要求：有好奇心，能发现周围环境中有趣的事情；喜欢观察，乐于动手动脑、发现和解决问题；理解生活中的简单数学关系，能用简单的分类、比较、推理等探索事物；愿意与同伴共同探究，能用适应的方式表达各自的发现，并相互交流；喜爱动植物，亲近大自然，关心周围的生活环境。

一、幼儿园科学教育的内容及要求

确定幼儿园科学教育的内容时，应考虑到以下几个方面。

（1）引导幼儿对身边常见事物和现象的特点、变化规律产生兴趣和探究的欲望。

（2）为幼儿的探究活动创造宽松的环境，让每个幼儿都有机会参与尝试，支持、鼓励他们大胆提出问题，发表不同意见，学会尊重别人的观点和经验。

（3）提供丰富的可操作的材料，为每个幼儿都能运用多种感官、多种方式进行探索提供活动的条件。

（4）通过引导幼儿积极参加小组讨论、探索等方式，培养幼儿合作学习的意识和能力，学习用多种方式表现、交流、分享探索的过程和结果。

（5）引导幼儿对周围环境中的数、量、形、时间和空间等现象产生兴趣，建构初步的数概念，并学习用简单的数学方法解决生活和游戏中某些简单的问题。

（6）从生活或媒体中幼儿熟悉的科技成果入手，引导幼儿感受科学技术对生活的影响，培养他们对科学的兴趣和对科学家的崇敬。

（7）在幼儿生活经验的基础上，帮助幼儿了解自然、环境与人类生活的关系。从身边的小事入手，培养幼儿初步的环保意识和行为。

据此，我们可以将幼儿园科学教育的内容及要求细化为以下四个方面。

（一）人体

1. 人体的结构及其功能

了解人体的基本结构：头、颈、躯干、四肢。

了解人的基本形态：人的皮肤、骨骼、肌肉、血液等及其功能。

了解人的感觉器官：眼睛、耳朵、鼻子、舌头等及其功能。

了解人与人之间的异同：不同种族的人的皮肤、眼睛和毛发等方面的差异；不同年龄、不同性别的人在身体特征上的差异。

2. 人的生理活动

了解人体主要的器官：如心脏、胃、肺、肠等。

了解人体的生理活动：如血液循环、消化、呼吸、排泄等。

3. 个体的生长和衰老

能够认识到人是一个自然实体，每个人都经历着从出生、成长到衰老、死亡的生命过程。

知道自己是从妈妈的肚子里生出来的。

了解食物、空气和水是人生长发育的基本条件，合理营养、适当运动和休息都是个体健康成长的必要条件。

（二）自然生态环境

1. 动物

动物有很多种，如家禽、家畜、野兽、鸟、昆虫、鱼类等，它们区别于其他种类动物的特征。

了解各种动物的外部特征和生活习惯。

了解不同动物生活在不同的地方，有不同的生活行为方式，不同的繁衍方式，不同的食性。

观察和初步发现动物生长、变化的规律，能用不同方式进行记录（标记、绘图等）、表达和交流与发现有趣的现象并能进行探索。

初步了解动物是怎样使用生活环境的，动物的身体结构与所处环境的关系，行为方式与所处环境的关系等。

了解动物与植物、动物与动物之间的关系；了解动物与人类的密切关系；懂得动物是人类的好朋友，人类应该保护它们。

2. 植物

知道植物有多种多样，它们有区别于其他种类植物的特征。

认识一些常见的花卉、树木和蔬菜；知道它们的名称和外形特征。

知道植物是由根、茎、叶、花、果实、种子六部分组成的；初步了解植物各部分的功能。

知道植物有不同的繁殖方式。

获得植物生长过程的经验；初步了解植物生长的必要条件是阳光、空气、温度，以及植物生长与环境的关系。

观察季节变化；了解植物与季节变化关系。

观察植物生长、变化的规律；能用不同方式进行记录（标记、绘画等）并讨论交流。

观察在不同环境中植物的形态特征；了解植物形态特征与所处地理环境的关系。

了解植物与动物、植物与人类的关系；知道植物对净化环境的贡献；懂得要保护植物。

3. 非生物

1) 水

探索水是无色、无味、透明的、流动的、有浮力的，通过实验使幼儿懂得水在不同的条件下有液态、固态、气态三态变化。

通过实验、游戏、讨论等形式使幼儿知道水对生命及在人们的生活中的重要作用，如探索、观察不浇水的花的变化情况等。

知道哪些现象是节约水，哪些现象是浪费水；教育幼儿节约用水从自我做起，保护水源。

观察、发现日常生活中哪些现象是水污染，它对水中的动物、植物会造成哪些影响，如工业污水流进江河给鱼的生存的环境造成了很大的破坏，从而使鱼的生长受到很大的威胁等。

2) 沙、石、土

了解沙、石、土的简单关系：知道沙、土是由岩石变化而来的；在沙、石上不适合植物生长，肥沃的土壤才是植物生长的宝地。

通过实验、游戏等探索，发现沙、石、土的特征，知道其各自的主要用途。

知道地球上覆盖着大量的沙、石、土。

3）空气

空气是生命体生存的必要条件。幼儿探索空气的内容主要有以下几个方面。

知道空气是看不见的、摸不着的，我们的周围到处都是空气。

探索、发现空气的流动，如风是怎样形成的，可通过实验、游戏的方式进行。

知道动物、植物、人类生存、生长离不开空气，植物的生长与空气有关，人类的生活与空气有关；知道有关空气的其他现象。

4. 生态环境

1）生态环境的污染

初步了解一些环境污染的状况，如水污染、大气污染、噪声污染和生活垃圾污染等，知道这些污染对人类和动物、植物的危害。

了解生活环境质量下降，以及人类的过度砍伐、渔猎，导致许多物种正走向灭绝，同时也将危害人类自身。

2）保护生态环境

了解应从小养成保护生态环境的良好的行为习惯，如爱护花草树木、爱护小动物、保护珍稀生物的生存、保护水资源、保护环境整洁等。

了解人类为了保护和改造自己的生存环境所做的努力，如植树造林、填海等。

（三）自然科学现象

1. 天文现象

知道地球存在于宇宙之间，除了地球外，宇宙还有太阳、月亮、星星等，它们都离我们很远。

知道太阳是一个恒星，是一个发光、发热、燃烧着的巨大火球。它距离地球很远很远，没有它，地球上所有的生命就都不存在了。

知道月球是地球的卫星，它不会发光，只有太阳照射到月球上，才使我们看到夜空中的明月。知道月亮在不同的时间看上去形状会改变，月亮形状的变化是有规律的。知道月球上没有空气和水，也没有生命。宇航员可以乘航天飞机登上月球。

知道夜空中有无数星星，它们有的像太阳一样自己发光，有的自己不会发光。但因为离我们距离太远，我们只能看到一个闪烁的亮点。

2. 气候和季节现象

了解气候和季节是人类、动物、植物生存的重要因素，它们的变化是有规律的。

观察晴天、雨天、多云、阴天等天气，并学会记录。让幼儿学会用温度计观察记录天气温度。

观察各种天气现象：如雨、雪、风、冰、闪电、雾、冰雹、霜等。

知道四季的变化及其规律，了解不同季节的特征。

了解季节和气候变化对人类和动物、植物生活、生长的影响，能主动适应外部环境的变化，并保护身体。

3. 物理现象

1）光

了解光和人类生活的密切关系，光为我们带来了光明，使我们可以看见周围的世界。光还为植物的生长提供了条件。

知道光是从哪里来的，太阳、个别生物、燃烧物体、电灯、闪电等会发光，月亮镜子等会反光。

探索光学仪器（如三棱镜、各种透镜等）；了解简单的光学现象。

了解颜色是由光的反射造成的；探索物体的颜色现象。

2）声

知道我们生活在一个充满声音的世界里；注意倾听、观察和感受各种各样的声音。

探索声音的产生；知道不同物体会发出不同的声音。

知道声音有乐声和噪声之分，乐声给人以美的感受，噪声会带给人危害。

3）电

了解摩擦产生的静电、电线输送的电和干电池里的电都是电。

了解干电池的用途，理解电的用途及优越性。

懂得安全用电，避免事故。

4）磁

观察各种形状、大小的磁铁，探索磁铁的性质。

了解磁铁的用途。

5）热

知道任何物体都有温度，有的温度高、有的温度低。

不同温度的物体之间会发生传热现象，有的传热快、有的传热慢。讨论生活中有关热的问题，如夏天怎样散热，冬天怎样生热和保暖等。

6）力和运动

知道力和运动是生活中最常见的现象；初步了解力的大小、方向、作用点和物体运动之间的关系。

知道力有很多种，如地球的吸引力、推力、拉力、压力、浮力、摩擦力，以及风力、水力、电力等，感受各种力的作用。

探索力的平衡。探索省力的方法，如使用轮子、滑轮、杠杆、斜面、机械等。

4. 化学现象

了解周围物质世界和日常生活中存在的简单的化学现象。如大米经过烧煮变成米饭，面粉发酵做成馒头等。

知道食物的霉变现象；初步了解食物为什么会霉变。

（四）现代科学技术

1. 日常生活的科学技术

家用电器：知道电视机、电冰箱、洗衣机、电饭煲、空调等的主要用途。

初步学会安全、简单的家用电器的使用方法，并体会它们在人们生活中的重要作用。

认识各种通信工具：了解自行车、摩托车、汽车、电车、火车、飞机、轮船，以至于现代的最先进的交通工具（如高铁、超音速飞机、磁悬浮列车等）在人们生活中的重要作用。比较它们的优缺点，知道要安全驾驶、遵守交通规则等常识。

认识各种现代道路，如高架路、立交桥、高速公路、隧道等。

认识现代农用工具：认识拖拉机、脱粒机、播种机、抽水机等，知道现代农用工具既减轻了农民负担又增加了产量，提高了农民收入。

认识各种科技玩具：会正确使用各种科技小玩具，能够拆卸、组装。

2. 简单的科技小制作

学习使用生活中的常用工具，了解工具用途。

学习运用工具材料制作简单的科技玩具，如做风车、不倒翁等，体验制作过程，感受成功喜悦。

3. 体验科学技术的发展

了解科学技术是不断发展的，从中体会科学技术的发展给人们生活带来的便利。如介绍社会生活中的科技产品与人们生活的关系，如"光滑的玻璃制品""各种各样的纽扣"（属材料科学技术）"现代通信工具""现代交通工具""机械化养鸡""能干的机器人"（属机械自动化）"高高的电视塔""聪明的电脑"等。

介绍科学家的故事，如"中国第一位铁路工程专家——詹天佑"等。激发幼儿热爱科学的情感和对科学家的崇敬之情。

讨论科学技术的未来，激发幼儿的想象力和创造力，萌发运用科技造福人类的愿望。

二、幼儿园科学教育内容的选择依据

幼儿的兴趣、智力发展水平和过去的经验，对幼儿学习科学教育内容的理解与吸收起决定作用。

教师选择的教育内容应稍稍高于幼儿的现有水平，让他"跳跳脚"能够达到。这样的教育内容才能够引起幼儿的求知欲，刺激他积极思索、克服困难获得成功的愿望，有利于幼儿的发展。

在选择幼儿教育的内容时，应当考虑以下几点。

1. 不同的年龄班幼儿的可接受性不同

1）小班

应该让他们认识生活中常见的、熟悉的事物和现象，如一些小动物、色彩鲜艳的水果、身边常见的植物和生活中经常接触的日用品或者相关的事物以及现象。

在认识的过程中要让幼儿运用自己的感官，感知事物的颜色、形状、味道、声音等明显特征，从而发展幼儿的感知觉。

2）中班

中班幼儿好奇心更加强烈，认识能力不断提高。因此，此阶段主要强调扩大幼儿的认识范围，满足幼儿的好奇心，激发幼儿的求知欲。同时，应给幼儿更多的观察、比较操作和探索的机会。如让幼儿比较自行车和摩托车的异同点，认识光和影，认识声音，比较不同的声音等。

3）大班

大班幼儿对科学探索的态度更加积极主动，不仅爱提问题，而且自己去探索，寻找答案。因此，在选择内容时要有意识地把幼儿的认识范围扩展到其未亲身经历过的领域，如认识宇宙中的地球、雨的形成、动物保护自己的方式，还要给幼儿提供操作、探索、发现的机会，指导他们做科学小实验，如磁铁吸什么、水的三态变化、各种力的作用等，在此基础上形成一些日常生活概念。

2. 同一个年龄班内不同幼儿可接受性不同

同一个年龄班内不同的幼儿接受性也是不同的。一是因为幼儿来自于不同的家庭，知识背景不同；二是因为幼儿之间兴趣差异很大。所以，教师选择的内容应以一个班内幼儿的平均水平为依据。

3. 不同幼儿园的同龄班可接受性不同

由于地区差异，不同幼儿园的同龄班幼儿发展水平也是不一样的。如农村的中班幼儿和城市的中班幼儿之间相比较，在发展水平、兴趣以及视野方面都有不同。

农村幼儿对于自然中动植物、气象、节气的变化比较熟悉和了解，而城市中的幼儿则对现代化科技的发展更加感兴趣，如他们喜欢认识宇宙、喜欢恐龙、机器人等。因此照搬照抄某一本教材或某一个教案是不符合幼儿的可接受性的，应该结合本班幼儿的特点加以修改。

教师在考察幼儿可接受性时，可通过以下途径进行。

（1）通过提问了解幼儿；

（2）观察幼儿的语言、动作以及活动水平；

（3）通过和家长沟通了解情况。

学练结合

（1）举例说明"学会学习""快乐学习""学会应用"的含义。

（2）以小组为单位，把幼儿园科学教育内容划分为大、中、小班的教学内容。

第三单元

幼儿园科学教育方法

1. 内容提要

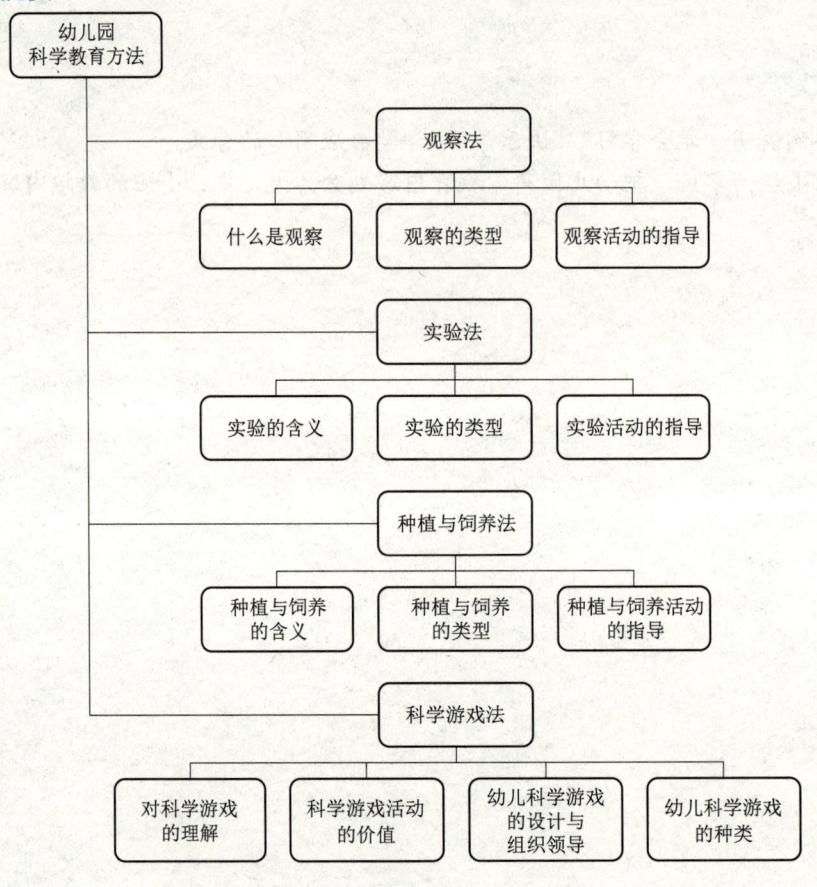

```
幼儿园科学教育方法
├── 观察法
│   ├── 什么是观察
│   ├── 观察的类型
│   └── 观察活动的指导
├── 实验法
│   ├── 实验的含义
│   ├── 实验的类型
│   └── 实验活动的指导
├── 种植与饲养法
│   ├── 种植与饲养的含义
│   ├── 种植与饲养的类型
│   └── 种植与饲养活动的指导
└── 科学游戏法
    ├── 对科学游戏的理解
    ├── 科学游戏活动的价值
    ├── 幼儿科学游戏的设计与组织领导
    └── 幼儿科学游戏的种类
```

2. 教学基本要求

掌握教师为完成教育任务，实现教育目标而采取的具体的手段和办法；学会指导幼儿学习科学的方法。

第一课 观察法

一、什么是观察

观察是人的感官在脑的指导下进行的有意识、有组织的感知活动。观察是人们在自然发生的条件下对自然现象进行考察的一种基本的科学方法。认识开始于经验，科学开始于观察。幼儿园科学教育中的观察方法是指教师有目的、有计划地组织和启发幼儿运用多种感官，去感知客观世界的事物与现象，使之获得具体的印象，并在此基础上逐步形成概念的一种方法。

观察的方法可以保证幼儿在直接接触事物的过程中，运用多种感官直观、生动、具体地认识事物，了解事物的特性，提高幼儿感官的综合活动能力，培养其运用感官探索周围环境的习惯，并为发展幼儿的抽象思维能力、形成概念提供丰富的感性经验。所以，观察的方法在幼儿园科学教育中是最基本和最重要的方法，也是幼儿经常运用的学科学的方法。

观察主要有两种方式：一种是借助于感官进行直接观察；另一种是通过仪器进行间接观察。直接观察的优点在于没有中间环节，因而可以避免仪器等中介媒体造成的误差。但是，因为人的感觉器官的生理功能有一定的极限，所以这些观察也有其局限性。人眼只能在 25 cm 的距离之内明辨 0.1 mm 左右的细小物体；人耳只能听到 20～200 周/秒音频之内的物体振动。此外，人的感官还会产生错觉。成人尚且如此，年幼儿童的直接观察，更会因人为能力的原因受到限制。间接观察利用了各种仪器、仪表等科学观察手段，扩大了人的观察能力，在精度、速度、范围等方面都比直接观察优越。但是，科学仪器等观察工具并不是万无一失、绝对精确的，他们也会产生误差，从而影响观察的效果和精确度。

二、观察的类型

客观事物是不断地发展变化的且有多方面特征；事物与事物之间各有不同，并且有相同之处。以此为出发点，观察的类型从不同角度可有多种分法：从时间上区分，观察可以分为间或性观察和长期系统性观察；从对象上区分，观察可以分为个别物体的观察和比较性观察；从空间上区分，观察可以分为室内观察和室内外观察。以上分类之间有交叉现象，如室外观察同时也可以是对个别物体的观察，室内观察也可以是比较性观察等。现将其中最主要的几种观察类型介绍如下。

（一）个别物体的观察

个别物体的观察是指幼儿对单个物体（或一类物体）或现象的观察。幼儿通过有目的地运用感官，与周围某一事物和现象的直接接触，从而了解他的外形特征、属性、习性等。如观察鱼、虫等单个或一类动物，又如观察雾、雨等天气现象。在对个别物体（或现象）进行观察的过程中，通过对物体的观察，可以帮助幼儿获得有关物体的以下信息：物体的外形特征，如物体的形状、颜色、大小；发出的不同声音，散发的不同气味，软和硬、粗糙和光滑、轻和重，以及弹性、黏滞度、光滑度、湿度等不同特性等；物体的外部结构和功能，如物体的生活、生长习性和特点；物体相对的静态和动态；个别物体的存在与周围环境的关系等。

对个别物体的观察是最基本的观察技能，是其他各种观察的基础。因此，个别物体的观察在各年龄班均可进行。例如，让小班幼儿观察"蜗牛有嘴吗？"等。

（二）长期系统性观察

长期系统性观察是指幼儿在较长的时间内，持续地对某一事物或现象进行系统的观察，对其质和量两方面的发展变化过程有较完整的认识。如对青蛙进行的长期系统性观察，开始从卵——蝌蚪——青蛙的整个生长过程进行系统的、比较持久的观察。幼儿园科学教育中的长期系统性观察，主要用于观察动物、植物的生长过程，以及气象变化，以直观地了解自然界各种因素间的相互关系、因果关系和自然界的发展变化规律。因为长期系统性观察对幼儿的知识经验、认知水平要求较高，所以一般在中班才开始采用这种观察方法，而且主要在大班进行。根据长期系统性观察的要求，一般是在物体或现象有明显变化时才组织幼儿进行观察。例如，在蝌蚪长后腿、长前腿、尾巴退化时进行的观察，但是这并不排除幼儿自发地对对象的观察。

（三）比较性观察

比较性观察是幼儿同时观察两种或两种以上的物体并进行比较，以找出物体间的异同点。在观察过程中，通过比较分析、判断和思考，比较精确、细致、完整地认识事物。这种方法能帮助幼儿较快地发现事物的特征，有利于幼儿的分类能力发展和概念的形成。例如，鸡和鸭的比较性观察、自行车和摩托车的比较性观察等。在这样的活动中，通过比较性观察使幼儿发现物体间的不同点及相似点；学习对两样物体的相应部分进行比较；在此基础上挑选出同类物体，并进行分类。比较性观察要求对事物进行比较分析，需要较复杂的认知活动。因此，它仅在小班后期与中、大班进行，不适合太小年龄的幼儿。而且各年龄班进行比较性观察时要求有所不同：中班可以仅比较物体明显的不同点；大班不仅比较物体的不同点和相同点，而且可以在此基础上进行分类。

（四）间或性观察

间或性观察是指间隔一定的时间，带领幼儿对某个物体或现象进行的观察。每次的观察是在原来观察的基础上进一步观察以加深对观察物的认识。同时，每次的观察也是就物体单个部分的观察。例如，认识兔子，第一次观察兔子明显的主要特征和习性；第二次在原有认识的基础上，增加比较隐蔽的主要特征（如三瓣嘴、前腿短、后腿长等）；第三次侧重于兔的各部分器官的功能。每次观察是互相联系、互相制约的。间或性观察在小、中、大三个年龄班均可采用。根据间或性观察的要求及幼儿的年龄特征，大班幼儿采用间或性观察较多些。

（五）室内观察与室外观察

室内观察即在室内开展的各种观察活动，一些需要在比较安静的环境中观察，适宜在室内进行，如观察鱼类、种子等。室外观察是指在实地进行的观察，一般与散步、参观、旅游等活动相结合，如参观城市建筑，参观菜地和捡树叶等。由于幼儿平时外出的机会较少，而许多自然事物很难在室内观察，因此应尽量让幼儿进行室外观察，使他们尽可能多地接触自然、体验自然，获得感性经验。

三、观察活动的指导

（一）尽可能提供实物、实景

实物、实景是指真实的事物与景象。提供实物、实景是保证幼儿观察活动成功的前提，可以使幼儿的观察得到最真实的效果。幼儿年龄小，通过用图片或模型供幼儿观察，会使幼儿的感性经验不真实、模糊，甚至出现错误。所以，教师必须尽可能为幼儿的观察活动提供实物、实景，特别要经常带领幼儿外出活动，到实地进行观察，使幼儿的印象更清晰、准确。例如，观察秋季的自然景象，可以到公园或郊外树木较多、比较开阔的场所，让幼儿观察秋天的树叶及落叶的景象，以此获得对秋天的真实印象。

（二）调动幼儿的多种感官参与观察

客观事物的特征是多方面的，它们有着颜色、气味、味道、大小、形状、冷热、声音、手感等多方面的差异。同时，观察是多种感官的协同活动，既包括用眼睛看，又包括用其他各种感官去感知事物。在观察过程中，只要条件许可，就应该让幼儿的各种感官都参与到观察活动中：用眼睛去看、用耳朵去听、用手去摸、用鼻子去嗅，有些东西还可以用嘴去尝，使大脑接受的信息来自视觉、听觉、嗅觉、味觉、运动觉各种途径，在大脑皮层建立多通道联系，从而使幼儿从物体的不同角度对其属性有一个比较完整的认识，既学习了观察的方法，也发展了幼儿的感知能力及观察力。

通过感官来了解事物与现象是认知的第一步。在自然界中，各种动物的形状、动作与叫声，滑溜溜、凉冰冰、毛茸茸、软绵绵等的感觉，酸、甜、苦、辣、咸等味道，大蒜、生鱼、菊花等的气味，都是靠幼儿自己的感觉才能把握得到的。尽管目前观察仪器很多，而且不断改进，也有一些是适合幼儿使用的，如放大镜等，但是这些仪器的运用还是离不开感官，因此，感官仍是我们最重要的观察工具。指导幼儿用感官进行观察时，要有的放矢地进行，否则会出现"视而不见，听而不闻"等现象。

（三）引导幼儿多角度地观察事物

让幼儿学习全面地进行观察，除了调动各种感官参与观察活动外，还要引导幼儿从多角度去观察事物。在指导幼儿进行观察时，一般可以先对现象有一个整体、大致的认识，使幼儿先能了解观察对象的全貌；再着重观察它的主要方面乃至某些次要的、但是值得注意的细节；最后还要注意观察各个部分和各种现象之间的联系，使幼儿对所观察的事物有一个比较完整、清晰的认识。可以让幼儿从正面、侧面、上面、下面、远距离和近距离等不同角度去观察。客观事物各有各的姿态，各有各的色彩。有些事物适宜近距离观察，而另一些事物则远距离观察更为全面，有时远距离观察又是近距离观察的补充。另外，还要提供条件让幼儿观察事物的静态和动态。静态的物体较容易观察，能观察得较细致；而物体的动态，能使幼儿观察到对象的生动活泼。所以，一般在观察动物时，两种观察可以结合进行。

（四）指导幼儿学习观察方法

幼儿观察事物较笼统，不够精确，主要原因之一是他们还未掌握一些初步的观察方法。教师在指导幼儿观察事物的同时，应根据观察对象的特点，有目的、有计划地教给幼儿一些最基本的观察方法。在幼儿阶段，主要是学习顺序观察法、比较观察法和典型特征观察法。

顺序观察法，就是根据观察对象外部结构的特点，有顺序地进行观察。如从上到下或从下到上，从左到右或从右到左，从整体到局部或从局部到整体，从明显特征到不明显特征，从外到里等有次序有层次地进行观察，使幼儿对观察对象有整体的、较全面的认识。在观察过程中，幼儿思维的特点决定其在观察过程中经常出现遗漏、凌乱的现象，影响其观察的效果。运用顺序观察法，能使幼儿的观察全面细致、不遗漏。长期有顺序地进行观察，能使幼儿形成一定的认知结构，提高观察的精确度与速度，也使幼儿获得的印象有条理，便于记忆储存。

比较观察法是同时观察两种或两种以上的事物，对相似事物的不同因素，对不同事物中相同因素进行对照和辨别的一种方法。例如：为了说明橘子的形状，将皮球与橘子加以比较，使幼儿认识到橘子的圆和皮球的圆是不同的。这样不仅有利于提高幼儿对事物认识的精确性，发展幼儿的观察能力，也有利于幼儿思维能力的发展。应当注意的是，比较观察法不仅可用于比较性观察，也可用于个别物体的观察和长期系统性观察等各类型的观察。运用比较观察法时，一般是从物体的不同点开始进行比较，然后再观察其相同点，不仅要引导幼儿比较物体的个别部分，还要对物体的整体进行比较。

典型特征观察法是从物体的明显特征入手开始观察，然后再引导幼儿对事物的全部进行观察的一种方法。有些物体具备一些明显的外形特征，这些明显的典型特征在幼儿的观察过程中首先作用于他们的感官，例如，物体的鲜艳色彩、特殊的气味、某一部分的奇异的样子，或者不常见的声音等，都非常容易吸引幼儿的观察兴趣和注意力。因此，在观察过程中，可以首先引导幼儿从这些典型的特征开始观察，然后展开全面的观察，以提高辨认物体的能力。例如在对"马"的认识中，抓住马的典型特征——奔跑，从马的四肢、鬃毛等开始进行观察，让幼儿比较准确地感知"马"这种动物的外形特征。

第二课 实 验 法

一、实验的含义

实验是指在人工控制现象发生的条件下，对现象进行感知和测量的方法，是科学实践的重要形式，是获取信息和检验理论的基本手段。幼儿园科学教育中实验的方法是在人工控制条件下，教师或幼儿利用一些材料、仪器或设备，通过简单演示或操作，对周围常见的科学现象加以验证的一种方法。实验的操作和演示过程是简便易行的，是带有游戏性质的。实验能帮助幼儿理解一些简单的科学现象和知识，培养幼儿对科学的兴趣和求知欲望。如"氧气的作用"的实验，两个形状大小明显不同的透明玻璃烧杯，分别扣在两只正在燃烧的蜡烛上，保证其严实不透空气，过一会，小烧杯的蜡烛熄灭，再过一会，大烧杯的蜡烛也熄灭了。实验能充分调动幼儿学习科学的积极性、主动性。同时通过实验，也培养了幼儿的动手操作能力，并且让幼儿体验到科学探究的本质。幼儿园科学教育中的实验与研究自然科学的实验法不同，其特点在于：幼儿园科学教育中的实验仅是重复前人的实验，不要求有新的科学发现，往往是一些有关事物明显的、表面的因果关系。实验内容和操作方法以及对变量的操纵和控制比较简单，幼儿在较短的时间内就能见到实验结果。实验常采用游戏的形式进行，幼儿是在有趣的活动中生动活泼地进行科学的探索。

二、实验的类型

（一）根据实验的不同目的，实验方法可分为探索性实验和验证性实验

探索性实验是指人们根据一定的目的，创造一定的条件，探索前所未知的自然现象或物质性质的实验。其特点是实验前人们对研究对象并不了解。验证性实验是指对研究对象有了一定的了解，并形成了一定认识或提出了某种假设，为验证这种认识或假设是否正确而进行的一种实验。在幼儿园科学教育过程中，大多数实验都应该属于验证性实验。只是从幼儿年龄特点、认知水平来看，虽然幼儿进行的大多数只是验证性实验（如大蒜在水里能长出蒜苗），但是他们往往对实验内容并不了解，虽然这个内容是社会已知的，但对幼儿来说却是前所未有的内容，因此，也可以认为它是探索性实验。

（二）根据实验过程中实验的操作者来分，可以把实验分为教师演示实验和幼儿操作实验两种

1. 教师演示实验

教师演示实验是由教师操作实验的全过程，幼儿观察实验的过程、现象、变化和结果的一种形式。这种实验一般是在实验难度较大，幼儿操作困难的情况下采用的。例如，"制作豆浆"的实验，把泡好的豆子放在豆浆机里磨制成豆浆，幼儿不易操作，应由教师完成。根据实验内容的不同，演示实验的方法也就不同，比较多见的是由教师进行演示实验，让幼儿观察实验，并提出需要幼儿思考的问题，然后再让幼儿实验操作。这种方式是幼儿实验前的示范。

2. 幼儿操作实验

幼儿操作实验是由幼儿亲自动手操作并参加实验的全过程的一种形式。此形式主要用于操作比较容易、简单、带有游戏性质的实验。例如，磁铁吸铁的实验、种子发芽的实验等。这种实验由于是幼儿自己动手操作，在操作过程中，幼儿可以充分摆弄材料、仪器，充分观察实验过程中的现象和变化，还可以反复操作、多次尝试，满足幼儿好奇心，所以他们的实验积极性较高。例如，在"沉与浮"的实验中，教师只需提供各种材料，然后让幼儿进行自由的、充分的探索活动：将各种东西一一放入水中，观察这些不同材料的东西放入水后的不同情况……在这样的带有游戏性质的活动中，幼儿了解到有些东西放进水中会下沉，有些东西放进水中会上浮等。由于幼儿在操作实验中兴趣很高，体验较深，所以获得的知识也就更为牢固。而且更为重要的是，幼儿在实验过程中学习和掌握了一些简单的实验方法，例如，测定方法、实验条件控制的方法、记录的方法等，并且学习了由实验得出的感性材料中经过分析、抽象得出的结论。因此，在条件许可下，教师应尽可能提供幼儿实验操作的机会。

三、实验活动的指导

实验有幼儿操作实验和教师演示实验两种类型。

（一）幼儿操作实验的指导

为了使幼儿的操作实验得到预期的效果，教师应注意做到以下几点。

1. 为幼儿的操作实验提供必要的用具和材料

首先，幼儿操作实验的用具和材料一般比较简单，应尽量用一些玩具、日用品代替，但是无论用什么用具和材料,都要方便幼儿使用。其次,要根据实验内容为幼儿准备相应数量的用具和材料,人手一份或各组一份。

2. 指导幼儿使用工具和材料并学习操作技能

因为幼儿的操作实验一般都较简单且有趣,所以应尽可能让幼儿自己动手操作。但在实验中的某些环节,或在某些材料的使用上,幼儿仍会遇到各种不同的困难,又因为幼儿能力的不同,所以即使简单的实验,也会有一些幼儿难以完成。因此,教师应该根据实验内容的难度和个人情况,给予幼儿不同程度的指导。另外,在实验过程中,教师还要引导幼儿观察实验材料、方法、操作过程中的变化和实验结果的差异,使幼儿不仅能了解实验结果,而且能学习实验的方法。

3. 给予幼儿充分的实验时间

做实验比起其他活动需要更多的时间,因为幼儿需要操作、理解和学习。充分的时间能保证幼儿反复进行实验活动,并在操作过程中探究、发现、提出问题,自己找出问题的答案。所以实验时,不能机械地限制时间,而是给幼儿以充分的时间,让幼儿用自己的方式进行操作,以达到实验的效果。

4. 交代实验规则并保证幼儿安全

实验规则对于保证幼儿实验成功起了重要作用,所以在实验开始前,教师有必要交代清楚有关规则,在实验过程中,也应及时指导幼儿遵守规则,以保证幼儿人身安全和实验成功。比如:"沉浮现象"的实验,一个浅水池里盛满水,让幼儿把教师事先准备的各种材料放进水中(如乒乓球、磁铁、橡皮泥、锡纸、等),观察什么物体沉下去,什么物体浮上来。实验前教师要宣布实验规则,如,不要把身体向水池探,以免发生危险;要轻轻往水里放物体,不要向水里扔,以免看不准物体的沉浮;不要用水撩别人,以免弄湿小朋友的衣服。如果有的实验不适宜幼儿操作,则可改由教师演示实验,以保证幼儿的安全(如"氧气的作用"的实验)。实验初期,教师应经常给幼儿提示实验的过程以及实验操作应注意的事项。一段时间后,可逐渐放手让幼儿实验。

(二)教师演示实验的注意事项

教师演示实验在具体的操作中,其方式有多种,如教师示范、教师与幼儿合作示范等。

1. 做预备性实验

在进行实验前,教师要将实验进行几遍,也就是要做好预备性实验,以便妥善安排实验过程中的每个环节的时间,检查实验仪器和材料的情况,避免活动时发生意外,影响实验效果。预备性实验中,需要考虑以下一些问题:这一个实验能否成功;要使实验成功必须注意哪些问题。如果是幼儿进行的操作实验,还要考虑幼儿在操作时可能遇到的障碍,并且考虑如何解决;实践中的关键点在哪里;应该如何引导幼儿去思考;哪个环节应该提出哪些问题;怎么样的问题,可以引发幼儿进一步地探索等。

2. 使每个幼儿看清演示过程

演示实验进行中,要使每个幼儿都能看清演示的过程。因此,幼儿座位的摆放、仪器的大小、安放的位置等都要便于幼儿观察,以保障每个幼儿都能看清教师演示的步骤及操作过程中出现的特性及变化。根据幼儿的年龄特点,要随着实验的进程逐步出示仪器、材料,不要一下就把仪器材料全部出示完,以免分散幼儿的注意力。

3. 演示与讲解、提问紧密配合

教师的演示与讲解、提问要紧密配合。教师在演示时需要做到：动作要熟练，操作速度要慢，而且要规范，在实验效果上要做到现象明显，使幼儿能较清楚地看到实验的结果。应边演示边讲解边提问，启发幼儿在观察和思考的基础上回答问题，理解知识。讲解一定要简明，提问要富有启发性。

第三课　种植与饲养法

一、种植与饲养的含义

饲养是指饲养动物，而种植则指的是栽培植物。幼儿园科学教育中的种植是指幼儿通过在园地、自然角种植花卉、蔬菜和农作物等活动。幼儿园科学教育中的饲养是指幼儿通过在饲养角里饲养和照管习性温顺的动物的活动。

种植与饲养的方法既是幼儿园科学教育的方法，同时也是幼儿喜爱的形式。幼儿对周围环境中最喜爱的东西莫过于动物和植物了。在对动植物的观察中，有意识地让幼儿亲自操作，种植一些蔬菜、花草，饲养一些小鱼、小鸟，让幼儿不仅观察了动物和植物的外形特征，而且了解了它们的生长过程。通过种植与饲养进行科学学习，伴随着动植物的生长，也激发了幼儿热爱自然、热爱科学的兴趣与情感。在种植与饲养的过程中，通过幼儿对对象进行观察、分类、比较、记录……促进了幼儿认知能力的发展，并学习了一些简单的劳动技能，也培养了幼儿手脑并用的能力。

二、种植与饲养的类型

（一）常见植物的栽培管理

常见植物的栽培管理主要包括：常见植物的播种、管理、收获等内容，如选种、浸种、移栽、浇水、松土、锄草、追肥、收获、留种等工作。

1. 水养植物

水养植物就是把植物的一部分浸泡在水里，在短期内，便会萌发、生根、长茎叶，甚至开花。如：西瓜子、玉米、白菜心、萝卜、大蒜、洋葱、菊花、迎春花、水仙花等。

2. 盆栽与园地植物

盆栽植物是指在泥盆里放置湿润的、富有养料的泥土，然后下种或扦插。有条件的幼儿园，也可以在墙边、墙角进行园地种植。盆栽植物的品种与水养植物是相同的，但是在幼儿学习自然的活动中，盆栽与园地植物却有着不可替代的作用。虽然水养植物能够让幼儿在较短的时间内直观地看到种子的萌发过程，但是由于它消耗种子本身的养料，所以等到其本身养料耗尽时，就会枯萎。因而，只能使幼儿看到植物生长的某一阶段，而看不到植物生长的全过程。这样就不能满足幼儿强烈的好奇心和求知欲望，也不利于幼儿对植物生长过程的全面了解。

（二）常见动物的饲养管理

常见动物的饲养管理主要包括：帮助收集饲料、喂养、管理，学习简单的饲养技能，并观察小动物的外形特征、动作和生活习性，培养爱护小动物的感情。例如，饲养乌龟、小鸟、金鱼等。

1. 家禽

家禽身体比较小，也比较温顺，深受幼儿喜爱，而且养起来也比较容易，不易死亡。家禽包括鸡、鸭、鹅，相比较起来，饲养鸡最简单。

2. 家畜

在幼儿园里比较适合饲养小兔、小猫、小狗等。

3. 鸟

鸟也是幼儿园经常饲养的一种。因为小鸟的叫声清脆好听，形象可爱，所以幼儿十分喜爱饲养鸟。幼儿园经常饲养的鸟儿有：鸽子、金丝鸟等。

4. 昆虫

昆虫也是幼儿最喜欢的动物之一。世界上有许多种昆虫，虽然幼儿并不能叫出它们的名字，但是凡是看到昆虫，他们总会研究一番。蝈蝈、蚕、七星瓢虫、知了、蚂蚁、蟋蟀等都是幼儿园经常饲养的昆虫。

5. 水养动物

水中饲养的鱼、龟、虾、蟹、泥鳅、蝌蚪等都是幼儿观察的对象，这些在水中生活的动物，比较容易饲养，有的甚至一段时间不进食，也不会死亡。所以，这些动物是非常适合幼儿饲养的。

三、种植与饲养活动的指导

（一）选择合适的内容

由于幼儿年龄小，种植、饲养的技能差，因此在选择种植、饲养的内容时，要根据幼儿的年龄特征以及动植物本身的特点来进行。具体说来，在选择种植的植物时，应选择一些易生长、易照顾、对种植的土质肥力要求不高、生长周期相对较短的植物。小班幼儿比较适宜种植较大种子的植物。

在选择饲养的动物时，要选择一些比较温顺、对饲料要求不高、不易死亡，而且对幼儿没有伤害的，包括不会传染病菌的小动物。如小兔、小松鼠等。

（二）种植、饲养的过程应和幼儿的认识活动相结合

科学教育中运用种植与饲养方法的主要目的是学习科学。因此，在活动过程中要注意结合种植与饲养过程，指导幼儿观察对象及种植与饲养的工具。例如，在饲养蚕的过程中，指导幼儿观察蚕的外形特征、生活习性、生长过程等，观察蚕是怎样进食桑叶的，是怎么行进的，又是怎么蜕皮的……同时，还可以让幼儿认识桑叶的主要特征，了解桑叶与其他树叶的不同之处。教师要利用各种机会，因势利导，帮助幼儿扩大知识面，满足幼儿好奇心，鼓励其思考，发展其求知欲，提高其认知水平。

（三）鼓励幼儿的自主探究

在种植与饲养的活动中，幼儿扮演了"小小园艺家""小小动物学家"的角色，他们会以十足的热情参与到活动中。但是，由于种植与饲养活动需要一定的操作技能，包括挖土、浇

水、锄草、喂食、打扫动物笼子等，所以如果掌握不当，会在一定程度上影响幼儿种植与饲养活动。这时，教师切忌包办代替，而应该指导幼儿学习操作技能，克服一定的困难，激发他们的活力，坚持以幼儿为主的种植、饲养。这样才能使整个过程成为幼儿亲身体验的过程，由浅入深地了解事物，充分发挥想象力和创造力的实验过程。

（四）爱护动植物，关爱生命

在种植与饲养活动中，幼儿是通过与动植物的亲密接触而获得对对象的了解的。这个过程的本身，就是关爱生命教育的过程。幼儿园科学教育要培养幼儿热爱植物、热爱自然的种子，产生热爱生命的情感。在具体的种植与饲养活动过程中，由于幼儿年龄小，所以无论从他们的心理特点还是手眼协调，以及控制手部力量的能力来看，都会发生无意伤害动植物的行为，比如，在给植物拔草的时候，不小心把植物也拔掉了。又如，本想轻轻地抚摸一下小动物，结果因为抱得太紧而把小动物弄疼了。

在饲养活动中，可以通过照顾小动物的过程，让幼儿了解动物也是有生命的，培养幼儿形成"动物是人类的朋友，地球是人类和动物共同的家，人和动物要和谐生存，就要从关爱动物做起"的意识，激发幼儿关爱动物的情感，产生保护动物的行为。

第四课 科学游戏法

一、对科学游戏的理解

幼儿科学游戏就是能够让幼儿获取有关科学学习经验的游戏活动。首先，作为教育途径之一的游戏，它和教学的差别在哪里？如果说，游戏中也有学习，那么游戏活动中的学习和教学活动中的学习有什么不同？按照我们对教学的定义，教学作为教师和幼儿之间的共同活动，指一切由教师发起，旨在维持和促进幼儿学习行为的活动。这个定义对教学活动的内涵作了很多限定，如"师幼之间的共同活动"（尽管有时教师的介入程度比较低），"教师发起"（尽管有时教师是用一种隐性的方式发起活动），而最根本的一点原则是：教学是一种指向幼儿的学习行为的活动。因此，教学是一个彻底的教育学概念，而游戏则不然。作为在幼儿期自发出现的行为模式，游戏本身只是为了满足幼儿个人的心理需要，只是在被成人利用而成为一种教育途径之后，才具有了教育学意义。

科学探索和科学游戏也存在着共同之处。二者都是幼儿和物质材料直接的相互作用过程，是幼儿主动的活动。无论是科学游戏，还是科学探索活动，都会表现出一定的科学现象，蕴含一定的科学原理。科学探索和科学游戏在幼儿的实际活动过程中常常是相互转化的。有时幼儿的科学游戏活动会引发有目的的探索活动。当幼儿不能将外部信息同化于自身已有的认知结构时，必定要在一定程度上改变自己的认知结构，例如幼儿在玩"不倒翁"的玩具时，起初可能是纯粹的游戏，觉得它摇来晃去很好玩，可是幼儿在不断摆弄的过程中就会产生疑惑："不倒翁为什么不会倒呢？"这时幼儿就从游戏性的活动自然地转向探索性的活动了。反之，科学探索活动也会演化成游戏活动。当幼儿所探索的问题获得一个令他满意的结果时，或者当问题难于解决以致难以为继时，他往往就会重新沉浸于游戏的活动。所以，科学探索和科学游戏的区分也许只是理论上的。在教育实践中，教师往往也不去区分这两种不同的学习。例如，教师在指导幼儿探索活动时，常常会用一种"游戏"的口吻来对待："请你玩一玩……""我们今天来做个游戏……"我们认为，对幼儿来说，事实上并没有纯粹的科学探索或科学游戏活动存在。幼儿的学习往往发生于游戏和教学之间。故此，我们也只能根据科学活动的"游戏性"程度不同，来大致区分教学活动和游戏活动。

二、科学游戏活动的价值

尽管在幼儿园科学教育实践中，教学和游戏这两个途径往往是结合的、互渗的。但是我们认为对它们加以区分还是很有必要的，至少在理论上要加以区分。因为只有这样，才能对科学游戏活动的教育价值有充分的认识，而不至出现实践上的混乱。

幼儿的科学游戏活动具有以下四个特点：第一，内部动机。游戏完全是幼儿自主选择参与的活动。幼儿参与到游戏中的内在动机常常是"为玩而玩"。幼儿的科学游戏活动一般都出于此。第二，自我控制。在游戏过程中，幼儿也完全是自主的。幼儿可以自己决定自己的活动方式以及何时中止游戏。第三，心理愉悦。幼儿在游戏中应该伴随着积极的情绪体验，应该能感受到游戏是"好玩"的。第四，重复动作。幼儿在游戏中的操作往往不是尝试性的、探索性的，而是重复性的，而且幼儿常常满足于简单的重复之中。以上特点决定了科学游戏中的学习完全不同于幼儿的科学探索活动。

科学游戏活动对于幼儿学科学具有独特的价值，具体可以概括为以下几个方面。

（一）科学游戏让幼儿成为活动的主人，在自由的心态中学习科学

正由于游戏是种建立在内在动机基础上的活动，而游戏的过程也具有高度的内部控制特征，所以这就在最大程度上保证了幼儿学习的自主性。有人说，幼儿的科学探索本身就是一种游戏。如果这种说法成立，那么我认为那是因为科学和游戏在需要自由的空间这一点上是一致的。我们常常说"科学无禁区"，同样游戏也是没有禁区的。幼儿在科学游戏中可以随心所欲地行动，可以完全按照自己的想法来游戏。且不论随心所欲的游戏对幼儿的科学发现会作出什么样的贡献，单就它对于幼儿自主性发展的意义而言，也应该引起我们的足够重视。而只有在自主的游戏中，才有可能使幼儿拥有一种愉悦、轻松的心态。这里需要指出的是，有很多科学游戏属于规则游戏。幼儿在参与这些规则游戏时，不能"随心所欲"，要接受规则的约束，否则就要被其他的游戏者排斥。在这种情况下，尽管幼儿的"自由"受到了一定的限制，但是这却换取了幼儿更大的游戏权利，而这一切都是幼儿自主的行为。因此，我们并不认为幼儿在规则游戏中是不自由的、不自主的，相反，规则游戏更能促使幼儿进行自主性发展。

（二）科学游戏让幼儿"玩中学"，在愉悦的心态中学习科学

心理愉悦是游戏之所以成为游戏的一个重要因素，幼儿的科学游戏也不例外。幼儿投身于科学游戏的最主要原因就是"好玩"。或是新颖的游戏材料吸引了幼儿的好奇，或是游戏中伴随着有趣的现象引起了幼儿的兴趣，或者游戏的方式能够满足幼儿动手操作或交往的需要……总之，科学游戏能够让幼儿在一种愉悦的心态中学习科学。在愉悦的心态中学习科学，能够激发幼儿更大的智力潜能。幼儿在玩的过程中，也许不知不觉就能获得很多科学发现，或解决其中的科学问题，其效果甚至超过正规的教学活动。在愉悦的心态中学习科学，同时也改变了科学的"严肃"面目，使科学学习成为一种有趣的活动，给幼儿带来无限的乐趣，

真正做到"寓教于乐"。让幼儿享受到学习的乐趣,这不应只是一个口号,而应成为教育的头等重要的目标,因为它关系到幼儿的一生。针对当前基础教育中普遍存在的"学术化"学习方式以及由此带来的"厌学"弊病,游戏中的学习不啻是一剂良药。

（三）科学游戏让幼儿保持必要的"张力",在轻松的心态中学习科学

前面已经提到,从主客体相互作用的层面来分析,游戏属于一种同化性的行为。幼儿的游戏行为通常表现为重复性的操作和摆弄,这对于成人来说也许是没有意义的,但是对幼儿来说却是一种必要的练习,因为这种重复能使幼儿从中积累科学经验。而且,幼儿的重复操作也并不完全是简单的重复,因为"同化"中必定也包含着一定程度的"顺应"。也就是说,幼儿在游戏过程中,并不是一味地在"玩",重复中也包含着一些尝试性的操作,甚至还会孕育出探索性的行为。所以说,幼儿的科学学习存在于游戏和探索之间。我们无法绝对区分这两种活动,因为幼儿总是不断地游离于同化和顺应这两极之间。纯粹的同化是没有意义的,而纯粹的顺应也是无法实现的,它们之间必须保持着必要的张力。游戏的价值正在于,它能够使幼儿在一种轻松没有压力的状态之下学习科学。幼儿丝毫不会感觉到学习的任务和负担,而几乎是在完全放松的心态中接触科学的事物。这种学习状态完全不同于有明确问题指向的科学探索,但却是科学探索活动的前提保证和必要补充。游戏状态类似于科学探索中的"瞎忙"状态,尽管是一种无目的的状态,却往往是科学问题的孕育者。它使幼儿在一种轻松的状态中走向科学探索之路。

三、幼儿科学游戏的设计与组织领导

幼儿园教育以游戏为基本活动,这就意味着我们应该把游戏贯彻于各种教育活动中。在幼儿园科学教育实践中,科学游戏的形式应该是灵活多样的。我们既可以面向全体幼儿专门组织集体的科学游戏活动,又可以将游戏材料或玩具放在活动区,让幼儿自己选择参与,还可以将游戏活动作为幼儿园科学教育活动中的一个环节进行。这里需要说明的是,区角中的科学游戏和区角学习活动有时是难以区分的。一般来说,前者侧重于游戏性,教师在提供材料的同时会向幼儿交代游戏规则,但不会提出一个明确的问题让幼儿去解决;而后者则侧重于探索性,教师往往会给幼儿一个明确的问题或目的来指导其对材料的操作。在实践中,我们也不会去严格地区分科学教育活动是游戏活动还是学习活动。教师在设计科学教育活动时,可针对不同材料和内容的特点以及教育的意图来对活动进行定位。而幼儿在活动中,也常常会游走于游戏或探索活动之间,如用一种游戏的心态对待科学探索活动,或在游戏中出现探索性的行为。教师对此也是应该加以接受的。

下面我们针对幼儿园专门性的科学游戏活动来介绍其设计与组织领导方法。

（一）幼儿科学游戏的设计

1. 教师在选择或设计幼儿科学游戏时,应考虑的原则

1）游戏的科学性

教师在选择和编制游戏时,首先要考虑游戏的科学性,即保证游戏中蕴含的科学知识内容准确、难度适中,符合科学教育的目的要求和幼儿学习的可能性。如果为游戏而游戏,缺少科学性,也就失去了科学游戏的意义。同时,我们也要考虑到科学经验与概念应该隐含在游戏的材料和游戏的规则中,而不能变成生硬的说教。例如:"猜猜这是什么动物?"这个游

戏，就是让幼儿先在心中设想一个动物的名称，然后让全班的幼儿通过提出各种各样的问题来让他回答（如："它是生活在水里吗？""它有几只脚？""它是怎样生小宝宝的？"等），最后猜出这个动物的名称是蝌蚪。这个游戏中隐含了关于动物的许多知识，但又不是通过直接地说教告诉幼儿。幼儿可以在一种愉快的情景中学习科学知识。

2）游戏的趣味性

趣味性是游戏的生命。好玩的游戏就连成人也会为之吸引。而如果游戏的内容和过程既不生动，又没有趣，没有一定的难度，不需要付出智力代价，对幼儿缺乏吸引力，就削弱了游戏的价值。设计幼儿科学游戏，要注意结合幼儿的兴趣特点。幼儿的兴趣表现在哪里呢？第一是带有神秘色彩的游戏（如摸一摸，猜一猜之类的游戏），能很快将好奇的孩子卷入游戏。第二是具有自己动手操作的游戏（如操作类游戏），能满足幼儿好探索的需要。第三是可用自己喜欢表现的方式来反映对事物的认识的游戏（如运动性游戏、情景游戏），是最能让幼儿获得成功或成就感的游戏。第四是带有竞赛和富有挑战性问题的游戏（如竞赛游戏和智力游戏），对中、大班幼儿来说，具有挡不住的诱惑力。因此在设计游戏时，应尽可能多地融进幼儿感兴趣的成分，让幼儿在游戏的快乐中，体会到学习的愉悦。

3）游戏的活动性

幼儿喜欢摆弄，好活动。游戏的结构应是幼儿的活动探索过程。幼儿在游戏中，既有外部的操作感知和身体运动，以满足幼儿活动的需要，又有内部的智力活动，要求幼儿努力进行思考，以满足幼儿好奇心理的需要。两者的有机结合，既符合幼儿的年龄特点，又能达到科学游戏的目的。例如"捉影子"游戏，就深受幼儿的欢迎。在游戏中，幼儿积极动脑筋、创造多种方法捉影子，从中亲身体验了"光和影子"的关系，满足了身体运动的需要。幼儿玩得愉快的同时，获得了科学经验，发展了智力，培养了对科学游戏的兴趣。

2. 在设计具体的科学游戏时，应注意的问题

1）游戏所隐含的科学概念

游戏所隐含的科学概念也就是幼儿在这个游戏中可能获得什么样的科学经验或概念。我们不主张教师在设计科学游戏时订立"游戏目标"。但是教师心中应该明确，每个游戏中所隐含的是什么样的科学概念，只有这样才可以使游戏设计更具有连续性和针对性。

2）游戏材料

在科学游戏中，教师多数情况需要自制游戏材料，甚至是利用废旧物品进行制作。自制的材料更容易体现教师的设计意图，帮助达到游戏的效果。

3）游戏的玩法，即规则

游戏设计的一个重要方面就是详细说明怎么玩，以及适合什么年龄对象的幼儿玩，适合几个人玩，等等。由于科学游戏通常是规则游戏，因此交代游戏规则就显得非常重要。例如："奇妙的箱子"的游戏，要求是发展幼儿的触觉、摸觉和了解物体的属性，因此要求幼儿在触摸物体时，必须闭上眼睛，直到辨别出物体的属性，讲出名称后才能睁开眼睛。"闭上眼睛"，就是要求幼儿必须执行的规则。幼儿若不遵守规则，游戏的效果就达不到了。

（二）幼儿科学游戏的组织领导

科学游戏的组织领导，实际上就是带领孩子们游戏。对于集体性的科学游戏活动，教师可以按下面的步骤组织完成。

1. 集中幼儿的注意力，调动幼儿参与游戏的热情

如以充满激情的语调告诉幼儿："下面即将玩一个十分有趣的游戏，谁能听见我宣布的游戏名称，谁就可以参加这个游戏"。这样，幼儿就会立刻安静下来，以期盼的心理来接受游戏。

2. 帮助幼儿理解游戏的规则

根据需要，可示范玩一次或做一点热身活动，待幼儿完全理解了游戏的规则要求即可正式开始。

3. 正式组织游戏活动

正式组织游戏活动时一方面要关注游戏的进展；另一方面还要关注幼儿在游戏中的反应，必要时可对个别幼儿提供一些帮助，如提示下一步可进行的操作。为了给游戏助兴，教师也可介入游戏以推动游戏的发展，但应注意的是不要身陷其中，自己玩得乐不可支，却忘记了组织领导的责任。

4. 做好游戏的评价工作

在游戏即将结束时，教师可组织幼儿交流一下游戏中自己的所见、所想以及自己的发现和内心的感受等。记住要为每一个幼儿在游戏中的出色表现喝彩，如果是团队集体游戏，还应感谢大家为成功地开展游戏所付出的努力。除了集体组织的游戏活动时，科学游戏也可在平时分散成小组或让幼儿独自进行。这类游戏的指导更多的是个别性的。

四、幼儿科学游戏的种类

幼儿科学游戏的内容丰富，形式多样。这里将各类游戏列举一二，供教师选用参考。

（一）感官游戏

感官游戏主要是让幼儿运用感觉器官，感知、辨别自然物体的属性和功能。我们知道，幼儿运用感官进行观察是其认识周围世界的重要手段。而感官游戏可以让幼儿在愉悦的情景中发展其感知观察能力，帮助幼儿学习运用自己的感觉器官来认识物体，体验物体的特性。依据参与感知感官的不同，感知游戏分为视觉游戏、听觉游戏、嗅觉游戏、触摸觉游戏等。感知游戏需要在一种心平气和的心境下进行，否则，会因心浮气躁影响感知的效果。幼儿园通常在小班会进行一些感官游戏。如"黑箱"（或"摸箱"）游戏就是一种训练触摸觉的游戏；而"气味瓶"游戏则可以训练幼儿的嗅觉。这里再介绍一些简单易行且十分有趣的感知游戏。

1. 视觉游戏

"伪装小路"游戏是一个运用视觉的游戏，同时也易于帮助幼儿理解"保护色"的含义。游戏时，教师选择一条一米长的小径，在沿途离小径一米左右的范围摆放或悬挂一些人造物品，看幼儿能找出多少（找到后不要拾起来，等走完这段路再让他们告诉大家找到几个），所藏物品在10个左右，注意选一部分比较好找的，和一些放在自然环境中并不显眼的物品（譬如生锈的粗铁钉）。找完一遍后可以告诉幼儿一共有几个物体，对没有全找出来的孩子可让他们再找一遍。

"照相机"游戏是一个两人合作的游戏：一人扮演摄影师，另一人扮演照相机。"照相机"要闭上眼睛。摄影师寻觅到自然美景或趣味镜头时，就会按住"照相机"的耳朵3~5秒钟。

"照相机"此时立刻打开快门（睁开眼睛）。在极近的距离内，摄入眼睛的物体就像特写镜头一样会非常深刻地印入脑海。

2. 听觉游戏

"倾听心跳"游戏是体验树木的新颖游戏。树木的心跳是树木将大量的树液源源不断地输送到枝丫的声音。在早春时节，选择一棵直径 15 厘米且皮比较薄的树来听它的心跳。通常落叶树比针叶树听得清楚。倾听时要把听诊器紧紧贴在树干上不动，以免产生杂声。多试几个地方，就会找到最佳"听点"（该游戏也可选取某种小动物作为倾听对象）。

"辨声音"游戏是指在树林、草地上，让孩子们安静下来、闭上眼睛，双手握拳举向空中，只要听到一种鸟叫就伸出一个手指，看谁的听力最好。这一游戏既可以让幼儿了解自然的声音又可以让幼儿感受自然的宁静。为了好玩，可让孩子试试看是否默数到 10 都听不到一声鸟叫，也可选择任何声音——风声、落叶声、急流声等。

3. 触摸觉游戏

"我的树"游戏是调动触觉和嗅觉的游戏，至少要两个人一起玩。游戏开始时让同伴蒙上眼睛，然后带他走过一段曲折的路途，来到一棵你为他选择的树前，让他感觉这棵树的与众不同之处，如让他抱拢树干感知树的粗细，帮他把手放到有疤痕或有苔藓的地方等，当同伴帮他完成了他的探索，再把他迂回带到出发地。这时同伴摘掉眼罩，让他睁开眼去找刚刚摸过的那棵树。他一定会发现，每一棵树都具有与众不同的个性。

"判断物体"游戏需要事先准备一个黑色的口袋（目的是不让观察者看见里面的东西），在里面放上 3~4 种水果或蔬菜并充足气不使它漏掉（小孩子玩时可不充气）。游戏开始时，让孩子们围成圈依次传递这只口袋，每个人拿到后可用各种办法感知袋中的物品（不能打开看），并在传给下一人时说出自己的感觉和判断，如硬硬的东西有两个，有一个东西是苹果……等一周人都摸完以后，再打开口袋验证，看看刚才谁说得准确些。

（二）操作游戏

操作游戏是指通过为幼儿提供操作玩具或实物材料，让幼儿在自由的操作过程中（有时也要借助于一定的操作规则），获得有关科学经验的游戏。操作游戏一般是幼儿的个别游戏，在游戏内容和游戏材料的提供上和区角教学类似，但是教师的指令性要求及干预指导更少。以光学游戏为例，万花筒、三棱镜、放大镜、望远镜、潜望镜等都是好玩的玩具，幼儿都需要通过操作的方式来进行游戏。教师只需把这些材料放在活动区里，幼儿就可以按照他们的兴趣来选择游戏内容。教师不必提出什么问题，只需让幼儿自由地去摆弄。当然，这些游戏的结果既可能是自生自灭，也可能是演变成一种科学探索活动。还有一种操作游戏着眼于给幼儿提供一种逻辑经验，例如，分类游戏：可以请幼儿为各种动物卡片按照它们的生活环境（或其他条件）进行分类；配对游戏：根据物体与物体之间的相同关系、相关关系、从属关系进行匹配；排列游戏：以各种自然材料（如树叶、石子、贝壳、松果等），按照各种物体的外形、大小、颜色、长短、轻重等有顺序地进行排列。

（三）情景性游戏

情景性游戏是教师根据一定的意图，随机或创设特定的情景，让幼儿观察、思考，从中发现事物之间的联系，让幼儿运用已有的知识经验，反映、再现或表演他们对事物的认识，或运用已有知识经验处理特定情景下遇到的问题等。例如，"堆雪人"就是一个更多地带有表演性或表现性的游戏。在优美的音乐背景下，一名幼儿扮演堆雪人者，另一名幼儿扮演被堆的"雪人"。前者可以任意地塑造雪人的造型，而后者则要与他配合，扮演出雪人的各种姿态。接着，太阳出来了，"雪人"在太阳的温暖中逐渐"融化"。这时，幼儿可以用各种创造性的方式来表现融化的过程，甚至到最后，变成了地上的一摊"水"！在这个游戏中，幼儿不仅可以再现和雪有关的科学经历，而且可以获得无穷的乐趣。再如"角色扮演"游戏：可以让孩子仔细观察周围的各种事物，让他们从中选出一种东西，植物、动物、石头、人什么都行，告诉幼儿要努力发现它的与众不同之处及较为明显的外部特征，然后假装你就是它，让想象力支配你的身体，去体验它的存在、它的活动和它的感受。角色扮演者越是入戏越能揣摩角色的特征与感情；越专注，就越能与之产生共鸣。角色扮演表演完后，请其他孩子猜猜他扮演的是什么。也有的情景性游戏带有解决问题的性质，例如"开超市"的游戏：教师事先布置一个即将开业的超市环境，并备有若干标明商品类别的货架，请幼儿想一想货架上可以放什么样的商品，然后让他们分头收集物品，并按类摆放（该游戏形式也可用于和孩子一起整理玩具橱，为动物园的动物们分配笼舍等）。再如"找得对，找得快"游戏：教师为幼儿准备四张分别表示春、夏、秋、冬四季的情景大图片，并分放在活动室四角，幼儿每人数张小图片（有西瓜、电风扇、暖风机、四季不同的花卉、棉衣、手套、冰淇凌、红色枫树叶、绿色的柳树叶、橘黄的梧桐树叶等），然后请幼儿将手中的小图片分别粘贴在相应季节的大图片上。这类游戏要求幼儿运用已有的知识和经验，根据情景发现事物之间的关系和联系，再作出决定。这类游戏对巩固知识和发展智力有一定的作用。

（四）运动性游戏

运动性游戏是寓科学教育于体育活动的游戏。这类游戏适宜在室外进行，活动量较大，如捉影子、吹泡泡、玩水、玩沙、堆雪人、跷跷板、放风筝、玩风车、打电话等。通过这类游戏，幼儿可以亲身感受并进一步理解事物的特性，加深对事物及科学现象所产生的因果关系的理解。运动性游戏充分满足幼儿好活动的特点，可以激发幼儿的学习热情，发展幼儿活泼开朗的个性。如在"玩风车"的游戏中，幼儿可以在自己无拘无束的奔跑中感受到空气的流动和风的产生。而在"捉影子"游戏中，幼儿也更能深刻体验到自己的影子无时无刻不在变化，感受自己的身体运动和影子的大小、方向改变的关系。

（五）竞赛游戏

竞赛游戏是以发展幼儿思维敏捷性和灵活性为特点，以竞赛判别输赢的游戏。竞赛游戏适合在中、大班开展，满足中、大班幼儿日益增长的求知欲和好胜的心理。竞赛游戏的内容比较丰富。例如棋类游戏就是一种幼儿喜欢的竞赛游戏。幼儿的棋类竞赛，一般都借助跳棋、转盘棋的基本走棋规则，然后融入科学方面的有关知识概念设计而成。棋类竞赛有利于培养幼儿分析、判断能力。在竞争比输赢的气氛中，幼儿的思维会更加积极活跃。其他还有运用图片进行的接龙游戏，即在图片的两端各画一种图形，要求幼儿将相关内容的图片接在一起，可以根据动物吃食与相应动物、植物连接，或根据季节变化与相应生长的植物、花卉相连接等；还有拼图游戏，即将物体的整体结构分画在若干个小图片上，要求幼儿把部分拼成整体，再把整体拆成部分，可以培养幼儿的综合能力。幼儿园也可以用知识竞赛或智力竞赛的形式，

帮助幼儿巩固和交流相关的科学知识。如举行"动物知识竞赛",让幼儿以抢答的形式回答教师为他们准备的问题

学练结合

(1)举例说明科学教育活动中应如何引导幼儿进行观察?
(2)以小组为单位,设计三种不同实验的"实验单"。

第四单元

幼儿园科学教育的教学组织策略

1. 内容提要

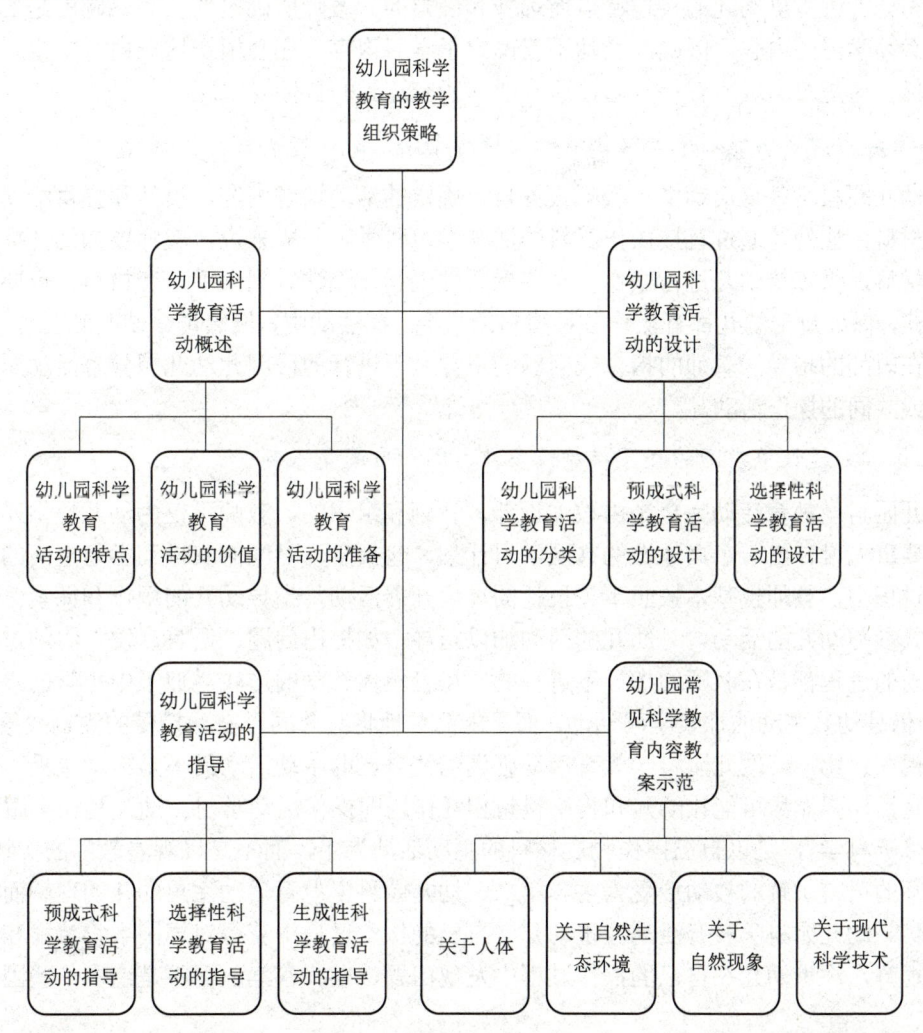

```
                    幼儿园科学教育的教学组织策略
                    ┌─────────────┴─────────────┐
              幼儿园科学教育活动概述          幼儿园科学教育活动的设计
         ┌────────┼────────┐           ┌────────┼────────┐
    幼儿园科   幼儿园科   幼儿园科      幼儿园科   预成式科   选择性科
    学教育    学教育    学教育       学教育活   学教育活   学教育活
    活动的    活动的    活动的       动的分类   动的设计   动的设计
    特点      价值      准备

              幼儿园科学                    幼儿园常见科学
              教育活动的指导                 教育内容教案示范
         ┌────────┼────────┐          ┌────────┬────────┬────────┐
    预成式科   选择性科   生成性科    关于人体  关于自然生  关于自然  关于现代
    学教育活   学教育活   学教育活              态环境    现象    科学技术
    动的指导   动的指导   动的指导
```

• 45 •

2. 教学基本要求

掌握科学教育活动的分类；学会科学教育活动的设计；培养学生运用具体方法指导科学教育活动。

第一课　幼儿园科学教育活动概述

一、幼儿园科学教育活动的特点

科学教育活动，是教师按计划安排专门时间、组织全体幼儿参加的活动。幼儿园科学教育活动一般具有以下特点。

（一）学习内容相对统一、固定，由教师选择

对幼儿来说，每一次幼儿园科学教育活动的内容都是统一、固定的，而且每个幼儿学习的内容都是共同的。这些内容都是由教师事先选择和确定的。幼儿园科学教育活动的课题内容，一般是教师根据幼儿园科学教育的总目标和教育内容范围，结合本地、本园的具体情况，同时也充分考虑本班幼儿的兴趣特点而选择和确定的。教师所确定的活动课题就是要求每个幼儿都必须学习的内容。因此，教师不仅确定了学习内容，还会根据这一内容制定出统一的活动目标。这是对本班所有幼儿通过这一活动所应达到的目标要求。

（二）学习材料由教师统一提供，并保证每个幼儿的操作机会

在幼儿园科学教育活动中，教师根据自己确定的活动课题内容，设计和提供给幼儿足够的具体材料，让幼儿通过直接操作材料的活动学习科学。一般来说，教师要为幼儿提供人手一套的材料，供每个幼儿进行操作。即使受条件限制，无法做到人手一套材料，也要通过交换的方式，保证每个幼儿都有操作各种材料的机会。在活动中，虽然每个幼儿独自进行操作，但都是在教师的指导（教师的指令或问题的引导）下进行的，因此幼儿园教育活动属于一种集体的或共同的操作活动。

（三）学习过程中教师的直接指导较多，时间和空间受限制

幼儿园科学教育活动完全是由教师设计、计划和组织的。教师不仅为幼儿提供操作的材料，还要事先设计出一个集体性的共同学习计划，包括学习时间的安排和学习空间的利用。在活动过程中，教师也基本按照事先设计的过程开展活动，指导幼儿的操作和探索。教师以各种方式参与幼儿的活动，对幼儿的活动加以指导，如提出问题、语言启发、组织讨论等。整个活动的进程都是在教师的指导下进行的。尽管集体教学的形式类似于中小学的"课堂教学"，但仍是幼儿主动的探索学习活动，而不能简单地将其等同于被动接受的灌输式教育。这主要表现在：第一，幼儿园科学教育活动强调幼儿自己的主动活动而不是被动接受。幼儿园科学教育活动强调尽可能让幼儿和物质材料相互作用即操作活动学习。幼儿是在"做科学"，而不是"听科学"，是以自己操作物质材料的主动活动为主，而不是以观看教师的实物演示、听取教师的语言讲解的被动接受为主。第二，幼儿园科学教育活动注重幼儿的理解而不是机械的记忆。幼儿园科学教育活动注重幼儿在自己的探索过程中获得对周围事物特征和关系的领会和理解，注重幼儿在自己的操作过程中发现问题、寻找答案，而不是追求一些固定的结

论。教师必须避免向幼儿灌输、让幼儿机械地记忆一些无法理解的名词概念、科学术语和科学结论。第三，教师在幼儿园科学教育活动中起主导作用但不是主宰作用。在幼儿园科学教育活动中，尽管从活动的课题到活动的框架都是教师确定的，但幼儿在活动中仍享有充分的自由，特别表现在幼儿仍可以通过自己的操作活动来学习。教师的主导作用表现在指导、帮助幼儿学习，并根据幼儿的学习情况及时调整活动计划，而不是代替幼儿学习，更不是主宰幼儿的活动。第四，幼儿园科学教育活动并不排斥个别差异及个别化学习。幼儿园科学教育活动的形式并不意味着忽视幼儿的个别差异，更不排斥幼儿个别化学习。相反，在集体的环境中，每个幼儿都通过自己的操作活动学习，同时还有和同伴交流、和教师交流的机会。教师也会根据每个幼儿的具体情况开展个别的指导。这样就保证了每个幼儿都能在自己原有的水平上获得发展，和那种整齐划一、抹杀个性的教育有着天壤之别。

二、幼儿园科学教育活动的价值

幼儿园科学教育活动对幼儿的科学知识积累具有重要的作用。它的好处在于：第一，保证每个幼儿掌握基本的科学知识和方法技能。因为幼儿园科学教育的内容范围是相当广泛的，所以幼儿可以进行多方面的探索和学习。第二，教师的直接指导提高了幼儿的学习效率。在幼儿园科学教育活动中，幼儿的科学探索是在教师直接指导下的探索活动。这就可以保证幼儿能够在较短的时间限制内，较快地掌握摹本的科学知识和方法技能，而不至于走很多弯路。教师直接指导下的学习方式，是一种高效率的学习方式。幼儿既经历了探索学习的过程，又获得了成功的学习结果，既能在操作的过程中得到满足，又能享受到成功的快乐，不失为一种"两全其美"的策略。第三，集体教学的形式可以使幼儿和同伴相互交流、相互启发、相互学习。幼儿园科学教育活动为幼儿提供了一种特定的学习气氛。幼儿在和同伴的相互交流、相互启发中，不仅可以得到共同的学习结果，而且能分享共同学习所带来的乐趣和情绪体验，有利于形成幼儿集体学习的习惯，如和别人合作，倾听别人的意见和观点，和别人进行讨论等。这是幼儿个别的学习活动所不可能具备的效果。正因如此，幼儿园科学教育活动是目前在我国幼儿园中普遍采用的一种活动类型。考虑到当前我国广大城乡幼儿园的条件限制，尤其是教师与幼儿人数比例的限制，幼儿园科学教育活动更是一种适合我国国情的、高效率的活动。而且在相当长的一段时期内，幼儿园科学教育活动都将会是一种不可替代的活动类型。

三、幼儿园科学教育活动的准备

幼儿园科学教育活动的准备主要包括：活动课题的准备、活动目标的设计、活动材料的准备等几个方面。

（一）活动课题的准备

活动课题的准备是指从幼儿园科学教育的内容范围中，选择出适合幼儿探索学习和教师组织开展的活动课题，即将课程的内容转化为活动的内容。幼儿园科学教育的内容很广泛，而且并不是所有的内容都适合开展集体教学活功。因此。教师在准备幼儿园科学教育活动的课题时，应考虑以下几点：

1. 要选择最基本的科学经验

因为幼儿园科学教育活动是要求所有幼儿都必须参与的活动，所以其内容也必须是最基本的、最具代表性的学科知识内容。在幼儿园的科学教育中，如果幼儿园科学教育活动的数量太多，则必定会加重幼儿的学习负担。因此，这就要求我们对丰富的科学教育内容进行筛选，以提供幼儿最需要、对幼儿最必要的内容。而对于那些以拓展幼儿的知识面、激发幼儿更广泛的探索为主旨的内容，则可以放在区域性的学习活动中，或通过其他形式（如阅读科学图书）进行。

2. 要贴近幼儿的实际生活经验

在准备幼儿园科学教育活动的课题时，课题内容还要注意贴近幼儿的实际生活经验。幼儿园科学教育活动的内容不能一味追求新颖性，否则就不能达到激发每个幼儿的活动兴趣的目的。应该选择那些具有"适度新颖性"的，又必须是和幼儿的生活经验相联系的内容，这样既能保证绝大多数幼儿可能对此内容感兴趣，又能在已有经验的基础上吸收、学习新的内容。此外，还要避免脱离幼儿的实际经验，不要选择那些离幼儿生活较远的甚至是完全抽象的内容。例如，在幼儿园科学教育活动中向幼儿介绍人们所知甚少的生物"克隆"技术，或者向农村的幼儿介绍"各种各样的电梯"，都显得不太适合，因为幼儿缺乏应有的经验。

3. 要选择适合开展集体学习的内容

有的内容虽然很重要或者很有趣，但不便于进行幼儿园科学教育活动，我们也不宜将其确定为幼儿园科学教育活动的课题。例如，观察月亮的变化，就是一个更适合在家庭中进行的活动。再如，要引导幼儿注意并探索晶莹的露珠，最好的途径是在秋天的早晨，带领幼儿到草地上玩耍，以提供幼儿自己发现和探索的机会。这比组织幼儿园科学教育活动更加自然。相反，那些需要幼儿集中探索、共同学习、相互启发的内容，以及需要通过教师的引导和总结让幼儿获得某个具体结论的内容，就比较适宜设计成幼儿园科学教育活动的课题。

（二）活动目标的准备

在选定了幼儿园科学教育活动的课题之后，教师就要考虑设计活动的目标了。活动目标的设计必须依据幼儿园科学教育的总目标，并参考年龄阶段的目标，这是总目标的进一步具体化的过程。因此，在设计活动目标时，应该注意如下内容。

1. 要尽量体现行为化和可操作性

所谓活动目标，是指幼儿通过科学活动所应达到的学习结果。这种结果应尽可能用可以观察的行为这种形式表现出来，以便根据活动目标的要求设计活动过程，同时也便于对活动的效果加以衡量和评价。例如，"激发幼儿对科学的兴趣"这一目标表述方式就不够行为化，而如果换成"激发幼儿观察小动物的兴趣"或"激发幼儿喜欢探索有关冰的现象"，就可以通过幼儿外在的行为表现加以衡量。当然，在幼儿园科学教育的活动中，有些目标或要求的实现是隐性的，如有的仅仅是一种体验，而不能表现为一种外在的行为；有的是一种长期的、缓慢的、累积性的变化，很难在一次活动中就表现出来。因此，也不能绝对要求所有的目标都是一种行为目标。

2. 要结合活动的具体内容，提出有针对性的目标

幼儿园科学教育的总目标包括三大方面和若干具体内容。一次教学活动，只是实现目标的漫长过程中的一步，教师在设计活动目标时，不必、也不可能把总目标的所有内容全部纳

入。所以，教师应该在全面贯彻总目标的前提下设计针对活动内容特点的目标。因为具体活动内容的不同，对幼儿发展所起的作用也不同。例如，观察动物、植物的活动，更适合培养幼儿观察事物特征的能力，以及对自然界的积极的情感和态度、爱护小生命的行为等；而观察科学现象的活动，则更适合培养幼儿观察现象和变化的能力，以及对科学现象的好奇心和探索欲望等；科技制作活动重点培养幼儿的操作技能。我们在设计活动目标时，应有针对性地突出该活动内容的特色。

3. 要结合幼儿智力的发展水平和具体特点，提出有层次性的目标

活动目标应具有层次性。幼儿智力及各种能力的发展在不同年龄层次上呈现出不同的特点。研究发现，即使在同一年龄层次，不同地区或班级的幼儿、同一班级的不同幼儿也因其文化背景、教育基础、个人发展水平等因素的影响，呈现出较大的智力差异。这就要求我们在设计活动目标时要考虑幼儿所能达到的行为层次，并对不同的幼儿提出不同层次的要求。例如，"发展幼儿的观察能力"是对每个年龄阶段都适用的目标。但这样的目标就不够具体，缺乏层次性。例如，"能够在教师的指导下运用多种感官进行观察"和"能够主动运用多种感官进行观察"就体现了不同层次的要求，而如果是"能够系统、完整地观察事物的特征"或"能够注意到观察对象的细微特征"等，就是更高层次的要求了。

4. 要具有一定的灵活性，以适应活动过程中可能出现的变化

我们在要求活动目标尽可能具体、明确的同时，还要看到教育的对象是千差万别的，教育的过程也是千变万化的。所以，教师预先设计的目标不可能是一个固定的要求，而应具有相当的灵活性，以适应每个幼儿的个别差异和活动过程中可能出现的变化。教师不可能为每个幼儿设计一个目标，但应有这样的考虑，即对待不同的幼儿，应以不同的目标要求他。在设计目标时，教师也要充分考虑到幼儿的差异，使目标的表述更加灵活。例如"要求幼儿能够用自己的方法给叶子分类"，就具有较大的包容性：无论对于能力强的幼儿，还是能力弱的幼儿都适用。我们也要认识到，活动目标不是一个固定不变的框架，而是可以随着活动的开展而变动和调整的。目标是科学活动的行动指南，但不能成为对活动的束缚。这是活动目标设计的一个基本指导思想。

（三）活动材料的准备

因为活动材料是幼儿学科学的必不可少的物质保证，所以材料的准备也是活动设计中的重要一环。活动材料的准备，既可以选择成品，也可以通过收集或制作的方式自己制作。活动材料必须满足幼儿在活动中的操作需要，并且保证活动目标的达成。那么在准备材料时应该注意哪些方面呢？一般认为，应当从以下几个方面考虑。

1. 考虑材料和活动目标的关系

准备活动材料时首先要考虑的是活动目标的要求。要通过这次活动使幼儿达到什么目标，就要相应准备什么材料，以帮助幼儿更好地达成目标。例如，观察的活动就要准备有典型性和代表性的观察对象，必要时还需要提供观察工具（如放大镜）；若为分类的活动，则应为幼儿准备分类盒、分类对象，而且分类对象的数量和特征要便于幼儿分类；若为测量的活动，则应准备测量对象和必要的测量工具。只有围绕目标提供材料，才能保证材料在活动中发挥应有的作用。

2. 考虑材料的结构性

所谓材料的结构性，是指一个或一组材料所具有的特征，不同材料之间的联系和关系，材料中所蕴含的可探索性、可利用性等。举一个很简单的例子，我们让小班幼儿观察冰，如果我们只是让幼儿观察冰箱里冷冻的冰块，那么幼儿虽然也能感知冰的各种特征，但很不丰富。而如果我们不仅让幼儿观察冰箱里的冰，而且让他们观察冬天室外结的冰，观察厚厚的一块冰、薄薄的一层冰、长长的冰凌……这样，幼儿对冰的认识经验就很丰富。而这种充分的认识就源于我们提供了有结构性的材料——各种各样的冰。此外，冰这一物体本身有很多可以探索的特征，会发生很多可以探索的现象。这些都蕴含在冰这一材料之中。这一例子说明：准备材料时，除了要考虑活动目标外，还要考虑材料本身的结构。如果材料具有丰富的结构，就能促使幼儿在操作材料的过程中获得更丰富的认识、发现甚至创造。此外，教师在准备材料时还应该考虑：提供给幼儿的材料是成品好还是半成品好？怎样为幼儿提供可以选择的材料？哪些材料可能引起幼儿的创造性使用？等等。总之，教师准备的材料结构越丰富，对材料结构的认识越丰富，就越有利于幼儿的操作。

3. 要考虑材料的数量

教师在准备材料时，不仅要考虑提供什么材料，还要考虑提供多少材料。只有提供充足数量的材料，才能满足每个幼儿在活动中的操作需要。但是，不同的活动对材料数量的要求也不一样。如果是桌面操作材料，则一般需要每个幼儿人手一份，以保证其进行单独操作。一些需要合作的实验或解决问题的活动可以每个小组一份材料。对于感知观察活动，则应视情况而定，有的要求每人一份材料，有的可以每组一份材料，还有的比较大的观察对象甚至可以全班集体共用同一个观察对象。当有的活动需要提供多样性的材料，但是不可能为每个幼儿都准备很多时，可以采取每组一份材料，组内幼儿相互交换，甚至各组提供不同的材料，允许幼儿轮流到各组去进行操作。

第二课　幼儿园科学教育活动的设计

一、幼儿园科学教育活动的分类

幼儿园科学教育活动可以有多种多样的方式。仅仅按教师指导程度的不同，就可以将专门的科学教育活动分为预成式科学教育活动、选择性科学教育活动和生成式科学教育活动三种。

（一）预成式科学教育活动

预成式科学教育活动也称正规性科学教育活动，是指由教师根据幼儿园科学教育的目标和任务，有计划、有目的地选择课题，确定学习内容、学习方法和技能，并提供相应的材料，以达到实现教育目标的目的，是在教师指导下开展的科学教育活动。例如，在认识"电"的活动中，教师要预先选择课题，设计活动方案，准备相应的材料：家用小电器、电珠、电池、电线等，并指导开展活动。

预成式科学教育活动是在教师预先计划好的、确定一个统一目标的前提下开展的。教师在整个活动中起了重要作用。从根据幼儿的情况确定目标、精心选择内容、创设环境、准备材料，到组织、实施活动计划的整个过程，都离不开教师的指导作用。虽然教师要考虑到幼儿的不同差异，因人施教，但更要保证每个幼儿都参与到预先设计好的活动中。

（二）选择性科学教育活动

选择性科学教育活动又称非正规性科学教育活动，是幼儿在科学活动室、桌、自然角或活动室的区角等设施内进行的科学教育活动。选择性科学教育活动需要教师为幼儿创设一个宽松和谐的环境，提供丰富的材料和设备，供幼儿按自己的意愿和兴趣，从自己的发展水平出发选择活动的内容，决定学习的方法。例如，在一个科学活动室内，有的幼儿选择了放大镜和各种种子，运用放大镜比较各种种子的不同；有的幼儿选择了电池、电线、电珠，做会发光的小电珠的实验……在这样的活动中，幼儿的探索活动比较自由，教师除了为幼儿创设条件、设备外，也可作少量指导。

因为选择性科学教育活动是根据幼儿自己的意愿和兴趣来选择并进行操作的，所以更能激发幼儿学科学的积极性与主动性。当发现了自己从未注意到的科学现象或是问题得到圆满解决时，幼儿充分感受到自己的能力和成功的喜悦，并能因此增强自信心，发展良好的个性品质。选择性科学教育活动还有利于幼儿独立能力和交往能力的培养。由于这种活动形式往往以幼儿个人选择活动方式出现，因而是通过独立操作来完成任务的。在这样的不断的独立操作、积极探索、获得发现、表达交流的过程中，充分培养了幼儿独立的能力。选择性科学教育活动又是自由宽松的活动，可以三三两两地与同伴商量、合作，进行各方面的信息交流。幼儿在这样的活动过程中，学习了如何合作，如何交流、表达，这对发展幼儿的交往能力及社会适应性都有很大的促进作用。

（三）生成式科学教育活动

生成式科学教育活动是指由外界情景诱发引起，并围绕着偶然发生的科学事件展开的一种科学探索活动，是科学教育中特有的一种活动。例如，初冬的早晨，突然起了大雾，教师立即组织幼儿对这种不常见的天气现象进行观察、交流。生成式科学教育活动与幼儿的日常生活、周围物质世界紧密联系，在不同的时间、不同的地点都可能发生。这种活动延续时间的长短，由幼儿的探索兴趣和教师指导来决定。生成式科学教育活动的参加人数也比较宽松，可按集体、小组、自由结伴或个人单独的形式进行，完全凭幼儿的意愿进行组合。

由于生成式科学教育活动是由外界情景中偶然发生的事件引起的，因此教师事先既没有活动计划，也不可能为活动提供设备和材料。因为是偶然发生的，所以幼儿都极具好奇心，愿意进行探索，这有助于发展幼儿对科学的兴趣及探索精神。生成式科学教育活动的内容十分广泛。周围环境中的各种事物现象都可以成为幼儿观察、探索的对象。例如，突然飞进教室里一只小鸟，下雨前池塘上空低飞的蜻蜓、搬家的蚂蚁等。有很多内容又是教师不能设计和准备的，例如，天空中的彩虹等。这种特点是预成式科学教育活动、选择性科学教育活动都不具备的。

综上所述，科学教育活动的三种形式，即预成式科学教育活动、选择性科学教育活动和生成式科学教育活动，对完成和实施幼儿园科学教育的任务起了重要作用。它们三者是密不可分的，三种活动形式在幼儿的一日生活中，彼此联系、相互补充，又可以相互转换。选择性科学教育活动可以是预成式科学教育活动的前期导入活动，也可以是预成式科学教育活动的扩展和延伸；在选择性科学教育活动、生成式科学教育活动中，幼儿感兴趣的、有教育价值的活动内容也可引入有计划的预成式科学教育活动。三种活动的有机结合，既能发挥各自的特殊作用，又可促进幼儿智力技能和情感态度等方面的发展。例如，在进行预成式科学教育活动"沉与浮"之后，当有些幼儿兴趣仍未减时，教师可以把内容放入科学活动室让幼儿继续探索。又如，当幼儿发现了正在搬家的蚂蚁并很感兴趣时，教师也可以将这一内容纳入计划，进行预成式科学教育活动，帮助幼儿探索。

二、预成式科学教育活动的设计

预成式科学教育活动是指教师根据幼儿园科学教育的目标和任务，有计划、有目的地选择课题，决定学习的内容、学习的方法和技能，并提供相应的材料以达到教育目标的形式。预成式科学教育活动一般以集体的组织形式开展，活动设计一般包括：活动目标的设计、活动内容的设计、活动材料和活动过程的设计等方面。

（一）设计活动目标

活动目标的设计是预成式科学教育活动设计的初始环节，是教师根据幼儿园科学教育总目标、该年龄段目标、幼儿身心发展的特点、班级幼儿的实际水平，并结合本次活动内容的具体特点，对幼儿提出的全面的、恰当的要求。在理论上，这些要求应在幼儿活动结束时都能达到。

在制定科学教育目标时，首先要考虑的是幼儿已有的经验水平。这一点对制定活动目标、开展活动非常重要。这里，首先要了解幼儿已有的经验。教师在引导幼儿学习科学时，要为每个幼儿学习科学提供一个教学情境。这个教学情境反映出他们的已有经验，以便使科学活动一开始幼儿就能较快地辨别将要学习的内容，并用已有的经验，来解决教学情境中展示的问题，帮助自己学习新的知识。例如，在学习有关"电"的知识时，幼儿以往对电的了解，主要是从家庭生活中经常使用的电器来认识的，而这些电器的电是通过电路而获得的，却是大部分幼儿所没有的经验。但是，对于手电筒等使用电池的小电器却不同，大部分幼儿都有相关的方法经验，甚至有的幼儿还会拆装电池。通过了解幼儿对"电"原有的经验准备情境化的教学，可以确保幼儿获取新的"电"的知识与技能。

教师还应该了解幼儿已经掌握的日常生活用语。日常生活用语使用不当，容易造成幼儿概念上的混乱。例如"蒸气"这一概念，很多幼儿会以"水蒸气"这一日常生活用语来描述，教师如果预先能了解两者之间可能混淆（凡是液态的物体散发都有它的蒸汽，如酒精、碘等，也包括水的蒸气），就能帮助幼儿学习避免这一不规范的用语的运用。教师可以采取一些办法，检查日常生活用语与规范生活用语间可能的差异点。例如，教师要向幼儿清楚地指出两者之间可能的混淆之处，使幼儿在生活的任何时候，都能确保规范化用语的使用，以便幼儿运用这些规范化用语去描述、命名他们的经验。

确定适应幼儿已有的发展水平的目标。预成式科学教育活动是为特定的幼儿群体设计的。制定目标的基础是对幼儿的了解。只有在对幼儿的认知水平、兴趣、个性特点各方面都有充分了解的基础上，才能设计目标。在设计活动目标前，首先应分析本班幼儿的特点，然后再将科学教育活动学期或日计划中的目标具体化，以此作为确定目标的主要根据之一。在此基础上，考虑目标的筛选与确定。一般来说，班级教师对班级幼儿的一般情况还是比较了解的，因此，要把重点放在与本次活动内容相关的知识、技能、情感态度上。例如，"光和影子"活动内容的重点是在其关系上，那么探索能力、光和影子的关系就成了活动的主要目标。

（二）设计活动内容

活动内容的设计，是在已确定学习内容以后，针对内容本身，确定应该和可以让幼儿了解的内容有哪些。例如，已经确定在班级"大班"中进行"电的用处大"预成式科学教育活动，活动内容的设计要考虑的有：向幼儿介绍哪些有关电的知识，包括电的哪些性能、哪些用处，以及与电有关的其他哪些知识（如安全用电）等；通过活动可以让幼儿发展哪些能力，或学习什么方法；在活动中可以培养幼儿什么样的情感或态度等。

活动内容的设计可以从以下几个方面入手。

1. 有助于幼儿获得最基本的科学经验、能力和情感态度的内容

预成式科学教育活动一般是以集体活动的方式进行的，即要求全班幼儿在教师的安排下，集体性地开展活动。虽然在活动过程中，会照顾到个别差异，因人施教，但是总体来说，是在统一的目标指引下活动的。集体性质的教育活动的特点，就是要求所有的幼儿都必须参与到活动中来。因此，所安排的内容范围应该是最基本的、最具有代表的内容，包括知识经验、能力方法和情感态度，以及在此引导下幼儿行为的培养。

最基本的、最具有代表性的内容，应该是绝大多数幼儿感兴趣的、有需要的内容。"兴趣是最好的老师"，不仅是幼儿，即使是成人也是如此，当我们面对的是我们喜爱的东西时，学习起来绝不会感到劳累。设计活动时，教师必须要充分考虑到幼儿的兴趣和需要，将这些内容转换成活动的内容。因为幼儿感兴趣的内容中，有不少蕴含着丰富的教育价值，所以教师要善于发现、分析。幼儿的兴趣与需要虽然是十分重要的内容，但是并不是所有的内容都是从幼儿的兴趣和需要来的。还有一些内容，虽然因为幼儿的年龄、经验、生活的空间等现在并未被幼儿关注，但是并不等于这些内容不重要。相反，这些内容从幼儿的长远发展来看是必要的，但是并不是所有的幼儿都感兴趣。因此，将科学领域中的一些内容转化为活动内容，也是活动内容的设计中需要关注的方面。只是，在设计这部分的内容时必须谨慎，需要运用一些方法，使幼儿能对之感兴趣。例如，同样是关于"土壤里有什么"的主题，一般幼儿会对土壤里的昆虫等小动物感兴趣，但是对土壤里腐烂的叶子、沙子就不那么感兴趣了。

在设计最基本的、最具有代表性的内容时，注意不要忽略了能力、方法、情感态度方面的问题。这些方面的内容和知识经验同样重要，甚至超越了知识经验的重要性。能力方法的特性之一就是"问题性"。也就是说，他们只有在解决问题的过程中、在实际"做"的过程中才会出现并活跃起来。情感态度是伴随着活动过程而产生的体验，类似的体验积累得多了，就形成了有关的情感和态度。情感和态度不是教师教出来的，而是潜移默化的结果。在预成式科学教育活动中，设计一些需要幼儿思考的问题，创设一些问题情境，使幼儿自始至终地去感受探索发现的快乐、体验科学探索需要的理性思考。在这样的内容中，幼儿的能力、情感态度会得到很好的发展。

2. 容量合适的内容

内容的容量问题，在活动内容的设计中经常被忽视。我们现在以一节活动为单元来考虑量的问题。容量合适与否，有时并不能很明显地表现出来，但是经常会在活动设计中发生。内容的容量表现在两个方面：第一个方面是内容的超载；另一个方面是内容的不足。

内容的超载是现在活动设计中比较严重、明显的一个问题。在这里，我们不对课程内容的超载进行探讨，仅就活动内容的超载进行一些分析。活动内容的超载表现为两点：第一是容量过大。在一节集体活动时间内，从小班 15 分钟左右到大班的最多 35 分钟，幼儿是疲于奔命，从一个内容转换到另一个内容，其结果是幼儿什么也没学到，反而浪费了时间。如果在有限的时间内无法完成预定的内容，教师就将时间延长，将幼儿的游戏时间、自由活动时间都变成了集体活动时间。第二是难度过高，内容的设计已超出了幼儿所能接受和理解的程度。幼儿在无法理解的情况下，只能运用死记硬背的方法来将需要学习的东西记住。运用这种学习方法的结果是只能记住一些概念（幼儿期称前概念）、名词，至于能力、情感态度的发展，就大大地被削弱了，甚至会因为被动的学习，而产生对学习的厌恶感。

内容的容量不足同样是活动内容设计中应当把握的问题。在一个科学活动中，满足于让幼儿把玩一些物品，或者是设计了许多不同形式但却是指向同一内容的活动虽然一遍又一遍地在进行，却是没有意义的，是低水平的重复。例如，让幼儿进行多次"沉与浮"的实验，但是每一遍都是同样的要求，让一个小组的幼儿一起进行，只是准备的积塑、积木的颜色不同而已，没有任何挑战，幼儿也没有自己思考的需要和机会，导致幼儿对科学与活动兴趣索然。

内容不足的原因：过于考虑幼儿的兴趣；简单照搬教材的内容，不考虑幼儿园所在地区的特点，以及幼儿的已有经验；没有好好地把握幼儿的年龄特点。

要避免内容的超载和不足，首先，要把握幼儿的年龄特点，了解幼儿不同年龄阶段所能够学习和应该学习的内容，避免过难过深的内容出现；其次，要了解达成活动目标的关键经验是什么。预成式科学教育活动，是目标指引下的集体性的科学活动。在内容设计时，应该考虑为了达成这些目标，有过哪些相关经验。例如，在科学活动"手的大小"中，其目标是让幼儿学习测量手的大小的方法，而不是了解手是有大有小的。在活动中，通过幼儿自己的讨论与实验，对两种方法进行了验证并得出了结论。

要了解幼儿已有的经验，不要进行无意义的重复。对于幼儿生活中经历过的事物，要进行扩展、整理和提升，同样是关于鱼的主题，如果教师考虑到幼儿已有的经验，就可以让幼儿对几种鱼进行比较。在比较活动中，虽然幼儿对这些鱼已经比较熟悉，但是比较活动可以使幼儿学习观察方法，学习了解鱼的一些平时不被注意的细微方面，也使幼儿的细心、耐心等方面得到培养。

以上是一些关于内容设计方面的建议，在实践中，还要求能根据不同的情况来进行设计。内容的设计不能仅从一节活动来考虑，还需要从整个课程内容的总体来考虑，即要考虑整个课程内容的均衡性。

（三）设计活动材料

由于活动时所用的材料是幼儿园科学教育的外部条件之一，因此教师应在科学教育活动前准备好安全、充足的能够激发幼儿探索兴趣的材料。

1. 活动材料必须紧扣具体活动目标

科学教育活动目标确定以后，要考虑设计哪些材料，以达到这些既定目标并配合活动内容。整个活动中出示的材料，都必须围绕活动目标选用，不要有任何多余的材料出现。例如，要使幼儿能仔细清晰地观察蚂蚁的外形特征，就要为幼儿选择设计装蚂蚁的小盒子，盒子的上面是用玻璃封住的，既便于幼儿观察，又防止蚂蚁爬出；盒子的边上又钻有细细的透气孔，使盒子里保持氧气充足；另外还要为幼儿准备放大镜，以便更清楚地观察蚂蚁。这些活动材料的准备为幼儿的活动成功，乃至达成目标提供了保障。有些活动材料确实很有吸引力，确实能吸引幼儿的注意力和兴趣，但是在活动中并不是必需的（如幼儿观察鱼的形状，如果鱼缸里有假山、水草等，会分散幼儿的注意力），因为一些过于花哨的材料，容易使幼儿分心。幼儿会因为过于注意材料本身而忽略了探索活动。这样的材料就需要教师"忍痛割爱"。

2. 活动材料应具有趣味性

选择、设计具有趣味性的活动材料，能激发幼儿的好奇心和探索欲望，增强活动效果。具有趣味性的材料特别适合较小年龄的幼儿，也适合于刚参与探索活动的幼儿。事实上，任何一套好的材料都能并适用于不同年龄或能力悬殊的孩子们。例如，在"会滚的轮子"中，教师设计了缺少一个或两个轮子的拖拉玩具。拉牵绳时，该拖拉玩具东倒西歪，不能往前，使幼儿在大笑之余，直观地感受到了缺少轮子的不便，体验到了轮子的作用。

3. 要为幼儿提供充足的材料

充足的材料是科学活动开展的保证，特别是供幼儿操作的材料。材料充足与否，直接影响到幼儿探索过程能否顺利进行，影响到幼儿科学经验能否顺利获得。数量足够的材料可以减少幼儿的等待、闲逛和攻击性行为，提高幼儿学习科学的积极性和效率。

要为幼儿提供数量充足的材料，并不是意味着给予幼儿的材料越多越好，也不是说每样材料的数目必须和幼儿人数相当。应根据活动的具体性质，确定材料数量与幼儿人数的比例关系。活动材料的设计既要从幼儿科学探索过程的需要出发，又要考虑客观条件的限制。一般认为，操作性、实验性的活动需要每个幼儿一份材料，例如，在"有趣的玻璃片"活动中，应为每个幼儿准备一份包括凹、凸、平三片玻璃的活动材料；有的活动可以给个人或小组一份材料，例如，在认识鲫鱼的活动中，每组有一份包括了鱼缸、活鱼、鱼食等在内的材料；而有的活动则可以全班一份材料，例如，认识家用电器。全班共用一份材料的情况，一般来说是属于不易让幼儿进行操作的或材料本身不易收集的情况。

4. 提供具有典型性的材料

在准备材料时，教师还必须考虑到其具备的典型特征。特征鲜明的、能直接感受到的突出事例，能使幼儿的头脑中形成表象，从而获得科学经验。例如，菊花的品种很多，近年来，园艺家们研究开发了很多新的品种。有些菊花的品种外形、颜色与本来的菊花品种已相去甚远。在让幼儿进行观察时，特别是在进行与预成式科学教育活动时，应先提供一般的具有典型特征的菊花。这些具有典型特征的菊花，也就是在幼儿周围环境中、他们的生活中经常接触到的，如白色菊花、黄色菊花等，而不应先让幼儿观察各种"奇花"。以后在参观花展，或是第二次活动中，再让幼儿了解菊花还有许多新的品种。

由于科技的发达，反季节植物很多，因此教师进行幼儿教育时需要特别注意这一点。

（四）设计活动过程

科学教育活动过程是为实现教育目标，而对教育内容的具体展开，以及教育方法的具体运用，是整个预成式科学教育活动的核心环节。所以，预成式科学教育活动过程的设计是整个设计中的关键。

1. 设计活动结构

活动结构是指一次教育活动的基本组成部分以及各部分的顺序和时间分配。活动结构受教育活动内容、活动方法、活动对象等因素的制约，是教师、幼儿、教育信息三个因素多种组合的不同表现。简单地说，活动过程应包括哪几个步骤，通过这些步骤，最后达成什么目标，就是活动结构的设计。

在确定活动目标以后，设计者应对整个活动过程有大体上的安排，以使活动展开的线索清晰，更符合教育规律，最终使幼儿在有条不紊的安排下，开展活动。

科学探索有其相应的规律。科学探究的过程有四个互相联系的步骤。这四个步骤包括从问题开始到得出结论的全过程。第一个步骤，引起注意。或者说是提出问题，即开始关注要研究的问题，引起了探究的动机。第二个步骤，引起思考。为什么会这样？还会怎样？等等。第三个步骤，提出假设。假设是利用已有的知识经验，以及当前的问题提出假设：什么样的？为什么会这样？采取什么方法可以知道？等诸如此类的假设。第四个步骤，得出结论。根据假设去寻找答案，或观察，或实验，或收集资料，以获得对假设的验证。最后，还要将所获得的结果，以及如何获得结果的过程，与别人分享和交流。

由于预成式科学教育活动往往以集体活动的组织形式开展，因此经常有其大致的时间限制。上述所谈的科学探究活动，是指人对科学事物、科学现象探究的整个过程，而不是一次性活动。因此，集体性的科学活动根据其探索的不同阶段、科学对象的不同性质，可以分为不同的类型。有人认为，集体性科学活动主要分为四种类型：观察认识型、实验操作型、科学讨论型和技术操作型等。无论哪一种类型，其主要活动过程一般都要经历以下三个阶段。

第一阶段——引起动机阶段。幼儿学习科学的先决条件，就是对所探索的对象有兴趣。幼儿只有有了活动的动机与心理准备，才能积极主动地去学习、探索和发现。在预成式科学教育活动中，这个阶段也可称为导入活动阶段。这个阶段活动开展得成功与否，往往会影响活动的整个过程能否顺利进行。在设计这一阶段时，教师首先应注意这个环节的目的是引起幼儿的学习动机，而不是真正地开始探索。因此，此阶段活动时间宜短，一般在2~3分钟。为引起幼儿的学习动机，这个环节应设计有趣的活动。根据幼儿的心理特点及一般的心理规律——凡是新奇、变化的事物容易引起他们的注意，使幼儿的注意力集中于活动内容上。其次，在这一阶段中所设计的活动只有一个目的：将幼儿的注意力、学习积极性导入课题。例如，在小班认识"五官"的活动中，教师一开始便说：小朋友，看看老师放在桌子上的是什么？（小镜子）请小朋友照照镜子，看看自己的脸上有什么？短短几句话，符合幼儿心理——照镜子，马上就导入了活动课题——"认识五官"。

第二阶段是初探。这个阶段是整个活动过程中最重要的阶段，所用时间也最多，大多数的活动在此阶段中展开。在这个阶段中，教师要考虑如何让幼儿活动，用什么方法活动，如何提问，如何出示教具等。在这个阶段中，如果是探索活动，则教师首先要让幼儿提出假设，然后再进入观察或实验。特别要注意的是，问题可以由教师提出（也可由幼儿提出），但是假设必须由幼儿做。同时，在设计这一阶段时，教师首先要考虑的是如何使这个过程中的每一个步骤、每一个活动都有序。如果是观察活动，则教师要考虑引导幼儿先观察对象的什么方面，再观察什么方面。教师出示教具要有序，先出示什么，再出示什么；教师的提问要有序，先提问什么问题，再提问什么问题等。其次，教师的提问、幼儿的活动都应设计得有趣，以激发幼儿的学习兴趣并使其始终得到保持。再次，教师的提问要有变化，例如，"认识五官"中的提问，在问到"五官"的作用时，不能全用同一种办法，"眼睛（鼻子）有什么作用？"可改变一下提问的方法或语气，可以问："眼睛用处真大，那眉毛呢？""眼睛、鼻子、眉毛、嘴巴的用处都很大，那么，耳朵可以不要吗？"活动的节奏要有变化，各个活动有详有略，突出重点，解决难点。最后，所设计的活动都应通过启发引导幼儿，使其获得科学经验，发展各方面的能力，而不是灌输注入式。

第三阶段——综合阶段，又称整理阶段。在主要活动阶段过程中，幼儿已经获得了丰富的经验和深刻的体验。这时教师需要引导幼儿发表自己的见解，让其进行讨论与交流、评价等活动。在这个阶段中，首先，要考虑如何让幼儿整理小结，提升经验。对于中班、大班幼儿来说，可考虑让他们自己整理小结，而对于小班或小中班的幼儿，或者认识对象较复杂、内容较多的事物则可采取分段整理和教师整理的方法。因为对于幼儿来说，经过前两个阶段的活动，到此时精力已不够，注意力也开始分散，所以此阶段不适合再用大量的时间整理小结。当然，这里所说的整理小结，形式可以多样化，不仅仅是运用语言整理小结，例如，用图像表现、动作姿势等进行。在时间上也可灵活掌握，有时可以让幼儿休息一会儿再进行交流或整理，有时候可以即时进行。其次，综合阶段往往既是这一个活动的结束，又意味着下一个活动的开始，或者只是这一活动的暂时结束。幼儿园的科学教育活动是一个连续体，每一次的集体活动是这个连续体的一个点。因此，教师可以设计一些延伸活动，以导入幼儿再活动。例如，将本次活动的实验内容放到选择性科学教育活动中，导入幼儿再实验；又如，教师布置一些再观察的任务等。总之，要设计开放性的活动结尾，以使幼儿始终保持强烈的求知欲望。

活动结构的设计只是对整个活动过程作一个大致的规划，在设计好活动结构后，就需要对结构中的各个要点作进一步的设计。

2. 设计导入活动

如前所述，导入活动的目的在于"导"，导出幼儿的学习积极性，将幼儿的注意力导入活动课题。教师在设计导入活动时，可以考虑以下几种方法。

1）利用多种物质材料导入

科学教育活动往往为幼儿准备了丰富的物质材料，而这些材料会引起幼儿的求知欲望。教师可以利用这些材料导入活动。例如，利用实物、图片、模型、可操作的材料等。这时，教师只要辅简单明了地说明、提问或指令，幼儿就能很快地随着教师的设计思路进入科学活动过程。

2）利用各种文学艺术作品做导入

文学艺术作品为幼儿所喜爱，活动的阶段可根据需要利用儿歌、谜语、歌曲等文学艺术作品作为导入的方法。例如，利用谜语"远看像只鸟，近看像只猫，晚上捉老鼠，白天睡大觉"，来导入认识猫头鹰的活动。

3）利用情境表演做导入

科普情境表演是近年来国外向我国推广科普知识常用的一种方法，后又被引入幼儿园科学教育活动。例如，活动开始，由几名幼儿表演一段情境，引出一个质疑，或提出一个问题，然后由全班幼儿针对这个问题进行假设、讨论、实验、观察，来解决或回答这个问题。

4）利用环境设置做导入

教师预先布置一个可以引出课题的环境，然后带领幼儿进入这个环境，由此导入活动。例如，在一个门窗紧闭的屋子内，放着一锅冒着热气的汤，幼儿一进入这间屋子，纷纷说："好香、好香"。教师问大家："闻到些什么气味？你们怎么知道的？"由此引出用鼻子闻到香味儿，从而提出认识鼻子这个主题。

5）利用直接指令或提问做导入

有时也可以利用直接指令或提问，开门见山地开展活动。例如，在认识交通标志的活动中，教师一开始就问："马路上有各种各样的标志，你认识哪几种标志？"有时也可利用直接指令，如在观察蚂蚁活动中，教师带幼儿到花坛边，提出要求："仔细地找一找，看看哪里能找到蚂蚁？"直接使用或提问的方式，一般比较适合于大班幼儿。

以上几种方法应根据具体活动内容来灵活选择，可用一种或两种方法。但不管是使用什么方法，都应从幼儿已有的经验入手，使幼儿比较自然地进入活动主题。

3. 设计幼儿的活动

在幼儿园科学教育中，幼儿活动的设计是至关重要的。没有幼儿的活动，科学教育活动的结果一定是失败的。由于幼儿年龄小，还不能自己独立地学习科学，因此教育活动的设计应强调教师的外部推动。同时，幼儿是一个发展的能动的主体。任何外在教育环境都必须通过幼儿主体的努力，才能促使幼儿发展。因此，在科学教育活动的设计中，要把幼儿放到主动发展的位置，变思考教师如何教为思考幼儿如何学，从研究幼儿入手，设计幼儿学科学活动，引导幼儿发展。幼儿在科学学习中的活动包括身体动作和大脑思维两方面。而身体动作又包括动口在内。同时，动口又是动脑的外在表现和结果。所以，幼儿园科学教育活动要努力改变"教师讲、幼儿听，教师做、幼儿看，教师教、幼儿记"的消极被动的学习模式，充分地让幼儿动手、动口、动脑，积极地去活动、去探索、去发现。

1）操作活动

操作活动就是让幼儿充分利用周围环境、各种设备材料，进行各种尝试，获得直接体验与感受的活动。例如，在小班"有趣的鸡蛋"的活动中，教师设计了以下操作活动：为孩子收集准备了许多碎海绵、沙子、碎布、各种各样的瓶子、盖子、油泥、珠子等，让幼儿操作探索："怎样让鸡蛋站起来？"孩子通过操作，让鸡蛋站在沙子里，油泥里、瓶口上……以此了解鸡蛋的形状。又如，在"各种各样的电池"的活动中，教师设计了让幼儿操作、摆弄各种电动玩具，引导幼儿了解电池的作用。在活动中，教师为幼儿准备了各种各样的电动玩具以及各种规格的电池，让幼儿通过自己的观察，了解装电池的地方及电池的大小配对，装电池时还必须注意电池两极不能装反才能使电动玩具动起来。幼儿的操作过程就是一个学习发展的过程。孩子们在操作过程中还发现了电磁7号、5号、2号……电池有"+""−"符号、有图形……孩子们通过操作、思考后找到了装电池、玩电动玩具的窍门，增强了对科学探索的兴趣。

幼儿是在动手操作、动脑思考的活动中学习和发展的。教师在为幼儿设计科学活动时，要特别考虑该活动是否能使幼儿动手操作。当有些内容是不容易让幼儿动手操作的时候，我们应想方设法让幼儿操作起来。例如，在"认识眼睛"的活动中，一般来说，很难让幼儿进行操作活动，但教师可以通过"照一照"——用镜子照眼睛；"画一画"——用纸、笔画眼睛；"比一比"——和小朋友比较一下；"找一找"——找脸谱上的眼睛有没有画错；"改一改"——脸谱上如有画错的地方就改一下等各种办法进行操作。

动手操作活动要反复多次，让幼儿在多次操作、反复感知思考的基础上认识事物、了解自然规律。例如，在认识"电"的活动中，教师设计了三次不同类型的操作活动，让幼儿通过不同内容的操作，了解电的作用。第一次，让幼儿自己玩一些家用小电器（电吹风、录音机……）或电动玩具，让其了解怎么玩。第二次，让幼儿试一试电是否真的能让东西发光、发热、发声或使机器转动。第三次，让幼儿操作，这次操作主要是让幼儿玩儿一下没有操作过的东西。这样就能使幼儿充分感知、经历科学发现的过程。

操作活动的形式是相当多的，如小实验、小制作、采集、记录、种植、饲养、测量、分类等。教师要考虑在整个科学教育活动过程中幼儿的操作活动，提供充分的机会以及工具、用品、材料等，尽量让每个幼儿都动起手来。

2）讨论活动

讨论活动就是把教学内容中的重点、难点和幼儿的疑点作为问题向幼儿提出，或由幼儿自己提出，让幼儿七嘴八舌地讨论，互相补充、互相启发、充分思考，以发展幼儿的思维能力和语言表达能力。

教师把重点、难点、疑点作为问题向幼儿提出后，不要急于让幼儿回答，而让幼儿互相商量、七嘴八舌地议论。例如，在"洗涤剂"的活动中，当幼儿了解了有各种各样的洗涤剂后，教师提出问题：工人叔叔为什么要生产出这么多不同的洗涤剂？每个孩子都积极地参与讨论，在充分讨论的基础上得出：工人叔叔生产出这么多洗涤剂，是为了使我们洗东西干净、方便、省力。

3）发现活动

发现活动即不把答案直接告诉幼儿，而是创设环境，准备材料，组织各种活动，带领幼儿寻找答案，让幼儿多动脑的活动。幼儿园科学教育的主要目标不是获取知识，而是激发兴趣、陶冶情感、发展能力、学习探索的方法。教师的注意力不应只放在学习结果上，而应注重学习过程，让孩子亲历科学家的发现过程。在教师精心设计的科学活动过程中，活动、尝试、观察、比较分析、概括、找出答案是培养幼儿兴趣和能力的重要途径。例如，在认识棉花的科学教育活动中，教师并不是直接指导幼儿去得出棉花有何特性的结论，而是通过为幼儿准备各种材料：棉花、小瓶子、小盘子（内装有水，）剪刀等，再鼓励幼儿用各种方法来玩棉花的办法让小朋友在玩棉花的时候发现棉花的特性。幼儿通过撕棉花、吹棉花，往空瓶子里塞棉花，往有水的瓶子里放棉花等活动，发现棉花能吸水、有弹性、很轻、能用手撕开等的特性。所以，在科学教育过程中，凡是幼儿能想的就让他自己想，凡是幼儿能做的就让他自己做，尽量设计一些能让幼儿多动脑、多思考的活动，使其体验发现者的自豪，学习探索方法。

以上三类活动是从不同角度来阐述的，三者之间有交叉，如发现活动也可以同时操作活动。另外，此三种活动也没能穷尽科学教育过程中幼儿的所有活动。如除了动手以外，还有身体活动等。

4. 设计活动方法

在设计科学教育活动时，活动方法的设计是很重要的一个环节。它既包括教师教的方法，也包括幼儿学习的方法。

在科学教育过程中，教师既要发展和研究每一次科学教育活动的目标，还要对各种教学方法加以比较，从中选择对于实现教育目标最为有效的一种或几种方法。一般来说，设计活动方法时应考虑以下几点。

1）根据活动目标设计方法

科学教育的方法是教师为实现科学教育目标而采取的方法，是为活动目标服务的。由于在每次科学教育活动的过程中，具体的活动目标是不同的，因此应采用不同的活动方法。例如，在介绍新知识时，教师可以安排一些观察、实验的方法，同时还可穿插一些信息交流的方法。在幼儿已掌握了一些知识内容的基础上，可以采用巩固知识能力的方法，例如，采用游戏的方法来复习巩固等。又如，在以发展分类能力的目标指引下，应采用分类的方法进行活动。

2）根据活动内容设计方法

科学教育内容具有广泛性的特点，涉及自然科学的许多学科领域。各部分的教育内容有不同的性质，这对方法的选择和运用具有一定的制约。从总体上看，研究有关动植物、人体的内容多用观察的方法，动植物又可用饲养、种植的方法；研究非生物的内容多用观察、实验、测量、分类的方法。总之，进行各种不同的内容时，都必须考虑不同的活动方法。

3）根据本班幼儿的特点设计方法

总而言之，前面所介绍的各种教学方法之所以成为科学教育中常用的基本方法，是因为他们既体现了教育的普遍规律，又符合幼儿的年龄特点，能为幼儿所接受，在实际工作中也是行之有效的。此外，还应看到，各种方法之所以构成一种独特的方法，是因为他们所采用的基本手段（直接感知、语言交流、动手操作等）各不相同，而这些不同的手段对幼儿的经验基础、认知能力有不同的要求。要使各种方法在使用时能达到预期的效果，就必须考虑幼儿的实际水平能否适应这些方法的需要。一般认为，幼儿年龄越小，直观的、游戏的方法越重要，随着年龄的增长，以语言为主要手段的方法可以适当增加；同时，年龄越小，在一次活动过程中采用一种方法的时间就要越短，因为年龄幼小的幼儿注意力不易长时间集中；幼儿的科学经验基础不同，在运用方法时，要有所区别。当幼儿对某些知识已有一定了解时，教学时可以采用信息交流等间接的方法；当幼儿对知识和现象缺乏感性认识时，教学时应尽量运用直观的手段。在设计方法时，还要注意班级特点，如幼儿的知识水平差异、思维灵活性、表达能力等。总之，要从幼儿的实际出发设计方法。

4）根据幼儿园设备条件设计方法

由于各地区、各幼儿园的地理环境和物质条件有差异，因此教师在设计方法时，必须因地制宜，从幼儿实际出发，选用切实可行的而且有效的方法。例如，农村的幼儿园和城市的幼儿园环境条件就有不同。农村幼儿园，可充分利用周围的自然条件进行实地参观、观察、种植、饲养等方法认识环境；而城市幼儿园对一些诸如城市交通、现代建筑等内容的认识也可运用实地参观的方法，而对一些田地、饲养场等自然场地的了解，有时只可通过挂图、幻灯、录像等方法进行。同样地区的幼儿园各种活动条件也不尽相同，有的幼儿园设备较齐全，使用实验方法时得心应手，而有的幼儿园设备仪器很少，要求教师就必须从实际出发，自制必要的教学用具，或设计其他的方法。当然，有些环境条件是靠人去创造的，教师应积极创造条件，以便更多地设计那些适合幼儿、效果明显的方法。

5）配合使用各种方法

教学论的基本观点：教育活动既然是幼儿认识周围世界的一种特殊形式，就必然受到人类认识规律的制约。心理学在研究人类的认识过程时，既分析了人类对客观世界的认识需要通过感知、记忆、想象、思维由简单到复杂、由感性到理性的种种活动，又指出这些活动从来都不是单独存在的，而是互相联系不可分割的。这就要求我们在设计方法时，不能把各种方法孤立起来使用，而是把多种方法配合起来使用，更好地完善整个认识过程。例如，外出参观（观察方法）可以使幼儿直接接触周围环境，获得丰富的感性印象，但却因客观环境干扰的因素太多，使得幼儿得到的印象比较零散。又如，信息交流的优点在于帮助幼儿加深印象，巩固知识经验，但在幼儿没有一定经验基础的情况下，是无法使用的。

另外，在一次活动过程中，如果单纯使用一种方法，也会使幼儿感到厌烦，注意力集中难以持久，最终达不到预期目标。各种方法除有自身特点外，它们之间还有着互相渗透的关系，不能截然分开。例如，在运用观察的过程中，离不开教师的提问和幼儿对观察结果的回答，即离不开信息交流中谈话的方法。又如在小实验过程中，也离不开观察法的运用。因此，在实际活动过程中，只有把各种方法配合起来灵活地运用，才能保证活动目标全面达成。

5. 设计教师语言

教师语言对科学教育活动起着至关重要的作用。在科学教育活动过程中，教师的语言主要表现在讲解、对话和提问上。为使教师的语言发挥应有的作用，设计教师语言时应注意以下几点。

1）有明确的目的性

教师语言要围绕科学活动的目标来进行，使幼儿的注意力始终集中在活动目标上，使科学教育活动过程始终保持应有的意识水平。例如，组织幼儿观察季节特征时，教师应抓住季节与动植物的变化、与人们服装变化的因果关系进行引导观察，不必去深入认识某一动植物的特征和描述人们的服装。

2）要具有形象性

由于幼儿的思维具有具体形象性、情绪性和情景性的特点，因此在科学活动过程中，教师运用生动形象的语言，不仅便于幼儿接受和理解，而且还可以激发幼儿探索的兴趣和积极性。为使语言具有形象性，教师可以抓住科学物体与现象特征，选择幼儿易于理解的词汇进行恰当的描述。例如，在描述小白兔身上的毛时，可以说"小白兔身上的毛是雪白雪白的。"又如，描述雨后的彩虹时，可以说"天空的彩虹真像一条七色的彩带"等。

3）要富有启发性

所提的问题或讲解能揭露事物一定的矛盾，能激发幼儿在解决一定的矛盾的过程中进行积极的思维活动。教师对于幼儿科学探索过程的指导，主要是通过提出有质量的问题实现的。

教师语言要抓住要害、逐步深入，要简单明确、难易适度，并且少用暗示的语言，如问："公鸡身上有什么？"还要注意进行引导，避免用否定式的语言，如"你不知道吧，这缸里有什么"。总之，在科学活动中要多用开放式语言，少用或不用封闭式语言。

4）要有逻辑性

教师要运用确切的语言，按照语法规则，层次分明、有条不紊、正确地表述，引导幼儿逐步分析，达到概念明确、判断恰当、推理合乎逻辑的目的。例如，在"捕捉、观察蚂蚁"的活动中，教师可向幼儿逐步提出下列问题："仔细地找一找，看看哪里能找到蚂蚁？""捉一只蚂蚁看看，它长什么样？""仔细地看一看，蚂蚁在地上爬来爬去干什么？""蚂蚁的家在哪里？""蚂蚁发现食物后会做些什么？它用什么办法告诉同伴前面有食物？""蚂蚁怎样搬食物？怎样搬小的食物？"等。

6. 提问的设计

教师对于科学活动过程的指导，主要是通过提出有质量的问题实现的。有质量的问题能推进幼儿思考，促使幼儿去探索、去发现。科学教育活动的问题主要有两大类：一类是理论性问题和操作性问题；另一类是封闭式问题和开放式问题。

1）理论性问题和操作性问题

根据解答问题需要的努力或操作方式的不同，可以将问题分为理论性问题和操作性问题。

理论性问题是一种需要高度的理论来解答的问题，或者是答案相当复杂，孩子无法真正理解问题。这类问题通常以"为什么？"开头，例如："为什么现在世界上没有恐龙？""为什么月亮是圆的？"这种答案只能运用阅读的方法或请专家来找出。无论是哪种方式，很少幼儿能从它所找到的答案得到什么长进，因为他们根本没有那种认知结构或经验背景去理解。理论性问题是典型的幼儿在遭遇新奇科学现象时会问的问题。虽然理论性问题的答案难以真正理解，但阅读科学性读物可以充实这方面的知识，可作为日后进一步深思或探讨的基础经验。在整体科学素养的培养上，理论性问题仍有其价值。

第二种是操作性问题。操作性问题是一种可以通过幼儿自身的操作来寻求答案的问题。这一类问题直接或暗示地指出，应该怎样利用科学材料去得到问题的答案。例如，问"如果把纸放到水里，会发生什么事情？"解答问题的方式可以是让幼儿把纸放在水中试一试。又如，问"蜡烛放在不同大小的玻璃瓶里燃烧，会有怎样不同的结果？"只要有这些材料，就可以试一试。幼儿可以通过亲自观察、实验等操作活动，对操作性问题找出答案。幼儿在操作过程中不仅形成科学经验，熟练各种科学过程技能，而且可培养科学情感和态度。

因此理论性问题难以回答，其答案是幼儿无法理解的一种科学理论，所以在活动中教师要避免向幼儿提出理论性问题，而尽量地提出操作性问题。但是运用操作性问题时，也需要注意它的适合性。操作性问题涉及的是能力技能活动的层面，不是单纯的教师提问、幼儿回答，而是一种需要在活动过程中，通过幼儿自身的探索活动，得出答案的过程。因此，在设计教师的提问时，要考虑一个活动中，哪些环节是可以提出操作性问题的，因为一个操作性问题的提出，带来的是一系列的操作。

2）开放式问题和封闭式问题

根据问题答案性质的不同，可以将问题分为开放式问题和封闭式问题。

第一种是开放式问题。开放式问题是指问题的答案应具有开放性，一个问题可出现多种答案，答案不是固定的、唯一的。例如，问："你怎么发现的？"每个幼儿的回答会不一样，即使相似也不会完全相同。又如，问："石头有什么用？"由于石头的用处有很多，因此此问题不只有一个答案。在科学活动中开放式问题的功能表现在以下几点。

（1）提醒探索发现："蜗牛吃什么东西？"
（2）诱发预测："如果……结果会怎样？"
（3）引导深入探索："为什么你认为天平那边会低下去？"
（4）促进推理："说说看，为什么会这边感觉干，那边感觉湿"？
（5）鼓励另一种尝试："想一想，你可以用什么办法，使蚯蚓从那一边爬出来？"
（6）激发创造性思考："如果……将会怎样？"
（7）流露感情和价值："这项活动，你们最喜欢的是什么地方？"

第二种是封闭式问题。封闭式问题和开放式问题正好相反，正确答案是固定的、唯一的。例如"母鸡会游泳吗？""这种昆虫的名字叫什么？""刚才我们看到的是什么？"等。这些问题的正确答案只可能是一个。虽然在科学活动中，教师大多会考虑如何提出一些开放式的问题，让幼儿能充分地、开放式地思考，而且有时甚至认为封闭式问题是错误的、是和注入式教学联系在一起的。其实封闭式问题在科学活动中仍有其必要性。在科学活动中封闭式问题的功能表现在以下几个方面。

(1) 引导注意焦点:"哪一杯水最热?"

(2) 协助回忆所学知识:"你刚才最先做的是什么?""这些材料中,哪些被磁铁吸住了?"

(3) 回忆先前的观察:"豆子泡水一天后,和原来一样吗?""哪一棵树比较高?"

开放式问题和封闭式问题在科学教育活动中都有其各自的功能。封闭式问题是在直接指导一些主题内容、概念或过程中提出的,与之相应的教学方法包括讲解、说明和示范等。由于它们的解题空间有限,因此答案明确,可以预测。开放式问题不仅指向知识经验的获得,而且指向幼儿的操作活动,指向科学探索过程。在教师的启发性问题下,幼儿不仅需要回答问题,而且还能发现问题、提出问题。但是所学的结果,却不易被预测和评估。虽然在现代科学活动中,比较强调以开放式的问题为主,但是封闭式问题得到解答后的追踪问题,也常常是开放性的,例如"你怎么知道的?你怎么发现的?"这些问题往往是在"是什么?""什么样的?"之类问题后提出的,特别对于年小幼儿来说,封闭式问题更有其必要性。

7. 活动结尾的设计

幼儿园科学教育活动应该在幼儿情绪还未低落的时候结束,形式可以是多种多样的。如可以采用故事式结尾、游戏式结尾等。无论是采用哪种形式,教师都应该鼓励幼儿在集体活动结束后,继续在科学角、科学活动室、园地或家里等地方进行探索活动。因为预成式科学教育活动是受时间限制的,一般小班不超过 20 分钟,中、大班不超过 30~35 分钟,但是幼儿的探索欲望是无止境的,所以预成式活动的结束应该是开放式的,一般多采用布置任务、鼓励幼儿继续发现的方式结束。

教案格式示范如表 4-1 所示。

表 4-1 教案格式示范

授课科目:幼儿园科学教育	授课班级:	授课教师:
活动名称:			
活动目标:			
活动重点:			
活动难点:			
活动准备:			
活动过程: 一、引起动机阶段: 二、初探阶段: 　　第一层次: 　　第二层次: 　　第三层次: 　　…… 三、综合阶段: 四、师生小结: 五、活动延伸:			

三、选择性科学教育活动的设计

选择性科学教育活动是指幼儿在科学发现室或自然角、科学桌等场地进行的科学教育活动。幼儿园的区角活动中，特别是学习性区角，包括了部分科学探索活动，但并不是所有的区角活动都与科学探索活动有关。同样，区角活动中除科学活动区角以外，还包括了为幼儿特别创设的科学探索室的活动、在室外散步和采集等活动。在选择性科学教育活动中，教师主要进行间接指导，为幼儿创设环境、提供材料，并在活动过程中给予必要的指导。但这并不等于说，教师在活动前不需要对选择性科学活动进行设计，任其自然。选择性科学教育活动同样要求教师进行精心设计，只是设计的重点与角度有所不同而已。

需要说明的是，选择性科学教育活动的设计，因为其特点的关系，往往是从一个时间段去考虑活动设计，系选择性科学教育活动设计不能如同预成式科学教育活动设计那样，以一次活动为时间单元。一个时间阶段的长短，要根据班级所在幼儿园的情况而定。

（一）活动目标的设计

选择性科学教育活动是幼儿园科学教育的重要组成部分，起着预成式科学教育不能起到的作用。由于科学的特性，很多科学活动内容都需要以个体和小组的形式进行探索。在选择性科学活动中，同样需要对幼儿进行全面发展的培养，所以除了设计预成式科学教育活动目标时需要注意的方面外，设计选择性科学活动目标时，还要特别注意以下几个方面。

1. 根据幼儿个别情况设计目标

选择性科学教育活动的特点，决定幼儿在活动中具有较大的自由度和灵活性，可以根据自己的兴趣和需要，从自己的水平出发，用自己的方式进行选择与探索。这些特点决定其选择性科学教育活动没有全班统一的活动目标，也没有如同预成式科学活动那样，每一次活动都有明确的目标。教师往往只为孩子提供、准备各种科学活动所需要的材料和设备，创设时间和空间，营造科学探索的气氛。但是作为教育活动，必定是有目标的，只是这个目标比较笼统、宽泛，是方向性的目标。例如，在某个阶段中，教学侧重点是培养幼儿科学探索的兴趣，但究竟要幼儿对哪些具体事物或者探究活动感兴趣，幼儿的这种兴趣水平如何定位，教师一般无法给予确定。在这样的活动中，教师可以在对幼儿观察了解的基础上，有意识地特别对一些幼儿进行重点的指导，例如，有些幼儿比正常的幼儿发展快，有些是有特别需要的幼儿等。教师可以针对这样一些孩子的特殊情况，设计具体的目标。例如，班上新来了一名幼儿，从未上过幼儿园，或刚从其他幼儿园转来，教师应根据他的情况进行专门的指导。

2. 根据前次活动情况设计、调整目标

选择性科学教育活动的另一个重要特点，就是需要教师事先为幼儿准备各种设备和材料，供幼儿进行科学活动。这些材料和设备的准备当然不是无依据的，而是根据活动目标、幼儿的探索兴趣和需要而来的。目标的设计既要根据每一阶段活动的总体目标，但是又要根据前几次活动的具体情况来确定和调整，即本阶段活动目标的提出，往往是建立在前几次活动结果基础之上的。例如，教师注意到前几次活动中，部分幼儿对透镜发生了浓厚的兴趣，他们发现凹凸的不同，活动结束时，还不肯放弃探索。有一个幼儿提出："透过平的玻璃看到的东西又是怎样的呢？"据此，教师调整了活动目标，提出了"让幼儿玩平、凹、凸三种玻璃，并比较其异同点"。教师在选择性科学教育活动过程中，应仔细观察幼儿的活动，观察幼儿在活动中的需求，了解幼儿对材料的兴趣；观察幼儿在探索活动过程中的情况，包括幼儿的探索方法、发生的困难，幼儿之间的互动情况，以及个体幼儿的个性差异、情感态度特点、认知水平等；不断地寻求幼儿学习的最近发展区，对幼儿提出进一步的发展要求。

（二）活动内容的设计

选择性科学活动可以根据场地大小、材料的丰富性等条件进行内容设计，还可以结合班级的活动主题来设计。当科学活动室场地比较大时，可多设一些不同的内容，每样内容又可多准备几份材料供幼儿选择。当科学角、自然桌的场地面积相对较小时，设置的内容就只能在数量上减少，在品种上也要考虑某些占地较多的内容不易摆放。但无论是怎样的场地，以及是否与活动主题相结合，选择性科学教育活动的内容设计一般可归纳为以下几类。

1. 观察阅读类

观察阅读类的内容主要是通过眼睛观察，不易用手摆弄操作，有的适用于对科学探索室进行的墙面、门窗的布置，有的适用于幼儿进行早期科学阅读的材料，也有的适用于幼儿参观。

1）适用于墙面布置的内容

（1）壁画：是挂、贴在墙上的有关科学内容的画面，例如，未来世界、古代动物、春夏秋冬的景色、最冷最热的地方、科技发现史、天空海洋，以及与之有关的物体。

（2）悬挂：在屋顶、窗口、门前悬挂各种模型、图片的飞机、飞船、火箭，各国国旗，小鸟、小动物、柳条、桃花、瓜果等或布置成太空，垂吊各种星球、卫星等。

2）适用于参观的内容

（1）模型：大地球仪、地图拼图，还可以制作各种模型箱，如海底世界、森林里的野兽、鸟的家、猿人的生活、南极、北极等。模型箱的制作可在一面为玻璃的大木匣里，用背景图、玩具和废旧材料制作模型，组成各种场景。

（2）标本：如动物、植物的标本。这些标本大都是无法让幼儿触摸的，只能用眼睛观察。

3）适用于早期科学阅读的内容

（1）图书：如书架、书袋里的科学画丛，各类科学图书。

（2）音像：录音故事、科学幻灯故事、录像、VCD、CD、DVD等。

幼儿期阅读的各种材料，可以结合活动主题的安排，也可以独立安排。科学发现鼓励幼儿接触真实的事物，但是不可能将整个世界都带到活动室里来。在这里，幼儿可以学习通过利用资源性的材料来扩展知识。如果需要结合活动的主题，则可以在一个主题开始前，去图书馆、资料室挑选与主题相关的合适的书本。例如，在"蚯蚓主题"开始前，教师就可以选择有关蚯蚓的图画书，来配合主题的开展。

2. 科学玩具类

科学玩具类的内容大多为买来的玩具成品。目前市场上有很多新颖的科学玩具，这些玩具有的是利用一种科学原理建造并进行游戏的，有的是利用建造材料的新颖性。如电动玩具、机动玩具、声控玩具、遥控玩具、磁性玩具、学习玩具、插拼玩具、其他（水车、电子琴……）玩具等。

3. 操作实验类

操作实验类的内容是可供幼儿自己实验、操作、观察、探索的材料、物品。这些物品是幼儿最喜爱的内容，也是选择性科学教育活动中最关键的部分。通过对这些材料的使用，幼儿能够越来越娴熟地使用天平、放大镜、测量工具。幼儿需要使用这些工具来处理各种各样的自然材料和人工材料。操作实验类的材料，主要是有关电、磁等物理、植物系列的材料。幼儿可以用这些材料来进行实验、操作，获得各方面的经验。如以下例子。

（1）光：如各种镜子（平面镜、三棱镜、凸面镜、凹面镜等）、各种透镜（凸透镜、凹透镜）、调配颜色、三色镜、变色陀螺等。

（2）电：如会亮的电珠、摩擦起电、手电筒等。

（3）磁：如走迷宫、龟兔赛跑、钓鱼等。

（4）声：如音叉、响铃等乐器、小电话等。

（5）力：如天平、弹簧秤、转伞、搭纸桥、斜面板等。

（6）空气：如不湿的手绢、哪支蜡烛先灭等。

（7）水：如冻冰花、哪块手绢先干，沉和浮等。

（8）种子：如黄豆、稻子、麦子的发芽等。

4. 制作创造类

操作试验类的内容是可供幼儿自己制作各种物品所需的材料工具。制造创造类的材料有两个方面。一方面是某一种制作所需的特殊材料。幼儿可以用这些材料来进行制作创造，获得各方面的经验。例如：

（1）各种玩具制作（科学玩具）：例如风车、小电话等。

（2）标本制作：例如树叶标本、种子标本、花的标本、昆虫标本、树叶画等。

（3）陈列品制作：例如萝卜小猪、泥娃娃等。

另一方面是一些基本的工具。这种材料是可以用于各种制造创作活动的，是一些必备通用的材料。

例如：

（1）安全护目镜；

（2）绘画时用的工作裙或罩衣；

（3）天平、勺子、滴管和镊子；

（4）纸板或泡沫塑料的餐盘。

（三）设计活动材料和设备

选择性科学教育活动中材料和设备的设计是关键。在设计材料和设备时，除了在性能上安全可靠等要求外，还应考虑以下几点。

1. 材料的探索性

为孩子们准备的材料应该具有探索性，即材料应该和科学上一个重要的概念有关；使用这些材料应该能揭示许多有关的现象。例如，一盆水、一些小石子和几片塑料片放在一起的这组材料，与"沉与浮"这个概念有关，能使孩子理解科学现象：有些东西放在水里会沉，有些东西放在水里会浮，换言之，通过对这些材料的探索，能让幼儿初步了解一些科学概念和发展相应的能力。材料的探索性还表现在所设计的材料有多种组合的可能，能激发幼儿自由地运用自己的方式操作、组合、改变它们。这些材料有较广的用途，能用多种不同的思路进行探究和发现。

2. 材料的新颖程度

新颖有趣的材料容易引起幼儿的注意，吸引他们去探索。例如，探索电的用途时可以准备各种电动玩具或家用小电器，让幼儿通过玩这种新颖玩具或小电器来了解电的用处真大。幼儿在活动中，每个人都亲自将电池装上卸下，以了解电动玩具的玩法，同时也了解了电的用处。这些新颖有趣的材料，吸引了幼儿的注意力。有的材料表面上看也许并不觉得特别，但是只要使用得当，会使幼儿从中发现无穷的乐趣。例如主题"物体的不同与相同"，教师准备了许多材料让幼儿探索，其中有一种材料是这样准备的：纸袋、各种各样的羽毛，一些物体，如贝壳和树叶。幼儿会将自己的一袋羽毛用各种方式分类：如漂亮的羽毛和不起眼的羽毛。"漂亮的羽毛"就以一种新颖的材料吸引了幼儿。

3. 材料的易理解性

材料的易理解性是指操作方式的易理解性。幼儿对材料的操作方式是否理解，会影响他们对材料的最初探索。对于幼儿而言，特别是小班幼儿，设计的材料要能使幼儿一看就明白其操作方式，使幼儿拿到材料很快就能进入探索过程。幼儿如果不知道怎样玩操作材料，则很容易放弃或去做与探索无关的事情。例如，当一个天平秤和一组不同重量的材料呈现在幼儿面前时，幼儿就容易理解。对材料的理解对于不同年龄的幼儿来说是不同的，除了在材料设计时应考虑这点以外，在指导活动时也可以教师介入的方式减轻幼儿因对材料的不理解而带来的困难。

4. 材料的丰富性

材料的丰富性是指要为幼儿选择科学性活动提供种类丰富和数量充足的材料，以给幼儿提供较多的选择机会，并有效地减少幼儿无所事事、相互间争执的现象，同时也为幼儿根据自己的需要选择材料提供物质基础。一般来说，一个科学活动室可提供不超过 8～10 个种类的材料，每组材料以 3 或 4 份为宜。如果材料种类过多，也会造成幼儿因为新刺激过多而不断变换内容的情况发生。每组材料需保证一定的数量，以使幼儿之间可以进行交流，获得有关活动方法、活动对象、结果等各方面的信息，继而使其自身的探索活动不断深入，并能较持久维持对该活动的兴趣。需要注意的是，新近投入的材料的数量一般要稍多些，因为幼儿会对最新的材料关注较多，流连的时间也会较长。如果新投入的材料过少，则不利于幼儿的选择。

5. 材料的层次性

材料的层次性是指要为幼儿提供符合不同层次需要的材料，以便于不同水平的幼儿按自己的需要进行选择。材料是选择性科学活动的物质基础，什么样的材料，就可以引发什么样的活动，达到相应的目标。例如，在"斜坡"的一组材料中，教师提供了平面板、小球，另外还提供了一些积木，可供幼儿放在条板之下，构成不同坡度的斜面，使幼儿可以发现，在不同的坡度上滚下的小球的速度会不同。为了增加层次性，教师还可以提供不同平面的条板，如光滑的木板面、比较粗糙的贴有布面的条板等。还可以为幼儿提供三角形、正方形等不同形状的材料，让幼儿尝试比较其与小球滚下的速度的不同。因为幼儿的认知水平层次不同，所以教师在设计材料时，将要投放的材料与幼儿通过材料可能达到的目标之间进行不同层次的分解，以适合不同幼儿的不同需要。幼儿在多层次的材料中进行选择，既适应了幼儿经验的需要，又能在幼儿发展过程中，不断地提供最近发展区，使幼儿面临新的挑战，以此得到不断的发展。当然，这种层次性也是在动态发展的，需要一直根据幼儿的发展作出调整。如同以上的例子中所提到的，不同的板面可以在活动前进行一次性设计、提供，也可以根据幼儿的实际情况，逐渐地提供。圆形、三角形、正方形材料的提供也是如此。

第三课　幼儿园科学教育活动的指导

在幼儿园开展的各类科学教育活动中，教师的指导十分重要。教师应根据科学教育活动的类型、本班幼儿的特点、实际水平等对科学教育活动进行有的放矢的指导。这里的活动是指对各类科学教育活动过程的指导。

一、预成式科学教育活动的指导

预成式科学教育活动是在教师指导下开展的活动。教师在活动过程中的指导，体现在教育活动计划中既定的要求、设计的程序上，使幼儿获得科学经验、学习科学方法等。为了使活动达到预定目的，得到最佳活动效果，教师应在活动过程中更多地注意自己的教育对象。教师要随时根据幼儿的表现情况，调整自己的角色身份，有效地指导科学教育活动。预成式科学教育活动的指导，可以从以下几个方面入手。

（一）明确任务，引起兴趣，导入活动

教师指导幼儿进行预成式科学教育活动，从一开始就明确活动的任务，激发幼儿的兴趣，使幼儿在好奇心的驱使下积极地投入到科学探索活动中去。教师在进行导入活动时，应注意简短、有趣、有指向性。导入活动对于整个活动过程的开展很重要。成功的导入活动未必导致整个活动开展得成功，而不成功的导入有可能成为一次混乱活动的开始。教师要以对科学活动的热情，生动而简短的谈话，或以启发提问、儿歌、谜语等引起幼儿活动的兴趣和愿望，明确活动的目的和要求，将幼儿的注意力集中到活动对象上。如果是在活动开始时出示了活动对象，则要让幼儿对对象整体观察片刻。不要以过多的语言分散幼儿的注意，以免打扰幼儿的观察；更不要制止幼儿对活动对象的自由讨论和交谈，而要注意倾听、观察幼儿的言行，以便有针对性地引导幼儿观察。

（二）引导幼儿运用多种感官、多种方法进行感知、操作

在预成式科学教育活动中，教师的重要角色在于刺激、引导，而不是示范、说明知识，也不是纠正错误。当幼儿遇到困难时，教师的重要工作是安排情境或提出问题，以暗示幼儿注意线索。给予正确答案可能无法说服幼儿，因为幼儿只有在自己的经验中才会被说服。幼儿是通过自身探索活动学科学的，因此，应重视幼儿自身的活动。因为预成式科学教育活动就是让幼儿在活动中运用各种感官、多种方法接触或发现客观事实，从事感官探索、观察、实验、测量等活动。伴随着这样的活动，幼儿内心就会产生好奇、猜测、感动及欣赏。

在预成式科学教育活动中，教师应指导幼儿运用多种感官去感知客观事物。客观事物的特征是多方面的。在幼儿探索时，应尽可能地让幼儿看清观察对象的全貌。这就需要指导幼儿运用自己的各种感官来感知事物多方面的特征，使幼儿能比较全面地认识事物。通过视觉器官感知物体的形状、颜色、大小、高低；通过听觉感知物体的声音；通过嗅觉感知物体的气味；通过触摸觉感知物体的轻重、手感、温度；通过味觉感知某些物体的味道等。教师还应当允许和支持幼儿用他们自己的方法进行操作感知，比较发现，引导幼儿从多种角度去思

考问题，从而获取答案。

（三）有效提问和应答

1. 提问有助于引起和促进幼儿的探究

在教学中，有经验的教师已经感觉到，提问是教学成功的基础。日本著名教育家斋藤喜博甚至认为，教师的提问是"教学的生命"。幼儿园教学中的提问技术同样重要。同样的情境，教师提出不同的问题，或在不同的时期提出问题，幼儿探究的主动性、深度和广度是完全不同的。提问是教师引导幼儿主动探究的主要技术之一。活动开始之前的提问能引导幼儿注意到一个新的探究和学习领域。活动过程中的提问有助于幼儿注意到某种关系，使操作变得更有意义。活动结束时的提问有助于幼儿反思探究的过程和澄清已发现的问题的关系，并能使幼儿注意到新的探究领域。

2. 提出能引发幼儿思考的问题

1）教师提出问题的不同类型

与科学探究有关的四种问题：

（1）认知记忆性问题：例如，这种动物叫什么？兔子有几条腿？

（2）推理性问题：例如，树和菊花有什么不同？

（3）创造性问题：例如，不用手伸进瓶子里，你有几种办法把里面的东西（铁制的）取出来？

（4）批判性问题：例如，这几种办法哪种最好？哪种最不好？

2）教师提问存在的主要问题

在我国幼儿园科学教育的实践中，教师的提问常常因缺乏技巧，而不能有效地引发幼儿思考，甚至给幼儿产生压力。主要有如下问题。

（1）机械地发问。教师在走到每一个幼儿身边时，不问问题似乎觉得失职，机械地、不加思索地、形式主义地，或者说是习惯性地提出问题，"你这做的是什么？"这类问题老师最常提。有时，教师并不关心幼儿的回答。事实上，这种提问不是建立在深入了解幼儿意图的基础之上的，只能使幼儿觉得老师不了解他们，或做出粗浅的、机械的回答，起不到激励和引导的作用。

（2）提问过多过频。教师在幼儿进行探究过程中提问过多。这种状况，会打断幼儿的思维过程和操作活动。

（3）启发性问题少。教师的提问多为认知记忆性的，而真正能引发幼儿思考、深入探究和发现关系的问题很少。

3. 对幼儿回答的处理应具有激励性和引导性

1）注意倾听

教师注意倾听幼儿的回答，眼睛注视着幼儿，身体与幼儿同高度，这能使幼儿体会到关心和重视的态度，具有激励作用，使幼儿乐于表达自己的看法。

2）认可幼儿的全部答案，使每个幼儿受到鼓励

教师对所有的回答都表示认可的语言，诸如：嗯（点头）！还有别的想法吗？那是一种可能。你们对这件事都有一些有趣的想法……如果教师坚持要得到"正确的"答案，则是要幼儿做难以做到的事。当教师认为他们不完善的回答是"错误的"，幼儿很快就会怀疑自己的能

力,而相信正确的答案只存在于教师的头脑中,开始盯着教师的眼睛,而不是通过探索材料来寻找答案,并用一种拐弯抹角的语调回答,仿佛在问:"这是你要的答案吗?"例如:在幼儿测量了自己投沙包的距离后,教师问:"你们说,是3块砖长呢,还是5个尺子长?"幼儿回答:"5个尺子长。"教师又说:"再想想,谁长?"幼儿看着老师的眼睛,沉默了片刻,回答:"3块砖长!",没想到老师又说:"再好好想想。"有几个幼儿马上回答说:"一样长!"因此,要创设一个鼓励幼儿探究,并使思维质量大大提高的环境氛围,教师必须认可和尊重幼儿不正确的回答,把它们作为幼儿在学习和探索中的诚实的尝试。

3)给予幼儿出错的权利,并分析错误背后的原因

皮亚杰告诫过我们,不要为幼儿靠记忆、字面上的水平作出"正确的"回答的能力所迷惑。其实,他们并没有内化那些知识。皮亚杰主张要有一种智力的自由,给予幼儿出错的权利;在看待幼儿的回答时,要撇开它的所谓"正确性"。可以将幼儿的"错误的"回答看成符合他们当前的发展水平。也可以通过这些明显的错误,更多地了解幼儿的思维情况。因此,幼儿在回答错误时,教师不应去马上纠正或通过语言(包括语气)和表情让幼儿感到自己出了错,而是要迅速判断幼儿的经验水平,调整对幼儿提出的问题。

4)给予幼儿具体的反馈,促进幼儿认识的主动建构

教师只有对幼儿的回答作出具体的反馈,才能鼓励幼儿提高他们的探究和操作水平。给予幼儿具体的反馈可以有以下具体做法。

(1)描述幼儿的回答,扩展幼儿的某种经验或澄清某种关系。

(2)提出新的问题,引起幼儿进一步的思考和探究。教师要创设教育情境,使幼儿感到学习对自己的意义。

在预成式科学教育活动过程中,应发挥幼儿的主动性、积极性和创造性,使幼儿真正成为学习的主体。有些内容对幼儿生存有着社会意义,但往往幼儿意识不到。这样的问题不可能成为他们感兴趣的事物,这就需要教师寻找适宜的教育时机,并创设相应的教育情境,使幼儿感到学习的意义。

例1:噪声

最近,我发现我们中二班的孩子上楼和走路时脚步非常重,搬动桌椅时声音特别大。为了让幼儿感受到噪声对幼儿自身和他人的影响,老师设计了科学活动"噪声"。

老师特意创设了问题情境,让孩子们去自己楼下的小一班与弟弟妹妹们一起听故事,这时,故意让楼上的人制造噪声——混乱很响的脚步声、拉动桌椅发出的刺耳的声音……孩子们听不清好听的故事,觉得耳朵很难受,于是用双手捂起了耳朵……此时,孩子们已经感受到、体验到在楼上走路的脚步太重、桌椅搬动声太大对他人的影响。教育情境已经创设出来了,如果再让幼儿听听自己走路和搬动桌椅的录音,他们就会深切体会到噪声对他人的影响。教师再引导他们讨论噪声对自己的影响,以及如何避免噪声……

例2:漱口

饭后漱口虽然是生活中的小事,但它关系到孩子今后良好生活习惯的确立。但是,让孩子们养成这个良好习惯可不容易,尽管老师们不厌其烦地提醒他们,可他们并不知道"漱口"的真正意义所在,总是跟老师"捉迷藏",能逃就逃,逃不脱则敷衍了事。于是,在制订教学

计划中，我制订了"漱口"这一课程计划。为了让幼儿对"漱口"的意义有深刻的认识，我创设了如下情境：

一次早餐后，我找到两个白碗放在桌上：一个碗装满水，另一个碗空着，我号召孩子们吃完饭后把漱口水吐在空碗里，然后让小朋友观察。他们开始议论开来，一个碗水很干净，一个碗水很脏。我问："这些东西藏在哪了？"他们说："藏在小朋友的嘴里，因为这是小朋友的漱口水。""藏在舌头底下""黏在牙上""藏在牙缝里"……教育情境已经创设出来。关于"漱口"的教学正式拉开了帷幕……

幼儿在活动过程中，会有一些新的想法、意愿。教师应允许幼儿表达，对于一些大多数幼儿需要的、有教育价值的想法，要给予支持和鼓励。

5）引导幼儿学习用各种方式进行表达

幼儿科学学习的目的并非将成人的知识堆积在他的记忆中，而是培养"成长的动力"，作为其日后正式学习的基础及准备。因此，科学教育就是让幼儿在活动中接触或发现科学事实，伴随着科学活动，产生好奇、猜测、感动及欣赏，这些都是为幼儿的表达提供了丰富的材料。而幼儿也乐于将自己的发现、感受、体验表达出来，相互交流、互相补充，并与同伴共享。因此，在幼儿充分探索的基础上，引导幼儿用各种形式表达、交流自己的发现，描述操作的过程、方法和结果，是预成式教育活动的重要部分。通过活动，幼儿所产生的触动及想法获得抒发，形成深刻的经验，也是幼儿继续探索科学的兴趣源泉。

在预成式科学教育活动中，教师引导幼儿表达的形式可以是多样的，可用言语、姿态、绘画、造型、音乐、律动等，也可以运用故事、戏剧、智力游戏等。幼儿表达的内容也是丰富多彩的，可表达自己的经验（包括感知觉、运动觉、内部感觉和情绪体验）；也可表达自己的发现和创造；还可以表达自己感知操作的方法过程和结果。例如，在"认识水果"的活动中，幼儿说："我吃了香蕉，可没吃到种子，香蕉是怎么种的呢？"这是幼儿在表达自己的发现和疑惑。又如，蜗牛爬在手臂上的感觉是"痒痒的""黏黏的"，这是幼儿在交流他们的经验和感受。

6）要注意结束活动的时间及方式

预成式科学教育活动有一定的时间限制，当活动达到了一定目标，幼儿的活动也达到一定的高潮时，可以考虑活动的结束。结束时应注意以下几点：首先，为了不挫伤幼儿探索的积极性，以及考虑到幼儿的年龄特点，活动不要突然结束；其次，教师可采用多种方式结束活动，如简单小结、传递某些幼儿不可能通过自己探索得到的知识、安排继续学习的任务等；再次，可安排一些延伸活动，让幼儿继续探索，如让幼儿在科学桌或科学区继续活动、提出一些新的问题，让幼儿思考、探索等；最后，可以指导幼儿一起整理活动材料，培养幼儿良好的科学探索的习惯。

二、选择性科学教育活动的指导

选择性科学教育活动是幼儿学科学的重要途径。在选择性科学教育活动中，教师的指导可以从以下几个方面入手。

（一）善于利用区域活动，开发和利用幼儿的需求和兴趣

支持幼儿的需求和想法，利用和实现其中已有的教育价值。例如：教师在自然角中摆出

了实验材料（酒精、白醋和水）。孩子们发现水与酒精和白醋相比显得"不太干净"，有点发黄。"发黄的是什么？"成了孩子们关注和感兴趣的问题。教师顺应了孩子们的兴趣，支持了孩子们的想法和做法，这有利于实现"使幼儿了解生水不干净，懂得喝开水的实际意义，养成喝开水的习惯"的目标。

孩子们通过讨论，借助工具，得出这黄的东西是"细菌"的结论。孩子们发现生水看着很干净，但其实并不干净，明白了不能再往开水里加生水喝了。（以前有很多孩子因为水烫，为了凉得快，偷偷地往开水里加生水。）

（二）应向幼儿提供探究和操作所需的材料

在选择性科学教育活动中，摆放在幼儿面前的是丰富多彩的活动内容。活动内容的丰富性使幼儿的自由选择成为可能。在活动过程中，教师要积极地为幼儿提供能够构成问题或任务的材料，并让幼儿真正地按自己的兴趣和意愿、自己的水平和需要来选择活动内容与材料。

例如：不用手，想办法把鱼缸中的曲别针和小钉子取出来。构成问题或任务的材料：装有很多水的鱼缸，里面放有曲别针、钉子、石子、小铁片等。

解决问题或完成任务所需要的材料：小碗、勺子、磁铁、小棍、绳子、钩子、捞鱼虫用的小抄子等。这些材料会引发幼儿尝试多种解决问题的方式：

（1）用碗和勺子把水弄出来，再把东西倒出来。
（2）用绳子拴着磁铁把里面的东西吸出来。
（3）用绳子拴上小钩子把其中的一些东西钩上来。
（4）用勺子往上捞；用小抄子往上捞。

又如：教师在自然角投放了"接亮灯泡"的游戏材料。

（三）观察了解幼儿的活动，及时提供指导和帮助

在选择性科学教育活动过程中，教师应随时关注幼儿的操作情况，耐心观察、了解他们的需求和水平。一是要看整个活动环境是否能激发起幼儿的活动兴趣，材料是否适合不同水平的幼儿。二是要看个别幼儿的探索情况：需要、态度、个性等，针对个别幼儿提出问题或要求。教师对幼儿提出问题或要求，是激发幼儿探索欲望和引导幼儿深入探索的重要原因。如玩磁铁时，教师先提出："请你试试看，磁铁有什么用？"当遇到幼儿不能耐心仔细地去探索时，教师也可提醒他：："你是不是把所有的东西都吸过了？找找看，有没有漏掉的？"但并不是对所有幼儿都提出相同的问题，要根据幼儿的不同情况有的放矢地提出各种问题。在活动过程中，幼儿会遇到各种困难，一些幼儿会对教师提出问题；教师对幼儿的提问作出不同方式的反应，对幼儿的探索活动会产生不同的影响。

例如：自然角中两个罐头瓶分别装着相同体积的液体，一个是清水，一个是盐水。它们里面同时都盛有鸡蛋。孩子们看了老师提供的材料说：这个水多，所以它漂着。教师问，你们用什么方法搞清楚它呢？

孩子们：这里多放水。哇！它还是沉的。
幼儿1：我认为它沉是因为水凉。
幼儿2：不对，是因为鸡蛋重，咱们换个位置试试。
孩子们：我们试过了。看，它们都是在这边漂着，在那边沉着。
幼儿1：这边水里有东西，所以它使鸡蛋漂起来。

幼儿2：是糖。

幼儿3：是肥皂粉。

幼儿4：它像是海水，不是肥皂，又没有泡泡。

教师问：有人认为是肥皂水，有人认为是糖，有人认为是海水，我们用什么办法搞清楚它呢？

幼儿5：盐水比清水更浓。

孩子们很谨慎，不去尝。教师提议只尝一点点儿，并做示范来担保无毒。

孩子们发现是盐！

教师问：为什么鸡蛋在盐水里漂着，在淡水里却沉到底呢？

幼儿1：盐把水变"重"了。

幼儿2：因为盐使鸡蛋漂在水上。

幼儿3：盐水像海水，因为它里面有盐。

幼儿4：盐水让鸡蛋待在上面。

教师不应直接把问题的答案或解决的方法告诉幼儿，更不能代替幼儿完成，也不能对幼儿的问题不作反应或不提供帮助。应先肯定幼儿的成绩，再鼓励他们继续尝试或用提问的方式去引导，使幼儿通过自己的进一步探索去解决问题。

（四）要求幼儿遵守活动规则

在选择性科学教育活动中，制定相应的活动规则是很有必要的。应让每个幼儿都了解活动规则，并在每次活动中提醒幼儿去遵守。例如，要求幼儿在活动时保持安静，不影响同伴的探索活动；又如，提出互相谦让和轻拿轻放实验材料的要求。这些活动规则应一直坚持，并可以作为活动结束时评价的内容之一，以保障选择性科学教育活动的顺利进行。活动时可以直接要求幼儿遵守规则，也可以通过运用一些办法让幼儿遵守规则。例如，对于一些材料较少的活动，可以利用一些标识来控制人数，区角前的小脚的数目、椅子的数目都是控制人数、培养幼儿遵守规则的办法。

三、生成式科学教育活动的指导

由于受认知水平、生活经验的局限，幼儿自发的科学活动，如果没有教师的适时的关心和指导，会自生自灭，或降低他们对科学现象的热情。为了进一步保护幼儿学科学的兴趣和好奇心，发展幼儿学科学的积极态度，在幼儿生成式科学活动产生后，教师要对幼儿进行支持、鼓励和灵活的指导。

生成课程在具体实践中应该如何实施？主要有两个方面的突破口。

（一）顺应支持幼儿提出的问题和疑问，生成科学教育

好奇好问是幼儿突出的特点。在幼儿园的一日生活中，幼儿会产生很多疑问和问题，会抓住老师问个没完，如树上的叶子两面颜色为什么会不一样？树上的苹果为什么有大有小？蜗牛的嘴到底在哪里？

在幼儿的疑问和问题点上生成科学教育，鼓励引导幼儿通过自己的探究找到答案。

例如：蜗牛真的有嘴吗？

课间操结束后,我正准备着第二个活动的教具。忽然,莉莉跑来报告:"高老师,赵文翰、许超还有……他们把蜗牛带到教室里来了。"听到喊声的小朋友一下子把赵文翰等几个手拿蜗牛的孩子围了起来。"哪儿呢?让我看看,让我看看……"

我本想开始已经准备好的教育活动,但看到孩子们对蜗牛如此感兴趣,脑海闪过另一个念头——这是多么好的观察、认识蜗牛的机会呀!索性,我让孩子们把蜗牛分放在桌子上,让大家都看,这下孩子们的话匣子打开了。只听张希超说:"以前我也玩过蜗牛"。有的问:"好玩吗?"还有的说:"蜗牛有触角。""蜗牛有眼睛"……雯雯大声问:"蜗牛喜欢吃什么呀?"这下,大家又议论起蜗牛吃什么来了。有的说蜗牛吃土,有的说蜗牛什么都吃,有人大声反驳道:"蜗牛没有嘴,它不会吃东西。"又听聪聪反驳道:"有,会吃,如果蜗牛没有嘴,它怎么长大,怎么活呀!""就是,没有嘴,怎么吃东西,怎么长大?"有人附和着说。"没有,就是没有,你看过蜗牛的嘴吗?""你看过蜗牛吃东西吗?"一时间,大家不知道怎样回答,教室里安静了许多。

又是莉莉笑眯眯地看着我说:"老师,那您说,蜗牛有没有嘴呀?"我没有马上回答,沉默了一会说:"我们怎么才能知道蜗牛有没有嘴呢?"有的说等蜗牛从壳里出来看看就知道了,可是等了半天,蜗牛的头就是不出来。有的孩子急得想把壳砸开看看,但孩子们都舍不得,怕把蜗牛弄死。"老师,咱们把蜗牛养起来,明天我给它带点好吃的,如果它吃了,就说明它有嘴,如果不吃,那说明它肯定没嘴。"经皓皓这么一说,孩子们都喊着说:"对!老师,咱们把小蜗牛养起来吧!"我也正有此意,说真的,我还从来没有见过蜗牛吃东西呢。于是,我和孩子们一起找来矿泉水瓶,给蜗牛安了一个临时的"家"。并且说:"回家后,也可以问问爸爸妈妈,看看他们小时候养没养过蜗牛。"第二天果然有给蜗牛带吃的,赵文翰和莉莉还为蜗牛造了新"家",其中一个是罐头瓶,另一个是瓷罐,里面还放着一寸高的湿土。莉莉还告诉我说,她爸爸小时候就是用这种办法养的蟋蟀。这样,我班的自然角又多了两居室。我还为孩子们做了一个记录卡,便于把孩子们观察到的蜗牛吃东西的概况记录下来。

每天孩子们来幼儿园自由活动时,都有孩子去看上蜗牛几眼,瞧一瞧蜗牛是否把自己带给它的东西吃掉了。可是,两个星期过去了,在小蜗牛"吃"东西的记录卡上,孩子们重复着同样的符号"×"。在这期间,家长们不止一次地向我问起关于蜗牛的一些情况,有的家长还亲自看一看小蜗牛。

一天下午,董一高兴地嚷起来:"快来看呀,蜗牛真的有嘴!"早晨我给蜗牛放了一片莴笋叶,叶子上没有洞,现在叶子有洞,叶子边缘也有"齿",瞧!董一马上找来大红彩笔,在好多"×"的下面划了一个大大的"√",接着,又用绿色彩笔画上一片嫩绿的边缘有齿、中间有洞的叶子。看着刚才的一幕,我和孩子们都笑了。(高建云老师)

(二)支持教师根据幼儿发展需要对教育目标、内容和方法及一日活动安排等做弹性调整,大胆尝试生成课程

例如:怎样保存胶水

随着进行曲的响起,孩子们陆续收起了手头的玩具。我走到美术架子旁,忽然发现放胶水的碗没有像往常那样摆在一起,而是一字摆开。每个碗中都有一些胶水。"这是谁干的,收玩具了,怎么胶水倒得每碗都是,过会儿会干的,这多浪费呀!"这么想着,我皱起眉头,喊了一声:"是谁的胶水呀?"随着问话声,尹军不声不响地站在我的身旁。我刚想埋怨她几句,转念一想,也许她有什么理由,不妨问问。于是尹军细声细气地讲了起来:"我想每碗上都倒上胶水,让小朋友用完一个再用一个,这样就不用老倒了。"多么善良、美好的一颗童心呢!原来她要帮助小朋友,为小朋友制作美术作品时提供便利条件。另外,孩子这样做,也是因为我怕美工角的胶水被孩子们洒的哪都是,每次都由我抽空倒造成的。

我被尹军的爱心感动了,也为她爱动脑筋而高兴。但我注意到,尹军考虑到小朋友用着方便,却不知道胶水暴露在空气中会慢慢蒸发、干掉的道理。如果让她把胶水倒回去,她虽然可以做到,但肯定不理解胶水为什么不可以倒到每只碗里(敞开的),因为她没有看到结果。另外,这样的处理方式,会使她创造性地独立解决问题的能力和关心小朋友的情感受到压抑。于是,为了鼓励孩子们的相互关心,大胆创造解决问题的方法,我在集体教学中表扬了尹军,同时,又向她及全班小朋友提出了观察任务:"我们看看过一两天倒在碗里的胶水会怎样?"有的小朋友不用观察就知道胶水会干,而有的孩子还真的亲自跑过去看,当然,最后的结果孩子们都看到了。紧接着我又提出问题,胶水暴露在容器外面为什么会干呢?你所知道的还有哪些东西暴露在外面会干呢?(如水彩)怎样解决这样的问题呢?在以后的几天里,我调整了下午活动内容,大胆地尝试生成课程。

(三)在幼儿的兴趣和关注点上不断开发、生成和深化教育

有时候,幼儿虽然有明显的兴趣和关注点,但并没有直接提出自己的疑问或问题,也没有明确的设想。在这种情况下,老师无法从幼儿的疑问、问题和设想中直接看出教育价值,因此,就需要其在幼儿的兴趣和关注点上不断开发、生成和深化教育。

例1:大雨吸引了孩子们

一天,在老师正准备开始美工活动时,外面忽然下起了大雨,孩子们一下都跑到窗前,观看瓢泼大雨。他们跳着、叫着,只有东东仍旧坐在位子上……

教师请东东和小朋友一起观雨,自己也参加到观雨活动中去,并向孩子们提问"雨是哪来的?"引导孩子关注地面的变化,看看地上怎么了。孩子们会发现地上有许多水坑,里面都是水,增强好奇。

不久,雨过天晴了,老师雨是从天上来的,那么天上的水是哪来的?水坑的水哪里去了?引发孩子对雨进行一系列的探究活动。

例2:认识雾

李老师今天组织的教育活动是"认识菊花"。可是清晨,出现少有的大雾天气,看不清一米以外的东西。来园的孩子们热情地与老师和同伴谈论着自己看到的雾和在雾中的体验。"我爸爸骑车带着我,骑得很慢,看不见东西啦!""你看,我的头发都湿了。""我好像走在烟里。""幼儿园的铁门上都是水。"老师也和孩子们一起讨论,带着孩子们到院子里去体验雾。孩子们又有了新发现:"我不小心撞了一下树,树上掉下了好多水珠。""滑梯也湿了。"李老师认真地听着孩子们的议论,虽然孩子们没有直接向她提问,也没有更深层次有价值的问题,但是顺应孩子们的兴趣和关注点,生成了更高层次的"认识雾"的课程。老师把孩子们领到院子里,让孩子们摸摸墙,问墙为什么没有湿。孩子们便开始了连续几天的寻求答案的过程……

例3：种草

我发现宁宁蹲在草坪边，很专注地看着一根毛毛草。她用嘴轻轻地吹了吹，还跟小草说悄悄话。她堆了一个小土堆，把小草插在土堆里，用力拍几下……可过几天，小草倒下了，宁宁怎么扶小草也站不起来。我只好告诉宁宁，小草死了。

我和宁宁第二次种草：我挖出一根带着很多泥土的草，还故意在她的面前抖动抖动。可她并没有在意我的动作，依然揪了一根毛毛草。我们一起将它们种在班里的自然角里，每天浇水。刚开始宁宁的毛毛草还挺拔，从第四天开始，颜色变黄，渐渐枯萎。宁宁看了看我种的小草问：您种的小草怎么是绿的呀？我发现这是一个好时机，使用铲子小心翼翼地把两根小草的根挖出来，让孩子们观察，一个小草有根，一个小草没根，孩子们找出了原因……

（四）变教师预设为师幼共同生成、预设相结合

生成活动的产生，必须有主题来源。而主题的来源有幼儿兴趣、教师兴趣和儿童发展阶段的任务三个方面。

1. 幼儿兴趣

幼儿兴趣必须得到承认和支持，因为只有这种内在的动力才能促进幼儿主动学习。同时，不同幼儿有不同的兴趣。它们是主题生成的基础，但并不是所有的兴趣点都可以生成主题活动。如：许多幼儿对奥特曼、怪兽等非常感兴趣，但其内容对幼儿发展并没有太大的教育价值，因而需要摒弃。

2. 教师兴趣

因为教师在幼儿面前是一个真实的人，所以她们个人的兴趣可以与幼儿分享。同时教师的兴趣和热情可以激发幼儿探究的欲望。如：教师从家里带来一只自己非常喜欢的风筝，让幼儿观察、欣赏。幼儿受到教师的影响，也纷纷从家中带来各式各样的风筝，于是活动室成为风筝的世界。在逐一介绍、分类摆放的过程中，幼儿的兴趣被自然唤起，于是一个以"风筝"为主题的活动生成了。

3. 儿童发展阶段的任务

幼儿在每个发展阶段都有一些必须完成的任务。如：涂鸦、想象、表达等既能提供机会给幼儿选择自己练习、发展技能的活动，又能促进个体不同阶段的社会情感的发展，因而也成为主题生成的重要来源。如：小班的"好吃的花生"、中班"好玩的纸"、大班"有趣的光"等，都是依据幼儿的年龄特征和发展需要制定的。

在新的教育理念的指导下，随着管理观念的转变，教师可以营造自主发展的空间，根据本班幼儿的实际需要、兴趣、水平选择教育内容，调整教学计划。在同一阶段所选定的主题各不相同，如：有"纸""鸟""恐龙""汽车""蝴蝶的秘密""有趣的光"。虽然所选主题内容各不相同，所获知识经验有所差异，但在探究活动的过程中，对培养幼儿良好情感、主动学习的态度、善于发现的能力以及敢于创造的品质等目标却是相同的。因此，只有给教师更大的教学自主空间，才能更好地促进幼儿主体性的发展。

当活动主题确定后，编制主题网络成为生成活动的主要环节。例如大班主题活动"鸟的秘密"，在认识"鹦鹉与猫头鹰的生活习性"这一活动中，教师可以通过预设活动采用集体谈话的方式讲述并帮助幼儿理解，也可以指导幼儿通过翻阅资料、参观、询问等方式进行生成活动的

探究。在预设活动中，幼儿可能更加系统地了解、掌握鹦鹉和猫头鹰的知识；而在生成活动中幼儿将会感知更多鸟类的知识经验，甚至在探究的过程中还会涉及更多更有价值的内容。将预设活动转化为生成活动或将生成活动转化为预设活动，关键在于教师如何把握好预设和生成的关系。值得注意的是，我们并不提倡主题活动全部生成，因为那样教师会完全随幼儿兴趣跑，很可能会出现重复低效的教育情况。因此，在制定主题网络时，我们将幼儿自发、教师预设、师幼共同创设等不同方式有机地整合在一起，以多方互动的形式完成主题网络的设置。

（五）变静态环境为动态环境

由于幼儿的认知、情感和探究活动始终来源于和环境的相互作用，幼儿与环境相处的方式直接影响活动的质量，所以创设适宜的环境成为生成活动的又一重要环节。在过去的教育活动中，教师是环境布置的主角；主要目的是完成预定的教学计划；在材料的提供上也多是为一次或一种活动而准备的，活动结束了，材料也收走了，留给幼儿的只是一个过眼云烟的记忆。即使在区域活动中提供多种操作材料，但缺少幼儿的互动，也很难引起幼儿的探究兴趣。而生成活动发生在某种特定的环境中，是一个系列的探究活动，需要一个既稳定又不断发展变化的环境来支持，所以在生成活动中，要将过去静态的环境变为动态的环境，即：家长、幼儿、教师随着主题活动的发展变化不断提供适宜的材料，使环境创设随时得到补充和调整。例如：在中班"纸"的主题活动中，教师、幼儿及家长共同为活动提供了名称不同、厚薄不同、材料不同的各种各样的纸，布置成"纸张展览区"，让幼儿通过摸、画、剪、染、撕、折等方式充分感知纸的不同。家长提供古代造纸过程与现代造纸过程的图片，让幼儿了解纸的来源及造纸的过程。当幼儿萌发了造纸的欲望时，教师及时提供纸浆等材料让幼儿体验纸浆造纸过程。在这个过程中，环境如同"教师"一般，对幼儿的认知起着激发、指导的作用。因而，各班为了将生成活动深入有效地开展下去，都依据不同的主题，不断创设和提供了丰富多彩的环境与材料，使幼儿走进活动室就置身于一个探究的世界。

第四课　幼儿园常见科学教育内容教案示范

一、关于人体

示范教案 1 如表 4-2 所示。

表 4-2　我们的皮肤

授课科目：幼儿园科学教育	授课班级：大班	授课教师：
活动名称：我们的皮肤			
活动目标： 1. 萌发探索人体的兴趣。 2. 在观察和操作中，初步了解皮肤的构造和功能，提高观察能力和触觉感受力。 3. 知道注意保持皮肤的清洁，并使皮肤不受到损伤			
活动重点：了解皮肤的特征与功能			
活动难点：知道如何保护皮肤和保持皮肤清洁			

续表

活动准备：
1. 幼儿已认识过人体的某些器官。 2. 操作材料：冷水、热水、夹子、羽毛、石子、玻璃球、绒毛玩具、木块、放大镜、印泥、白纸、记号笔
活动过程： 一、引起动机阶段： 小朋友，你们觉得人体中什么器官最重要？ （在幼儿已认识了人体一些器官的基础上，我请幼儿自由发表意见） 二、初探阶段： 第一层次： 请小朋友互相找一找身上哪些地方有皮肤。（幼儿观察议论，得出人的身体上每个地方都有皮肤的结论。） 教师提出问题引发幼儿思考：皮肤是人体最大的器官，我们如果没有皮肤会怎么样？两分钟的时间让幼儿自由讨论。 第二层次： 在讨论的基础上通过观察和操作，了解皮肤的构造和功能。 1. 按小组分发材料，材料安排如下： 第一组　冷水、热水；　　　　　　第二组　夹子、羽毛； 第三组　石子、玻璃球；　　　　　第四组　绒毛玩具、木块； 第五组　放大镜、印泥、白纸；　　第六组　记号笔。 请小朋友去玩一玩桌上的材料，互相说说发现了什么，感觉到了什么。 2. 请小朋友用自身的皮肤去操作。教师指导：说一说发现了什么？感觉到了什么？（一只脸盆里的水是冷的，一只脸盆里的水是热的；夹子夹在手上很疼，羽毛碰在手心上痒痒的；石子是粗粗的，玻璃球是滑滑的；玩具是软软的，木块是硬硬的；橡皮泥在手里捏软软的，也可以把手印印到橡皮泥上，用放大镜可以看橡皮泥上的手纹，也可以看手上有毛孔、汗毛，手上还有指纹和手纹；用记号笔画一条线在手上，把皮肤拉紧，线条就变长了……） 第三层次： 小朋友去交换玩一玩刚才没玩过的材料。 师生小结：皮肤上有细细的毛孔和绒绒的汗毛，热了，毛孔能帮助身体排汗、散热；冷了，毛孔就缩小，不让冷空气进入体内；手上有指纹和手纹，而且每个人的指纹和手纹是不一样的；它还能感觉出冷、热、痛、痒，感觉出物体的软硬、光滑和粗糙；皮肤还具有弹性。 第四层次： 师生讨论：在生活中我们应该如何保护我们的皮肤呢？ 启发幼儿从以下几个方面进行讨论：要勤洗澡、洗脸、洗头、换衣，防止尖利的器具损伤皮肤；如果受伤了，要及时擦药；要加强锻炼，使皮肤更健康。 三、综合阶段：游戏《对与错》。 请小朋友仔细听，如果我说的话是对的，就举起手中的红卡，如果是错的，就举起手中的绿卡。 1. 蔬菜和水果使我们的皮肤变得不健康。（错） 2. 喝水对皮肤有好处。（对） 3. 皮肤被划破了，就再也不会好了。（错） 4. 小朋友用了化妆品能使皮肤变得更好。（错） 5. 最薄的皮肤是嘴唇，最厚的皮肤是指甲。（对） （也可以老师说指令，小朋友摸自己的身体部位，然后请小朋友说出他的结构和形态） 四、师生小结 教师提出问题，引起幼儿思考与讨论： 1. 仔细观察自己的手臂皮肤上有什么（可以用放大镜观察）。 2. 皮肤除了能感觉到冷、热外还能感觉到什么？ 3. 想一想清洁皮肤的方法，越多越好。 五、活动延伸： 今天我们对皮肤了解了这么多，请小朋友回家后尝试用多种方法洗手，明天来幼儿园时和小朋友一起分享

教案评析：

　　本次活动的目的是让幼儿了解皮肤的功能，提高幼儿的观察能力和触觉感受力。因此，在活动设计时，进行新课的三个层次都是围绕幼儿动手操作材料展开的。第四层次是"教学难点"，在幼儿前三个层次动手操作获得感性经验的基础上，让幼儿讨论如何保护皮肤。这种先感性后理性的教学方式，正符合幼儿直观形象思维向抽象逻辑思维过渡的特点，使教学难点得以突破。师生小结部分又一次强调了教学重点和难点问题。教师很好地完成了教学目标。

　　示范教案2如表4-3所示。

表 4–3　各种各样的声音

授课科目：幼儿园科学教育	授课班级：小班	授课教师：
活动名称：各种各样的声音			
活动目标： 　1. 能辨别不同事物发出的不同有趣的声音。 　2. 幼儿在活动中能认真倾听各种声音。 　3. 乐于倾听各种悦耳的声音，激发对各种声音的好奇和兴趣			
活动重点：辨别不同事物发出的不同的声音			
活动难点：回忆听过的声音并进行模仿			
活动准备： 　1. 幻灯片。 　2. 各种会发出声音的玩具（幼儿人手 1～2 件）			
活动过程： 一、引起动机阶段： 　师：小朋友们，今天大森林里举办动物王国运动会，你们想不想去转转啊？ 二、初探阶段： 　第一层次：幼儿倾听自然的声音。 　教师带领幼儿进入活动室，播放幻灯片，展示鸟叫声、树叶的沙沙声、小河的流水声等。每次播放一种声音，暂停一下，引导幼儿说说是什么声音并试着模仿。 　师：听，这是什么声音？你能模仿出来刚才听到的声音吗？ 　以同样的方式播放其他的声音，辨别并试着模仿。 　第二层次：幼儿倾听玩具的声音。 　教师启动会发声的玩具，引导幼儿听听是什么在发出声音。教师拿出准备好的会发出声音的玩具，分发给幼儿，引导幼儿听听，是什么发出的声音。幼儿自由地玩玩具、听声音。教师鼓励幼儿互相交换玩具，听听不同的声音。然后教师任意挑选几个玩具，依次弄出声音，引导幼儿判断是什么玩具发出的声音。 　师：咦？是谁发出的声音？你们可以互相交换玩具，听听不同的声音。 三、综合阶段： 　回忆听过的声音：教师引导幼儿回忆平时在公园里、马路上、家里等地方听到的声音，并模仿给大家。 　师：小朋友们，你们平时还听到过哪些好听的声音呢？可以模仿给大家听，让大家猜一猜。 四、师生小结： 　自然界中有各种各样不同的声音，不同的玩具也可以发出不同的声音。 五、活动延伸： 　教师总结，生活中会听到各种各样的声音。同时，请幼儿留意自己听到的好听的声音，并于第二天早晨来园时与教师和同伴分享			

教案评析：

　　整个活动以《指南》中的"喜欢接触大自然，对周围的很多事物和现象感兴趣"为目标，层次清楚，活动过程的设计环环相扣，层层递进，达到了预期的目的和效果。各种会发声的玩具激起了幼儿探索的欲望。幼儿在自由地摆弄中探索玩具发出的声音，并尝试模仿其声音，这充分调动了幼儿的视觉、听觉、触觉，使多种感官协调同用，符合幼儿的认知特点。在活动中，幼儿的情绪高涨，探索欲望强烈。

　　示范教案 3 如表 4–4 所示。

表 4–4　舌头本领大

授课科目：幼儿园科学教育	授课班级：大班	授课教师：
活动名称：舌头本领大			
活动目标： 　1. 了解舌头的外形特点和结构。 　2. 让幼儿在尝试、比较、讨论中了解舌头的三大作用。 　3. 引导幼儿认识到在生活中该怎样保护自己的舌头。 　4. 发展幼儿的味觉感官，培养其探索自身奥秘的兴趣			

续表

活动重点：了解舌头的外形特点及其作用
活动难点：知道在生活中该怎样保护自己的舌头
活动准备： 　　1. 每人镜子一面，调味品一份（包括酸、甜、苦、辣、咸），吸管一根。 　　2. 电脑、投影仪、多媒体课件
活动过程： 一、引起动机阶段： 　　1. 教师和幼儿一起玩"舌发出声音"的游戏。 　　2. 提问：是什么帮助我们发出这些有趣的声音？ 二、初探阶段： 第一层次： 　　你有没有仔细地观察过它？今天老师为每个小朋友准备了一面镜子，请你仔细地观察一下自己的舌头，看看它的上面、下面有什么？ 第二层次： 　　教师把自己的手当作舌头演示，教幼儿认识舌头各部分的名称：舌头后面连着喉咙的部分叫"舌根"；舌根的前面部分叫"舌体"；舌体的最前面叫"舌尖"；舌体的上面叫"舌背"，舌背上有舌乳头、舌苔；舌体的下面叫"舌腹"，舌腹上有舌系带、血管和突起。 　　小舌头自己还想介绍一下自己，我们一起来听听它说什么。（课件） 第三层次： 　　幼儿和教师试试舌头不动，还能不能说话？舌头除了能帮助我们说话，还有什么作用？（幼儿讨论） 第四层次： 　　教师请幼儿用吸管品尝各种调味品。品尝后教师提问：你尝到了什么味道？是什么帮助你知道这些味道的？舌头为什么能尝出各种味道呢？（教师：因为舌背上有许多小小的味蕾，这些味蕾对味道特别敏感。）什么地方的味蕾对什么味道反映最灵敏？（看多媒体介绍。） 第五层次： 　　舌头上面那层白白的你知道是什么吗？（舌苔）你们互相看一看你们的舌苔是一样的吗？为什么有的小朋友的舌苔会特别重？ 师生小结： 　　因为舌头是反映身体状况的一个标志。我们的舌头不仅能帮助我们说话、品尝味道，还能反映我们身体的健康状况，舌头的作用真大。 三、综合阶段： 　　讨论如何保护舌头。 　　如果舌头生病了或受伤了，我们一定会觉得很痛苦，那么应该怎样保护自己的舌头呢？（幼儿讨论） 四、师生小结： 　　舌头最怕刺激性强的食物，我们以后吃东西时要小心，不要吃太辣、太烫或太冷的东西，也不要吃得太快，不能边吃边说，以免咬着舌头；还要注意多吃一些蔬菜、水果，增强营养，保持口腔卫生，早晚刷牙，饭后漱口，让小细菌无法生长。 五、活动延伸： 　　回家找资料查查动物的舌头是不是跟人类的长得一样，它们有什么特殊的本领

教案评析：

本课教学通过教师示范、幼儿尝试、多媒体辅助等多种教学手段，多层次、多角度地展现了舌头的结构及保护舌头的方法，既符合幼儿认知特点又突出了教学重点。教学难点也在师幼的讨论中迎刃而解。

二、关于自然生态环境

示范教案 4 如表 4-5 所示。

表 4-5　各种各样的鱼

授课科目：幼儿园科学教育	授课班级：小班	授课教师：
活动名称：各种各样的鱼		

续表

活动目标： 1. 认识几种常见的鱼，并能说出其外形特征。 2. 要乐于观察，并萌发爱小动物的情感。 3. 保持积极的情绪
活动重点：知道几种常见鱼的名称
活动难点：能够说出几种常见鱼的外形特征
活动准备： 1. 幻灯片、PPT。 2. 与幼儿人数相同的各种鱼（如金鱼、鲤鱼等）的硬纸套卡。 3. 音乐
活动过程： 一、引起动机阶段： 　　教师播放幻灯片，画面背景为蓝色的水，里面有一些具有典型特征的鱼儿，如射水鱼、金鱼、鲤鱼等，周围配有水草。教师引导幼儿观看在水里美丽的鱼儿，并激发幼儿认识鱼儿的兴趣，从而引起活动的主题。 二、初探阶段： 第一层次：观察常见的鱼。 　　师：我们一起和这条鱼打个招呼吧！看，鱼儿在水里面干什么呢？（小鱼在水里面游来游去。提醒幼儿把话说完整）那我们也学小鱼游游吧！（音乐起，师幼一起做运动，学小鱼游）小朋友，我们快找个地方坐下来吧，你看，老师这儿还有许多鱼呐。我们来看看它们和这条鱼有什么不一样。 第二层次：观察鱼的特征。 　　1. 出示 PPT1。（幼儿自由讲述，教师给予适当补充，注意培养幼儿的观察能力。） 　　小结：大海里的鱼真多啊！每一种鱼都长得不一样喔，有的大，有的小，有的扁扁的，有的是三角形的，真是有趣极了！ 　　2. 说说神奇的鱼。瞧，（出示 PPT2）这是什么样的鱼？（这是条黑白相间的鱼）咦，这是什么？它在干什么呢？（引导幼儿仔细观察）这条鱼最大的本领就是能从嘴里吐出泡泡射击水面上的虫子作为食物，所以这条鱼有了这样一个名字——"射水鱼"。小朋友，射水鱼的本领是什么呀？（幼儿讲述）那你们想不想玩玩射水鱼射水的游戏呢？（想，我来做射水鱼，请个小朋友做小虫子，射水鱼的水射到你，你就要跌倒了喔。）师幼玩游戏。 　　3. 以同样的方式教幼儿认识其他鱼的名字及特征。（鲤鱼、金鱼等）最后，带幼儿复习一下各种鱼儿的名字。 三、综合阶段： 　　教师将准备好的屏幕上的各种鱼儿的硬纸套卡发给每个幼儿一套。教师任意说出一种鱼儿的名称，引导幼儿拿出相应鱼儿的卡片。教师及时检查、纠正幼儿出示的卡片是否正确。对于幼儿易于认错的鱼儿，教师可以帮助幼儿复习一遍鱼儿的特征，以巩固、加深幼儿对鱼儿的认识。 　　最后，教师播放幻灯片，画面分别为各种各样的动植物。教师不必每一样都做介绍，只要引导幼儿有初步感知即可。 四、师生小结： 　　今天我们一起认识了很多鱼儿，谁能告诉老师你认识了哪些鱼儿？鼓励幼儿大胆描述鱼儿的特征。 五、活动延伸： 　　鱼儿在海洋里也是很弱小的，随时会面对各种危险，比如更危险的动物的侵袭；还有的是人们的无意伤害，比如有人把脏东西倒进水里面使小鱼生病，有人浪费水资源，让许多小河干旱，小鱼没有温馨的家等。希望我们的小朋友不要随便往水里倒各种脏东西，让鱼和人们都生活在干净优美的家中！

教案评析：

　　从整体来看，本活动很好地实现了《指南》中"认识常见的动植物，能注意并发现周围的动植物是多种多样的"这一目标。活动中，教师通过利用吸引幼儿注意力的幻灯片，向幼儿呈现了自然界中各种各样的动物和植物。教师通过观察、讲述、教师讲解来分散教学难点，使幼儿在欢乐轻松的环境中能够说出几种常见鱼的外形特征。整个活动环环相扣，动静结合，达到了预设的教育目标。

　　示范教案 5 如表 4-6 所示。

表 4-6　认识植物身体

授课科目：幼儿园科学教育	授课班级：大班	授课教师：
活动名称：认识植物身体		

续表

活动目标： 1. 能识别植物"身体"的各个部分，知道一般的植物是由根、茎、叶、花、果实、种子等部分组成的。 2. 通过"拣菜"的实践活动，培养幼儿的劳动意识及动手操作能力。 3. 体验植物与人类的密切关系，感受植物世界的多姿多彩
活动重点：能够正确识别植物身体的各部位名称
活动难点：正确指出并说出植物身体的各部位名称
活动准备： 1. 集体活动前让幼儿观察多种植物，使其并对植物的"身体"有初步的感知。 2. 课件：一株黄豆的生长过程。 3. 部分植物、盛菜的篮子。 4. 植物"身体"各部分的分解图、白纸、胶水等

活动过程：
一、引起动机阶段：
  师：这几天，你们去找植物了吗？一定看到了许多植物吧！谁来讲给大家听听。（幼儿描述自己看到的植物。）
二、初探阶段：
  第一层次：主动探究，自主建构。
  请幼儿观看课件：一株黄豆的生长过程。
  老师讲解：植物的身体也像人的身体一样，是由几部分组成的。你们知道这株黄豆苗的身体是由哪几部分组成的吗？教师点击黄豆苗的各部分，逐一呈现根、茎、叶、花、果实、种子。
  第二层次：提供实物。
  每个小组分有大蒜头、树叶、黄瓜、苹果、萝卜、花生、茄子、青椒等。让幼儿动手操作，摸一摸，看一看，切一切，教师巡回指导，（教师将黄瓜、茄子、青椒等果实切开）重点指导幼儿发现种子，并再次播放课件，提示幼儿注意种子出芽及生长的过程。
  第三层次：了解植物身体的各部分。
  1. 拼植物。
  师：种子的本领真大。其实植物身体上的每一个部分都很重要。这里是几种植物身体组成部分的图片，它们能拼成一株什么样的植物呢？（教师分发画有植物"身体"各部分的分解图）
  2. 幼儿展示并介绍自己拼的植物。
  师：谁来向大家介绍一下，你拼的是什么植物？它是由哪几个部分组成的？
  师：一般的植物有根、茎、叶、花、果实、种子，但也有一些植物不是这样的。如：竹子（放课件）有根、茎、叶、花，没有果实、种子。在自然界中，像竹子这样的植物还有很多。
三、综合阶段：操作实践，加深认识。
  1. 幼儿自由讲述，教师参与讲评。
  师：我们知道了植物的身体是由各个部分组成的。但是你们知道哪些植物是可以吃的？吃的是它身体上的哪个部分吗？
  2. 幼儿分小组拣菜，并互相交流。
  师：今天我们来帮厨房里的伯伯、阿姨拣菜。每一组的篮子里装有不同的蔬菜。大家先认一认，自己组里拣的是什么菜？再想一想，我们吃的是它的哪部分？把能吃的部分放在一个篮子里，不能吃的放到另一个篮子里。（给各小组分别提供：豆角、芹菜、菠菜、花菜。）
  3. 各小组派一个代表上来介绍。
四、师生小结。
  植物也是有生命的，我们可以和它们做朋友。因为它们可以给我带来健康，所以我们更要保护它、爱护它。
五、活动延伸：
  只要留心观察，我们就可以发现，生活中的很多物品都是由植物做成的。小朋友们动动脑筋，想一想，我们可以用活动区中的这些材料做出什么样又好看又好玩的东西？（活动区提供植物的叶子、种子等，让幼儿进行操作。）

教案评析：

    在幼儿基本掌握了植物"身体"有关知识的基础上，本节课通过让幼儿看多媒体演示，听老师讲解，和自己动手亲身体验等教学层次，调动了幼儿多个感官的参与，使幼儿做到了动脑想、动手拼、动口说。在兴趣盎然的活动中，突出了本节课的教学重点，突破了让幼儿掌握植物身体各部位名称的教学难点。

    示范教案6如表4-7所示。

表 4-7 水的溶解

授课科目：幼儿园科学教育	授课班级：大班	授课教师：

活动名称：水的溶解		
活动目标： 1. 使幼儿在观察比较、探究的过程中，了解日常物质哪些能溶于水，哪些不能溶于水。 2. 能大胆描述自己在实验中看到的现象，学会填写实验单，并培养幼儿实事求是的科学态度		
活动重点：通过观察和比较理解物质在水中的现象（溶解）		
活动难点：理解溶解的现象并能描述出实验现象		
活动准备： 1. 一组一份记录表、透明杯子若干、石头、油、方糖、果珍、白糖、咖啡、盐、醋。 2. 适量。小勺、筷子、小网各四个。（2~4人一组） 3. 被污染的水的若干图片，其他可溶解于水的物质，如：咖啡、奶粉、感冒颗粒等		
活动过程： 一、引起动机阶段： 　　出示实验材料，激起幼儿活动兴趣。 　　教师请幼儿走到实验桌前（桌子上准备了各种实验材料）看一看、闻一闻、说一说、摸一摸。教师要把这些实验材料发给每一组小朋友，让大家一起做实验。 二、初探阶段： 第一层次： 　　教师分发材料包，每一组幼儿有石头、油、方糖、果珍、白糖、咖啡、盐、醋各一份，八个透明杯子。 　　幼儿动手操作，把这些材料分别放入杯子，看看有什么有趣的现象发生。教师引导幼儿围绕"把这些实验材料放到水中会怎么样？谁能取出来？谁不能取出来？"进行观察。每一组选一名幼儿把大家实验的结果填写到实验单上。 第二层次： 　　教师进行演示实验，并一边实验一边和幼儿进行交流，验证幼儿所做实验是否正确。教师一边实验一边填写实验单，并告诉幼儿在填写实验单时一定要实事求是。 第三层次： 　　教师再次用白糖、咖啡、盐、醋做实验，让幼儿猜想实验的结果，让幼儿观察，并尝试说说溶解现象。 三、综合阶段： 　　老师出示白面，并把少量白面放入杯子，倒入一杯白水，充分搅拌，让孩子作出判断，白面是否溶于水。在幼儿作出判断后，教师告诉幼儿，有的实验是需要时间的，我们需要等待一会，才能得到正确答案，不能过早下结论。教师把装有面粉的水杯放到一边。 四、师生小结： 　　今天通过实验，我们知道了不同的物质放在水中会有不同的现象发生。石头放在水中，会沉下去；油放在水中，会浮起来；果珍放在水中，会改变水的颜色；冰糖放在水中，最后会消失。冰糖和果珍经过充分的搅拌后，能不能利用各种小工具将其取出来？（不能）而且它们还改变了水的颜色和味道。这种现象叫作"溶解"。果珍和冰糖溶解在水中了。我们用工具可以把石头和油从水中取出来，因为它们不能溶解在水中。谁能告诉我，你在生活中，还见过哪些东西可以溶解在水中？ 五、活动延伸： 　　老师把装有面粉的水杯放在自然角中，下午在区角活动时，同幼儿一起观察面粉是否能溶于水。 附实验单：		

方糖	石 头	油	醋	…
	●			…
溶解 √	不溶解 ×	不溶解 ×	溶解 √	…

教案评析：
　　本节课所用的实验材料是幼儿生活中常见的。只不过孩子们从未仔细观察、比较过这些材料在水中会发生怎样的变化。让幼儿在动手操作中仔细地观察、认真地比较，达到了解溶

解含义的目的,并在第一、二层次中多次强调要实事求是地填写实验单,以达到培养幼儿实事求是的科学态度的目的。

示范教案 7 如表 4-8 所示。

表 4-8　保护环境

授课科目:幼儿园科学教育	授课班级:大班	授课教师:
活动名称:保护环境			

活动目标:
　　1. 初步了解烟尘等会污染空气,形成雾霾,影响人体健康和动植物的生长。
　　2. 在活动中学会观察天气。
　　3. 初步萌发保护环境的意识

活动重点:了解烟尘等会污染空气,形成雾霾

活动难点:保护环境的措施

活动准备:
　　1. 清水、污水各一盆,小鱼两条、香烟一支、大的薄膜罩一个。
　　2. 房屋(幼儿用积木拼搭)及手偶若干。
　　3. 雾霾天气的录像

活动过程:
一、引起动机阶段:
　　请配班教师与主班教师一起表演手偶。内容为:森林里,小动物们都在快乐地游戏着,在草地上捉迷藏、在树林里开演唱会,玩得很高兴。忽然,附近的工厂里排出大量的黑水和黑烟,使它们一个个都显得无精打采,有的甚至昏倒在地。最后小动物们纷纷逃离了森林,躲到别的地方去了。
二、初探阶段:
第一层次:
　　教师引导幼儿思考小动物们为什么要逃到别的地方去,接着演示两个实验。
　　实验一:教师出示一盆清水和污水,引导幼儿从颜色、气味和透明度等方面进行比较;把两条小鱼分别放入清水和污水中,请小朋友们观察一下两盆水有什么不同?小鱼在水中的活动情况怎么样?观察小鱼在清水和污水中的不同活动情况(短时观察完毕后,立即捞出污水中的小鱼)。
　　实验二:出示幼儿拼搭的房屋,用一个大的薄膜罩罩住它(密闭),然后在里面放入一根点燃的香烟,过一会儿引导幼儿观察发生的变化——房屋周围都是烟雾。
　　师:请小朋友们观察一下有什么情况发生了?
　　师生小结:小动物之所以会逃到别的地方去,是因为他们生活的环境被污染,到处都是黑色的污水和浓烟。
第二层次:观看录像
　　教师播放录像,引导幼儿观察大街上汽车驶过时飞起的灰尘,车尾排出的烟尘、废气,以及香烟弥漫的房子等引起的雾霾天气,动物们远离城市等。教师组织幼儿讨论废气、烟尘给人们带来的危害。
　　教师小结:动物和人需要清洁的空气。
三、综合阶段:
　　组织幼儿讨论雾霾天气与人和自然界的关系,鼓励幼儿大胆说出自己的想法和见解。
　　教师总结:我们都需要清洁的空气,保持空气的清洁就是保护自然、保护我们自己。
四、师生小结:
　　人和动物都需要清洁的空气。我们保持空气的清洁就是保护自然、保护我们自己。
五、活动延伸:
　　把今天在课堂上学到的知识回家后讲给父母听,呼吁我们的父母也要爱护环境、保护环境

教案评析:
　　整个活动的实施反映了《指南》中"初步了解人们的生活与自然环境的密切关系,知道尊重和珍惜生命,保护环境"这一目标。在活动的第一个环节中,教师通过情境表演导入活动,激发幼儿学习的兴趣。然后,由黑烟的出现造成的后果,把幼儿自然地带入对环境问题的思考中。在对清水和污水的观察、比较以及两条小鱼在不同的水质的活动中,幼儿对水污染有了直观的感受。最后的环节使幼儿意识到环境问题的严重,激发了幼儿珍惜生命、环境的情感。

示范教案 8 如表 4–9 所示。

表 4–9　好玩的沙子

授课科目：幼儿园科学教育	授课班级：大班	授课教师：

活动名称：好玩的沙子		
活动目标： 　1. 通过操作活动感知沙的特征，认识沙的用途。 　2. 体验玩沙的快乐，产生参加探索活动的兴趣		
活动重点：了解沙的特征和用途		
活动难点：知道沙的用途		
活动准备： 　1. 沙盘，音乐。 　2. 沙滩（能容纳下 50 个幼儿的安全场地）。 　3. 幼儿玩沙的工具，比如：小铲、小勺、多只小水桶、筛网、沙漏、各种积木、多个大盆，毛巾。 　4. 介绍沙的用途的图片数张，建造成品图片若干		
活动过程： 一、引起动机阶段： 　教师边放音乐，边出示沙盘，引导幼儿观察后回答问题： 　这是什么？它是什么颜色的？什么形状的？你在什么地方见过？ 　（沙滩、水里、车装的、公路、运动场的沙坑） 　小结：小朋友知道的真多，你们想玩沙吗？ 二、初探阶段：幼儿自由地玩沙，感知、认识沙的特征。 第一层次： 　教师引导幼儿摸摸沙子，抓抓沙子，感知沙子不仅松散，而且细小。 　教师播放欢快的音乐，鼓励幼儿运用自己手中的工具大胆地玩沙，交流自己用沙做了些什么。 　例如：我给小青蛙盖的房子，让它冬天住在里面不冷。 　我给汽车修的路，让车子跑得快。 　我在沙子上画了好多的画…… 　教师小结：小朋友玩得真好。沙可以挖，还可以用来画画。 第二层次： 　我们下面来玩玩干沙子和湿沙子，看看有什么不同感觉？ 　师生小结：干沙抓在手中会从手指缝流出来；湿沙会越抓越紧，不会流出来。 　请小朋友用手或赤脚放在沙盘里，感知干沙和湿沙的感觉；用手堆沙堆，感知干沙堆和湿沙堆的大小有什么不同？ 第三层次： 　师生把等量的沙装入口径不同的沙漏中，让幼儿感受沙子流完的速度是不同的，观察哪个沙漏中的沙先漏完。 　教师启发幼儿思考沙子和石头的区别。动脑筋思考怎样拨离沙中的小石子。 　引导幼儿用筛漏开展游戏，并仔细观察。（用筛漏把沙子和石子分离） 三、综合阶段： 　教师出示图片：引导幼儿观察每一张图片上都画的是些什么？（建房工人在修建房子、养路工人在铺路等） 　请小朋友们在室外活动场地"沙坑"利用手中的工具创建你们想创建的物品。（也可参考教师准备的成品图片，分组进行，6 人一小组） 四、师生小结： 　今天小朋友都很能干，能用你们手中的工具创作出你们想象的物品。而且今天我们还知道了沙是由许多细小的颗粒组成的，沙能流动；而且我们修房造屋、铺路都离不开它。 五、活动延伸： 　在自由活动期间，在班级的一角，准备"沙盘"，在室外活动场地准备"沙坑"，鼓励幼儿积极动手、动脑，大胆创新，创新出不同的玩沙方法，进一步感知沙的特点		

教案评析：
　　在整个教学活动中，玩沙活动和科学探究活动结合了起来，使幼儿在玩沙的过程中认识了沙的粗细，学习了使用筛子、漏斗等工具，从而激发了幼儿自主探究的兴趣。教师作为隐性的指导者，在随时关注幼儿活动的同时，能适时提出有挑战性的问题，并提供活动进行中所需的材料，让幼儿运用所学的知识动手操作、探索研究，从而有效地建构知识。在这个过

程中，幼儿所学的经验和表现出的积极探究的热情，比传统教学中幼儿学到的知识更有效和更有意义。

示范教案 9 如表 4-10 所示。

表 4-10　空气是什么

授课科目：幼儿园科学教育	授课班级：大班	授课教师：
活动名称：空气是什么			
活动目标： 1. 感知空气的存在，掌握空气的特征及作用。 2. 让幼儿初步了解空气污染的情况及其危害性。 3. 培养幼儿关心和保护环境的意识			
活动重点：了解空气污染的情况及其危害，从而培养环保意识			
活动难点：理解空气的特征和作用			
活动准备： 1. 器材：杯子、手帕、大玻璃缸、蜡烛、尼龙袋子、气球、打火机、水。 2. 课件（空气污染）			

活动过程：
一、引起动机阶段：感知空气的存在及其特性。
　　今天老师要和小朋友们玩个变魔术的游戏。（教师示范）将手帕团塞入玻璃杯杯底。杯子里有什么？杯里除了手帕还有别的东西吗？猜一猜：如果把杯子放入水中，杯子里的手帕会怎么样？
二、初探阶段：
第一层次：
　　实验：把手帕放在杯中后将玻璃杯倒扣压入水中，再把杯子提出水面，取出手帕。手帕湿了吗？为什么？杯里除了手帕外还有其他东西。因为它把水顶住不让水流进杯子，所以手帕才不会湿。
　　你们能看见杯子里的东西吗？这东西手摸得到吗？用鼻子闻得出吗？那么，杯里到底是一种什么东西呢？请小朋友仔细看老师示范。将杯口斜着浸入水中。你们看到了什么？是什么东西从杯子里跑出来吹出泡泡的？（学习词：空气）
第二层次：
　　请小朋友拿起尼龙袋，张开袋口。看看袋里有什么？幼儿迅速将袋口拧紧，用手慢慢向袋底挤。为什么挤不动了？尼龙袋里有什么？（空气）
　　你们刚才在哪里捉到了空气？你们看得见空气吗？能摸得到空气吗？闻一下空气是什么气味的？
　　师生小结：我们的周围充满着空气。空气是看不见、摸不着、闻不到的气体。
第三层次：
　　认识空气的作用。
　　1. 将点燃的蜡烛用杯子完全罩住，点燃的蜡烛为什么会熄灭？
　　2. 请小朋友用手捂住口鼻，说说有什么感觉？
　　3. 除了我们需要空气外，还有谁也需要空气？
　　师生小结：除了人类离不开空气外，动物、植物也离不开空气，凡是有生命的东西都需要空气。
三、综合阶段：了解空气遭受污染的情况及其危害性。
　　1. 我们每时每刻都离不开空气，可是现在空气质量发生了变化。下面请小朋友们认真观看录像，想想这些物体对空气有没有影响？
　　2. 观看课件。
　　（1）满天飞扬的尘土；
　　（2）汽车排出的废气；
　　（3）烧香、放鞭炮时的缭绕烟雾；
　　（4）工厂烟囱排放的黑烟；
　　（5）焚烧垃圾时产生的浓烟；
　　（6）正在公共场所吸烟的人。
　　3. 讨论：刚才我们看到了很多污染空气的物体，这些物体对人类会有什么危害？
　　师生小结：如果我们吸入了被污染的空气，就容易得感冒、气管炎、哮喘病，严重时还会得肺癌。污染的空气对我们人体的危害很大。
　　4. 如何让我们身边的空气变得更新鲜、清洁呢？
四、师生小结：
　　改善空气质量的办法：如种植花草树木、禁止在公共场所吸烟、不在生活区焚烧垃圾、不随地吐痰、不乱丢垃圾等。
五、活动延伸
　　留意观察日常生活中还存在哪些污染空气的物体，并能从自身做起，保护环境，减少污染

教案评析：

本次活动的实验1——将有手帕的玻璃杯倒扣入水和2——点燃的蜡烛用玻璃杯罩住，都存在一定的危险性，不适合幼儿操作。因此，本节课主要采用了教师直观演示的教学方法，让幼儿在一个轻松快乐的氛围中，感知了空气的特点及作用；利用幼儿的好奇心引起他们的学习兴趣，达到了预期目标。课件的播放，也增强了幼儿的环保意识。

三、关于自然科学现象

示范教案10如表4-11所示。

表4-11　认识地球

授课科目：幼儿园科学教育	授课班级：中班	授课教师：
活动名称：认识地球			
活动目标： 1. 让幼儿了解地球在宇宙中的位置，感知我们生活在地球上。 2. 了解地球的基本特征			
活动重点：感知我们生活在地球上			
活动难点：了解地球的基本特征			
活动准备：大地球仪一个，小地球仪若干个，画纸若干、彩色画笔若干。八大行星的课件，地球公转和自传的课件			
活动过程： 一、引起动机阶段： 　　教师出示地球仪，指导幼儿看看哪些是大陆，哪些是水，知道地球是圆的，以调动幼儿对地球仪的兴趣。 二、初探阶段： 第一层次：探索地球 　　分发材料：每一组发一个小地球仪。老师提出问题：你们知道这是什么吗？地球仪有什么变化？引导幼儿说出它在不停地转动。 　　教师小结：地球是一个适宜人类、动物、植物生活的地方，是宇宙八大行星中唯一适合人类和生物生存、繁衍的星球。 第二层次：神秘的宇宙 　　1. 出示"太阳系八大行星课件，看一看，认一认。 　　你们知道？我们生活的地球就是太阳系的一颗小行星，是第五大行星。宇宙是一个无限大的空间，没有边际。你们想到神秘的宇宙中去探索吗？现在你们就要好好学习，将来成为科学家，去探索神秘的宇宙与地球。 　　2. 讨论：为什么在地球上会有白天、黑夜？ 　　（1）教师演示：一个手电筒的光束代表太阳，小地球仪在光束下公转的同时还要自传。太阳照到的地方就是白天，照不到的地方就是黑夜。 　　（2）出示课件动画，演示地球与太阳的公转和自转。 三、综合阶段： 　　给每一位幼儿分发一张图画纸和一只彩笔（各种颜色），让幼儿仔细观察地球仪上中国版图的形状后，用笔涂一涂：在画纸上涂出我们中国版图的形状。（雄鸡） 　　看一看：观察邻国的国名及邻国的版图形状。（如韩国、朝鲜、俄罗斯等国） 四、师生小结： 　　地球每天都在不停地自转，同时围绕着太阳不停地公转。太阳照到的地方就是白天，照不到的地方就是黑夜。 五、活动延伸： 　　抒发幼儿保护地球、热爱地球的情感，请幼儿充当保护环境的小卫士			

教案评析：

通过教师的直观演示、观看课件、幼儿的动手操作、看一看、涂一涂等教学活动，形象地向幼儿演示了地球的公转与自转，白天与黑夜的形成，及中国版图的形状。在教学中倡导幼儿主动参与、乐于探究、勤于动手，以培养幼儿搜集和处理信息的能力、获取新知识的能力、分析和解决问题的能力以及交流与合作的能力。本活动达到了让幼儿认识地球基本特征，初步感知地球存在的教学目的。

示范教案11如表4-12所示。

表4-12　活力太阳

授课科目：幼儿园科学教育	授课班级：大班	授课教师：

活动名称：活力太阳		
活动目标： 1. 通过观察，幼儿了解到太阳是个大火球，能放射出光和热。 2. 对相关生活经验进行交流与讨论，了解太阳与动植物及人类的关系，知道有了太阳，植物才能生长、动物和人才能生存。 3. 让幼儿积极参与观察和交流，进一步激发他们探索宇宙的兴趣		
活动重点：了解太阳能放射出光和热		
活动难点：了解太阳与动植物及人类的关系，观察、探索太阳的奥秘		
活动准备：太阳挂图、深色太阳镜或深色玻璃		
活动过程： 一、引起动机阶段： 　　教师以猜谜形式导入：圆球红彤彤挂在天空中，雨天看不见，晴天就出现，小朋友猜猜这是什么？（太阳）今天我们就来了解一下太阳。 二、初探阶段： 第一层次：通过观察，了解太阳是个大火球，能放射出光和热。 　　教师出示太阳挂图，并讲解：太阳是个大火球会发光、发热；太阳巨大的能量给我们带来了无限的光明和热量。 　　1. 观察太阳的时候我们要注意什么呢？（引导幼儿认识太阳光的强烈，不能用眼睛直接看太阳，要戴太阳镜或用深色玻璃遮住眼睛再看太阳。） 　　2. 幼儿相互间交流自己观察到的太阳。 　　3. 感受太阳会发热的特点，引导通过幼儿摸摸自己的头发、衣服等感受太阳带来的温度。 　　教师小结：太阳像个大火球，不仅会发光，还会发出热量。 第二层次：了解太阳与动植物及人类的关系，知道有了太阳，植物才能生长、动物和人才能生存。 　　请幼儿仔细看一看图中的动物、植物和小朋友，告诉大家太阳有哪些好处。 　　（小树大声地告诉我们：有了太阳，我可以长得更壮。小花说：有了太阳，我才有美丽的颜色。小花猫说：有了太阳，我才能晒着太阳，舒服地睡觉。小青蛙说：有了太阳，我才能活蹦乱跳。小朋友说：有了太阳，我们才有明亮的教室。老师说：有了太阳，我们才能生活。） 第三层次：学习诗歌《太阳》。 　　太阳火红太阳照四方，它的好处说不完，太阳不晒草不绿，太阳不晒花不香，太阳不晒果不熟，太阳不晒苗不长，被褥也要太阳晒，太阳晒了暖洋洋，人体更要太阳晒，太阳晒了才健康。 三、综合阶段： 　　让幼儿积极参与观察和交流，进一步激发他们探索宇宙的兴趣。 四、师生小结： 　　万物生长靠阳光，没有阳光，植物就不能生长，人和动物就没有办法生活。 五、活动延伸： 　　幼儿和太阳做影子游戏，踩影子、做手影、用镜子照太阳		

教案评析：

本节课分为三个教学层次，第一层次主要由教师讲解，让幼儿感知太阳；第二层次，让幼儿多方面了解太阳的特种作用；第三层次学习诗歌《太阳》，让幼儿对太阳的好处做一个总结。每个环节设计自然、合理。活动安排层层递进、动静结合，把知识和兴趣融入在一起，让幼儿愉快、深刻地理解太阳的功能同时也会对自然界产生探索欲望。

示范教案12如表4-13所示。

表4-13　天冷了怎么办？

授课科目：幼儿园科学教育	授课班级：小班	授课教师：
活动名称：天冷了怎么办？		

续表

活动目标： 　　1. 体会环境与人的密切关系，有初步的自我保护意识。 　　2. 知道天气寒冷时，要多穿些衣服、多运动及吃热的东西。 　　3. 能正确地给洋娃娃穿戴衣物，发展动手能力
活动重点：想出并说出各种御寒的方法，有初步的自我保护意识
活动难点：能正确地给洋娃娃穿戴衣物
活动准备： 　　经验准备：幼儿已初步感知冬天的特征。 　　物质准备：洋娃娃人手一个，各种适合洋娃娃穿戴的夏季、冬季衣物若干
活动过程： 一、引起动机阶段： 　　教师：现在是什么季节？冬天，天气变冷了，我们该怎么办呢？启发幼儿说出：天气变冷了，要多穿衣服、穿厚衣服，戴上手套、帽子，围上围巾；要多活动，积极锻炼身体，增加身体热量。 二、初探阶段： 第一层次：感知"热"。 　　1. 让幼儿喝热开水。 　　教师：喝完热水身体感觉怎么样？让幼儿体会：天冷了，喝了热开水身体好温暖、好舒服。 　　教师：冬天里，你们还喜欢吃什么样的东西？并告诉幼儿，天气冷了，吃热的东西对身体有益。 　　2. 保暖的衣服。 　　教师一边出示穿着薄衣服的洋娃娃一边说："天气变冷了，洋娃娃冻得直发抖。小朋友们，咱们快给她想个办法，怎么才能使洋娃娃不冷呢？"组织幼儿讨论各种御寒的办法，如：穿上厚厚的衣服、戴上帽子、围上围巾、做一些活动、吃热东西等。 第二层次：幼儿实际操作。 　　请每个幼儿给洋娃娃穿戴合适的衣物，并带领洋娃娃去户外做运动。教师观察指导，帮助动手能力较差的幼儿。 三、综合阶段： 　　进行帮娃娃穿、脱冬衣比赛。幼儿分为两组，每组第一名幼儿进行帮娃娃穿衣服比赛，第二名幼儿进行帮娃娃脱衣服比赛，以此类推。 四、师生小结： 　　取暖还有很多的办法，比如我们多运动也会使身体产生热量，鼓励幼儿在冬天里不怕严寒、不迟到，积极参加体育锻炼。 五、活动延伸： 　　在娃娃家里玩"过冬"的主题游戏

教案评析：

　　本次活动的题材来自幼儿生活，浅显易懂。在谈话中，多数幼儿都能想出并说出多种御寒的方法。"给洋娃娃穿戴合适的衣物"，是幼儿动手操作的环节。由于幼儿年龄小，动手能力差，因此有小部分幼儿不能较好地完成，但他们非常专注，也十分乐意参与；"喝开水"环节让幼儿亲身体会了冬天吃热东西的好处。幼儿在轻松愉悦的气氛中获得了许多生活经验，感受到了环境与人的密切关系，初步懂得了要主动去适应环境的变化才能身体健康。

　　示范教案13如表4-14所示。

表4-14　四季的变化

授课科目：幼儿园科学教育	授课班级：大班	授课教师：
活动名称：四季的变化			
活动目标： 　　1. 初步了解四季的变化及四季的典型特征。 　　2. 尝试通过寻找规律进行四季的排序。 　　3. 喜欢参与活动并能保持积极的情绪			
活动重点：了解四季的变化及四季的典型特征			
活动难点：通过寻找规律进行四季的排序			

活动准备： 　　1. "变化的四季" PPT 课件。 　　2. "一年四季" 挂图及小图片若干。 　　3. 蜡笔、彩笔、白纸、黏胶纸若干
活动过程： 一、引起动机阶段： 　　教师播放课件，分别出示几幅描绘春、夏、秋、冬景色的图片，引导幼儿仔细观察各季节有哪些典型景色。引导幼儿在小组内交流、讨论，再以小组为单位进行交流。 二、初探阶段： 第一层次：经验积累。 　　教师引导幼儿明确四季的典型特征。春天：小草发芽，桃树开花；夏天：天气炎热，荷花开花；秋天：叶子变色，食物成熟；冬天：雪花飞舞，树木干枯。边观看边讨论片中的景色是哪个季节的景色，并请幼儿说说是如何判断的。 　　教师问题设计：这是什么？你知道这是什么季节吗？你是从哪看出来的？ 　　最后教师进行总结，播放"变化的四季" PPT 课件，并将描绘春、夏、秋、冬这四个季节典型景色的图片按顺序整体播放一遍，加深幼儿对四季变化顺序的理解。 第二层次：找找贴贴。 　　教师出示教学挂图"一年四季"的背景图以及相关的小配件，引导幼儿说说这几张图分别描绘的是什么季节，并将这些小图片放到大图里去。 　　幼儿以小组为单位，将有明显特征的植物、服装、活动、景物分别放置到四张背景图中。然后，集体观察检验幼儿是否将不同季节的图片进行了正确放置。例如小蝌蚪放入春天，荷花放入夏天，落叶放入秋天，雪人放入冬天等。 三、综合阶段： 　　游戏："四季大轮换"。 　　听指令，选图片：如听到"春天过去是什么季节"或"打雪仗是什么季节"幼儿一边答一边用手迅速找到表示该季节的图画。如当听到"夏天过去是什么季节，再过去又是什么季节"时，幼儿找出表示秋天和冬天的图画，并说出"夏天过去是秋天，秋天过去是冬天"。依次进行，直到幼儿能准确说出一年四季变化的顺序为止。 四、师生小结： 　　一年有几个季节？都是什么？每个季节都有什么景色？ 五、活动延伸： 　　在家里和妈妈一起整理春、夏、秋、冬的衣服，看看四季分别应该穿什么衣服？

教案评析：

　　本节课第一层次运用了多媒体课件形象地向幼儿展示了四季的景色特征，第二层次采用了让幼儿动手做一做的教学方法，符合授课班级是大班幼儿的认知特点。在综合阶段，幼儿玩的"四季大轮换"是本节课的教学难点。游戏能够提高孩子的兴趣，使其在游戏中掌握了四季的排序。在整个教学过程中，要求教师充分发挥引导者的作用，将幼儿带入学习的情境。

　　示范教案 14 如表 4-15 所示。

表 4-15　认识光

授课科目：幼儿园科学教育	授课班级：大班	授课教师：
活动名称：认识光			
活动目标： 　　1. 通过光的教学，幼儿懂得哪些常见的物体能发光以及光的一些简单的用途。 　　2. 培养幼儿对自然科学的兴趣，发展幼儿的观察能力、探究能力以及口语表达的能力			
活动重点：知道太阳光的强大以及太阳光对人类的重要意义			
活动难点：理解抽象的一种现象"光"，能感受到却摸不到			
活动准备：黑板、黑布、笔、手电、蜡烛、火柴、电池一小灯泡、厚纸筒、小镜子、电脑、有关太阳能设备的各种图片若干			
活动过程： 一、引起动机阶段： 　　教师用黑布蒙住手电筒，让幼儿观察手电筒射出的光束，引发幼儿对光的兴趣。			

续表

二、初探阶段： 第一层次：向幼儿讲解光的用途。 　　师：有一天，教室里有很多光在一起争论，大家都说，它们是光，它们的用途可大了，人们谁也离不开它们。其中一个声音粗声粗气地说："我是光，我是世界上最强大的光，我把大地照得亮堂堂，我把人们照得暖洋洋。"另一个声音不紧不慢地说："我是光，每天晚上工作忙，不要看我身体小，满屋靠我亮光光。"最后一个声音细声细气地说："我是光，停电以后我帮忙。"小朋友，你们说说它们是什么光呢？ 第二层次：分组进行不同的小实验。 　　教师实验火柴和蜡烛，幼儿实验其他物品。让幼儿通过实验发现哪些常见的物体能发光（电灯、手电、火柴、电视机、电脑、小灯泡、蜡烛等），激发他们对自然科学的兴趣；让幼儿根据已有经验说出还见过哪些物体（月亮、星星、炉火、萤火虫等）能发光。老师对应出示图片介绍，让幼儿认识了解，并小结简单的光的用途。（月亮光、手电能照亮我们晚上的路，电灯能在晚上照明、灯下我们可以看书写字，蜡烛在停电以后可以帮我们照明……） 第三层次：了解太阳光。 　　（提问：太阳光有什么用途？能帮我们干什么事情？）幼儿畅所欲言，一起和老师讨论（教师要引导幼儿表述完整）。 　　教师小结："世界上万事万物都要靠太阳，没有太阳就漆黑一片，我们就不能生存……" 　　请让幼儿拿起纸筒看老师，不堵时能看到，堵住另一个口时什么也看不到了——主要是没有光线了。师："没有光线我们什么也看不见。太阳光最强，我们不要在强光下看书，也不能在光线太暗的地方看书。要记住，看书时要端正、注意保护眼睛，因为没有眼睛什么也看不见……" 三、综合阶段： 　　小游戏：击鼓传花。幼儿很快说出不同的太阳光的用途（每人一句，看谁说得不一样）。加深对太阳光用途的认识与记忆。 四、师生小结： 　　世界上万事万物都要靠太阳，没有太阳就漆黑一片，我们就不能生存……" 五、活动延伸： 　　到户外玩小镜子反光的游戏，引申对光的认识

教案评析：

　　本节课的教学层次从幼儿经常接触到的手电、蜡烛、火柴、电池—小灯泡，到太阳光的认识，按照由易到难展开。幼儿通过实验发现了哪些物体能发光，他们的好奇心和探究欲望被激发，教学重点突出，教学难点也在幼儿主动探索的过程中突破。

　　示范教案 15 如表 4-16 所示。

表 4-16　神奇的静电

授课科目：幼儿园科学教育	授课班级：中班	授课教师：
活动名称：神奇的静电		
活动目标： 　1. 认识静电现象，知道摩擦起电的原理。 　2. 能大胆地尝试、探索与发现。 　3. 在活动中有探索的欲望		
活动重点：知道物体摩擦后会产生静电		
活动难点：能够运用各种材料大胆探究，细致观察并总结实验结果		
活动准备： 　1. 彩色纸屑、气球、塑料绳若干。 　2. 塑料梳子若干、塑料玩具若干。 　3. 轻快的音乐一段、蝴蝶指偶一个、彩色的草地一片		
活动过程： 一、引起动机阶段： 　　邀请幼儿做"理发店"的游戏，发给每个幼儿一把塑料梳子。全体幼儿有感情地表演歌曲《理发店》，幼儿边唱边表演。 二、初探阶段： 第一层次：理发。 　　1. 小洋娃娃要求理发，请一名幼儿给小洋娃娃"理发"（用塑料梳子梳理头发，引起静电）。引导小朋友发现：头发飞（飘、立）起来了。 　　2. 幼儿游戏，给自己梳头或给同伴"理发"，看看能发现什么。教师适当指导、提示和鼓励幼儿。		

续表

> 第二层次：草地上的活动。
> 　　1. 草地上，幼儿用塑料玩具、塑料梳子在衣服上擦一擦，然后靠近地上的彩色纸屑。鼓励幼儿大胆说出自己的发现。
> 　　2. 教师出示蝴蝶指偶，随着轻快的音乐，与幼儿一起翩翩起舞。
> 　　启发幼儿思考：为什么会出现刚才的现象？教师根据回答解释：因为塑料梳子在头发上摩擦、塑料玩具在衣服上摩擦产生了静电，所以头发会立起来、纸屑会粘上来。
> 　第三层次：气球娃娃来看你。
> 　　1. 教师出示气球，将气球在毛衣上摩擦一阵以后，靠近幼儿的脸颊，结果幼儿的头发就会被吸引，气球会粘在幼儿脸上。
> 　　2. 将两个气球用线捆住，然后将气球分别在毛衣上摩擦，再将两个气球提在手里。气球会分开来，就像两个气球之间生气了一样，还会贴到手上悬着。和幼儿一起分析、总结这种"静电"现象。
> 　三、综合阶段
> 　　游戏："好玩的章鱼"。
> 　　教师和幼儿每人拿一个打结的塑料绳，用手捏紧抹几下（或在衣服上搓几下），放开绳子，请幼儿观察塑料绳四面散开的现象，像章鱼一样。引导幼儿试试"章鱼"能不能粘到衣服或墙上。请幼儿带着章鱼到室外去玩，看看"章鱼"能不能粘到别的地方。
> 　四、师生小结
> 　　小朋友们，今天你们都学到了什么？静电是怎样产生的？教师小结。
> 　五、活动延伸：
> 　　在活动区中投放多种材料如毛衣、布、皮毛、碎块、胶棒、玻璃棍、铁质小棒、碎小纸片与塑料片等让幼儿自由选择操作、体验它们之间的静电现象，让幼儿通过实验操作自己去发现问题，让幼儿慢慢地了解，并不是任何东西摩擦后都能将纸吸起来

教案评析：

　　本活动是以《指南》中的"能感知和发现简单物理现象，如物体形态或位置变化等"为目标展开的。三个教学层次层层递进，紧紧围绕着摩擦起电的教学目标，为幼儿提供了多种方式进行探索，使其在亲身操作中认识静电现象，初步感知了摩擦起电的原理。幼儿在操作的过程中发现了问题，产生了强烈的探索和求知欲望。

四、关于现代科学技术

　　示范教案 16 如表 4–17 所示。

表 4–17　认识家用电器

授课科目：幼儿园科学教育	授课班级：中班	授课教师：
活动名称：认识家用电器		
活动目标： 1. 了解常用家用电器的特点、功能与人们生活的关系，形成粗浅的家用电器概念。 2. 通过现场操作了解家用电器的正确使用方法。 3. 对科技产品感兴趣，有安全使用电器的意识		
活动重点：了解常用家用电器的特点		
活动难点：了解常用家用电器的正确使用方法		
活动准备： 1. 家用电器实物：吹风机、数码相机、电剃须、微波炉和拖线板。 2. 大量家用电器的图片。 3. PPT		
活动过程： 一、引起动机阶段 　　（出示吹风机）这是什么呀？你们家里有吗？后面长长的线有什么用呢？（操作一下吹风机，感受其有电工作、没电不工作）。小结：像这种我们家里使用的、为我们生活服务的、要通上电才能工作的机器就叫"家用电器"。 二、初探阶段 第一层次：经验分享。 　　1. 你家里有哪些家用电器呢？你还见过什么家用电器吗？		

续表

2. 今天教师也把家里的家用电器带来了，让我们一起来认一认。（出示图片，集体认一认）。谁来给我们介绍一下这些家用电器有什么用？（或者跟随孩子问：你知道它有什么用吗？）
第二层次：电器分配。
老师刚刚买了新房子，准备搬家了，你们来帮帮忙，帮我把这些家用电器放到新房子的房间里，可以吗？先来看看我家有哪些房间？（厨房、卧室、卫生间、客厅）（幼儿操作将电器分别放到不同的房间里）
第三层次：经验提升。
我的新房子里摆放好了家用电器，谢谢小朋友！（出示数码相机、照相机和剃须刀）可是我家里还有这些东西呢，这些东西是不是家用电器呢？为什么？（鼓励幼儿大胆表述）
教师小结：这些东西不是没有电线，它们的电线在这呢。可是大家看，连着这个长长的电线我们方便吗？科学家们想了一个聪明的办法，把电充在里面的电池里，这样我们就可以拿着充好电的照相机、摄像机到处旅游拍照啦，爸爸也可以方便地刮胡子了。
三、综合阶段：
1.（出示微波炉）刚刚认识了那么多家用电器，现在就让家用电器来为我们服务吧！我们应该怎样使用这些家用电器呢？（鼓励幼儿大胆发表意见）
2. 这样拿插头对吗？那应该怎样拿呢？请你教教我。第二步应该做什么了呢？（有的按钮是按的，有的按钮是需要旋转的）
3. 以同样的方式操作其他的家用电器。
教师小结：这些家用电器真是我们的好朋友，能够给我们带来很多方便，但是使用不正确的时候还会伤害我们呢。（观看PPT）
四、师生小结：
今天我们认识了很多家用电器，有吹风机、数码相机、电剃须、微波炉等。它们都是需要插电才可以工作的。还有的家用电器是把电充在电池里，这样用起来就会很方便。
五、活动延伸：
幼儿和教师一起用家用电器共同制作爆米花。香喷喷的爆米花做好啦，让我们一起分享一下我们用家用电器做出来的美食吧

教案评析：

本节课的教学内容不适合幼儿亲自摆弄、操作，如不可能把冰箱、洗衣机搬到教室里。因此，本节课力求用图片、PPT 展示家电，充分挖掘幼儿已有的生活经验，通过回答教师问题、小组讨论、幼儿间相互交流等多种形式，激发幼儿的好奇心、求知欲，以达到让幼儿了解常用家用电器的特点、功能与人们生活的关系，形成粗浅的家用电器概念的教育目标。

示范教案 17 如表 4-18 所示。

表 4-18　各种各样的交通工具

授课科目：幼儿园科学教育	授课班级：大班	授课教师：
活动名称：各种各样的交通工具			
活动目标： 1. 引导幼儿认识各种各样的交通工具，了解交通工具在日常生活中的重要作用，知道正确乘坐的方法，不做一些危险的动作。 2. 引导幼儿给交通工具分类，培养幼儿的分类能力。 3. 通过观察、讨论、操作，幼儿增加了对交通工具探索的兴趣			
活动重点：认识各种各样的交通工具，了解交通工具在日常生活中的重要作用			
活动难点：能正确进行交通工具分类			
活动准备： 1. 幼儿自带的交通玩具。 2. 各种交通工具的图片若干			
活动过程： 一、引起动机阶段： 幼儿互相交换玩具车，互相介绍自己玩具车的名称和用途。 师：今天每个小朋友都把自己心爱的玩具车带来了，哪位小朋友可以介绍一下自己的玩具车呢？ 二、初探阶段： 第一层次：经验分享。 1. 教师运用游戏的口吻引发幼儿的活动兴趣："孩子们，今天我们收到了邀请卡，邀请我们去很远的地方参加森林聚会，你们想去吗？可是森林聚会那么远，我们怎么去呢？你有什么好的办法吗？"			

续表

> 2. 引导幼儿与同伴进行讨论，说出自己的办法，如乘船、坐飞机等。
> 3. 幼儿自由选择"交通工具"（自由表演）。
> 4. 师幼共同讨论、讲述自己经常乘坐的是什么交通工具，有什么用？同伴间交流讲述。
> 师：小朋友们，你们平时都喜欢乘坐什么交通工具呢？你觉得它有什么用处吗？
> 5. 请个别幼儿上前展示自己的交通工具，讲述自己的想法，其余幼儿共同分享。
> 教师总结：乘坐各种交通工具时，要注意安全，不要做危险动作。
> 第二层次：提升经验。
> 　　教师小结：汽车、轮船、火车、飞机是用来运人和东西的，大家给它们取了一个好听的名字叫交通工具。它们行驶的速度很快，为我们的外出带来了许多方便。
> 　　你还认识哪些交通工具？教师根据幼儿的回答分别出示图片，请大家欣赏。
> 三、综合练习：练习交通工具的分类。
> 　　1. 教师分发各种交通工具的图片，让幼儿分组进行操作，引导幼儿相互商议、然后进行分类。
> 　　（1）按照交通工具的名称进行分类。
> 　　（2）按照行驶地方进行分类。
> 　　（3）按照用途进行分类。
> 　　2. 在投影仪上展示幼儿分类的结果，并让其阐述这样分的理由，鼓励幼儿同伴间互评。
> 四、师生小结：
> 　　今天我们认识了很多交通工具，谁能告诉我都有哪些？你们知道它们都有哪些用途吗？
> 　　师：孩子们，交通工具给我们的生活带来了许多方便，但是如果不遵守交通规则，做一些危险的动作，那么交通工具就会发火，出现一些危险的情况。谁来说说乘坐这些交通工具时都要注意些什么事情，有什么要求呢？
> 五、活动延伸：
> 　　生活中有很多的交通工具，我们要和它们友好相处需要遵守哪些交通规则呢？提供一些图片，请幼儿找出图中不正确的行为

教案评析：

本节课的教学层次清晰，首先分享幼儿原有经验；其次提升经验，清晰地交代了"交通工具"的内涵；最后，让幼儿动手操作为交通工具分类。每个层级及教学步骤都能够紧紧围绕教学重点，通过创设情境拓展幼儿的知识经验，通过动手操作让幼儿给交通工具分类的方式突破教学难点，使教学目标得以顺利完成。

学练结合

从幼儿园科学教育内容中的四个部分选择一个独立编写教案并模拟教学。

第五单元

幼儿园科学教育的评价

1. 内容提要

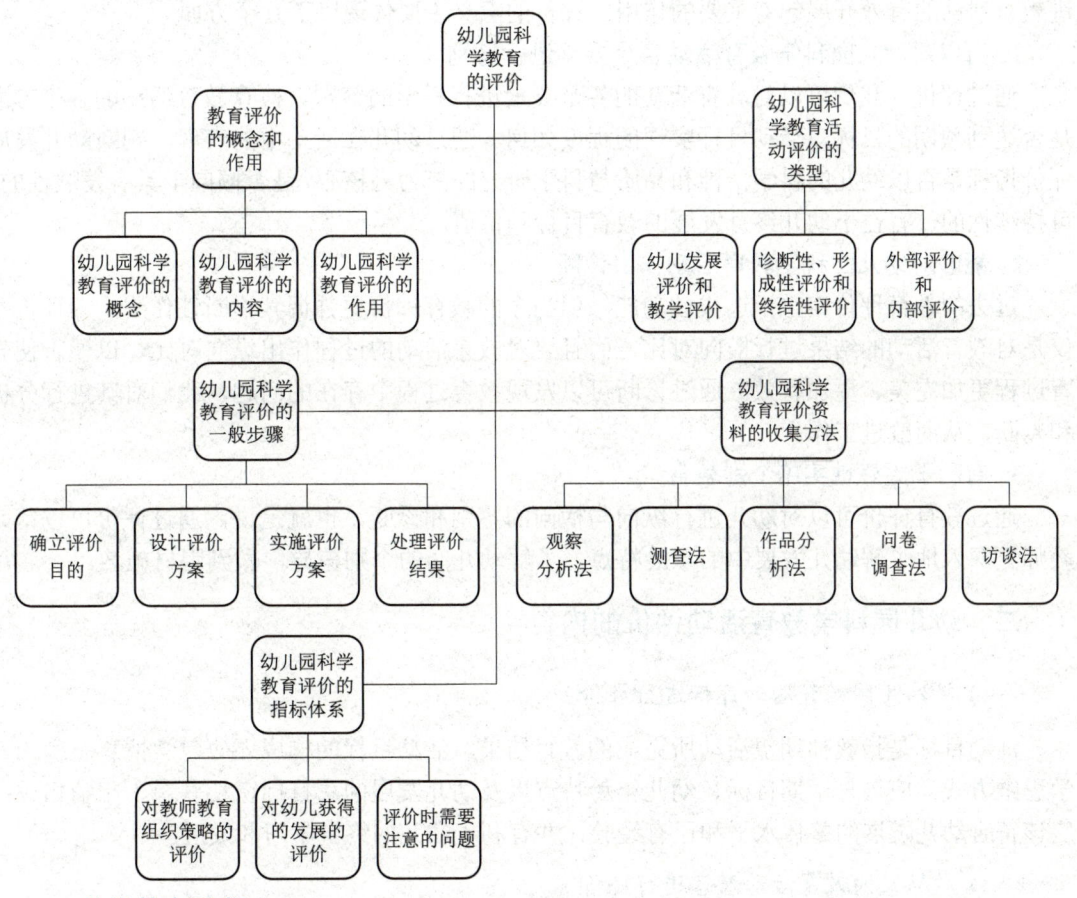

```
                    幼儿园科学教育的评价
           ┌──────────────┼──────────────┐
      教育评价的                        幼儿园科学教育
      概念和作用                        活动评价的类型
   ┌─────┼─────┐                   ┌─────┼─────┐
 幼儿园  幼儿园  幼儿园            幼儿发展  诊断性、形  外部评价
 科学教  科学教  科学教            评价和   成性评价和   和
 育评价  育评价  育评价            教学评价  终结性评价  内部评价
 的概念  的内容  的作用
      
      幼儿园科学                    幼儿园科学
      教育评价的                    教育评价资
      一般步骤                      料的收集方法
   ┌───┬───┬───┐              ┌───┬───┬───┬───┐
 确立  设计  实施  处理           观察  测查法 作品分 问卷   访谈法
 评价  评价  评价  评价           分析法        析法   调查法
 目的  方案  方案  结果

      幼儿园科学
      教育评价的
      指标体系
   ┌─────┼─────┐
 对教师教  对幼儿获  评价时需要
 育组织策  得的发展  注意的问题
 略的评价  的评价
```

2. 教学基本要求

了解评价的价值取向、指标体系、评价的原则，重点掌握教师的组织策略评价。

· 95 ·

第一课　教育评价的概念和作用

一、幼儿园科学教育评价的概念

什么是评价？从字面上理解，教育评价包含两层含义：评判和价值。所谓评判，是指对教育活动的目标、内容、过程、环境及教师、幼儿等评价对象作出判断。而价值则是作出评判的基础和标准，即提醒评价者按照什么标准对以上的对象作出这样或那样的判断。所以，教育评价是根据一定的教育价值观，用科学的方法，对教育活动中的有关要素进行价值判断的过程。

幼儿园科学教育评价是以幼儿科学教育为对象，根据一定标准，采取科学的评价技术和方式、方法，对幼儿科学教育活动的目标、内容、过程及教师、幼儿等进行测定并加以分析，最终作出价值判断的过程。

科学教育评价是为了更好地促进幼儿的科学发展以及提高科学教育的有效性所进行的一项重要活动。评价目的、对象和实施范围、条件等因素的不同，可以体现出不同层次的科学教育评价。但无论对以哪一层次或哪一对象为主体实施的评价，都对改善教育教学质量、促进教育活动的有效开展起着重要的作用。评价的意义主要体现以下几个方面。

1. 可以对幼儿园科学教育活动各个要素进行鉴别

通过评价，我们可以对教育活动的各个要素进行科学的鉴别。检查教育活动的各个方面是否达到预期的目标，活动目标实现的程度如何。通过幼儿在活动中的表现，判断幼儿发展评价指标是否以幼儿的科学精神和品质与科学研究的能力为核心，是否倾向于具有发展性的、可持续性的、有益于幼儿终身发展的教育目标和价值。

2. 能够对幼儿园科学教育活动作出诊断

过去的教育评价偏重于选拔性功能，但当今的教育评价更强调其诊断性作用，即评价不仅是对教育活动的结果进行横向对比，而且要对教育活动的过程作出纵向对比，以便于使教育过程更加完美、更加有效。通过诊断可以发现教育过程中存在的问题，我们对其进行分析和判断，从而改进工作。

3. 有利于更好地实施个别教育

通过教育评价可以对幼儿进行纵向与横向的鉴别和诊断，也就是说，通过评价可以帮助教师更深入地了解幼儿发展中的年龄特点，了解幼儿间的个别差异，做到因材施教。

二、幼儿园科学教育活动评价的内容

（一）对幼儿园教育活动目标进行评价

活动目标是指教师期望活动所完成的教育结果。活动目标的构成还应包含情感态度、科学思维方式，应该与学期目标、幼儿年龄特点以及幼儿发展的总目标密切联系、相辅相成；应该符合幼儿发展的整体水平和已有经验，并有利于幼儿的终身学习和发展。

（二）对幼儿园教育活动内容进行评价

对科学教育活动内容的评价主要包括以下四个方面。

第一，活动内容应该与活动目标一致。科学教育所涉及的内容、范围应该十分广泛，但

一定要有利于目标的实现。

第二,活动内容应该具有科学性。科学教育活动内容呈现给幼儿的知识虽然是启蒙性的,但应该是准确的,应选取那些能被幼儿所感知的内容,以有利于幼儿科学态度的形成。

第三,活动内容的选择应该与时俱进,体现时代性。现代科技日新月异,突飞猛进,因此科学教育活动应该反映出现代科技发展的成果;评价的内容应该注意分析该内容是否能够引起幼儿关注新事物、新现象、新发明、新创造,激发他们的好奇心和探究欲望,感受科技带来的变化。

第四,活动内容应该贴近幼儿生活。幼儿时期不可能形成真正的概念,经验性的知识才是幼儿能够获得的最有价值的知识。所以,我们选择的内容应该来源于幼儿生活,着眼于帮助幼儿获得有关周围事物及其关系的经验,选择那些符合幼儿天性的、最自然的、最富有生命力的内容。

(三)对幼儿园教育活动方法进行评价

科学教育活动的方法既包括教师教的方法,又包括幼儿探索学习的方法。活动方法是否得当,直接影响活动目标的实现。教育活动方法的评价可以从以下四个方面进行。

第一,活动方法应该符合幼儿各年龄段特点,应该直观、生动、形象、简练,便于幼儿参与。

第二,活动方法要因地制宜。根据幼儿园的设备条件选择合适的方法。

第三,恰当地运用现代科技手段。利用录像、网络、多媒体、数码相机等整理收集资料丰富幼儿的感性经验,扩大幼儿的视野,激发起幼儿活动欲望。

第四,活动方法要体现幼儿的主体性。因为幼儿是活动的主体,所以在活动中应充分调动幼儿活动的积极性、主动性、创造性,让幼儿做活动的小主人,让他们在活动中探索方法、体验快乐、丰富经验,并产生爱科学的情感。

(四)对幼儿园教育活动过程进行评价

第一,活动过程的结构应该严密,层层递进,环环相扣。活动中的每个步骤之间应该存在密切联系,前一个步骤要为后一个步骤做铺垫、打基础,避免生硬的罗列和简单的相加,这样才能够让活动始终围绕目标展开而最终达到目标。

第二,在活动过程中,要充分接纳和尊重幼儿的个体差异。幼儿不可能都处于同一发展水平,因为每个幼儿都有自己独特的价值,都有自己的优势和兴趣特点,且他们的原有经验也不同。活动中要注意采取集体、小组、个别活动相结合的形式,让每个孩子都有可能通过适合自己的方法去探索、去发现。

第三,在活动过程中,要充分体现教师与幼儿之间的互动。活动过程中教师与幼儿的良性互动可以保证教育活动取得更好的效果,这种互动应该做到:教师既发挥了自己的主导作用,又调动了幼儿的积极主动性,师幼之间和谐融洽。教师在活动中要体现多种角色,是指导者、帮助者、合作者、支持者、观察者等。

(五)对幼儿园教育活动环境进行评价

科学教育环境包括物质环境和心理环境,是幼儿科学教育活动达到预期目标的支持和保证。物质环境包括活动空间、活动场地、活动材料等。教师为幼儿创设的物质环境应该是丰富的、优美的、多样的。

心理环境包括活动气氛、活动中教师和幼儿的关系、教师的态度、同伴关系等。教师提供的心理活动应该是安全的、自由的、和谐的、宽松的。教师要善于倾听、接纳幼儿的想法和做法，鼓励幼儿大胆猜想。

（六）对幼儿个体发展的评价

在对幼儿科学教育活动评价中，不可忽视的是在科学教育活动过程中对幼儿个体发展的评价。对幼儿个体发展的评价是以幼儿为对象，对幼儿个体发展状况的评价。了解幼儿个体发展状况，可以帮助我们获得资料，更好地改进教学，对幼儿发展的评价包括以下三个方面。

1. 对幼儿获得的知识经验的评价

幼儿对事物及其关系的认识不是靠记忆，而是要靠一些具体的、特殊的材料进行科学探索，他们通过反复的操作、思考，去体验、去感悟。因此，他们所获得的知识经验不可能是真正意义上的科学概念，应该强调帮助他们获得经验性的知识。在科学教育活动中，可以通过观察、分析、谈话等方式评价幼儿所获得的经验性知识的情况。例如：组织幼儿进行科学活动"沉浮"，幼儿通过活动知道了轻的东西容易浮在水面，重的东西容易沉下水里，浮在水面上的东西加重可以沉下水，沉在水里的东西展开面积可以浮在水面，而不需要幼儿理解水的比重以及重力与浮力的关系。

2. 对幼儿的探究方式方法进行评价

活动中幼儿应该尽可能地运用多种感官，掌握观察的基本方法，学会有顺序地观察，能够在一定的时间内专注地观察、思考、比较，能寻找独特的方法解决问题、发现各种关系，能用简单的方法统计、记录探究和变化过程，能对一些物体进行比较、分析、抽象和概括，能主动地通过各种手段表达交流自己的发现，能大胆地提出新问题、新想法。

3. 对幼儿情感态度的评价

在幼儿园科学教育活动中，对幼儿情感、态度的评价主要是指评价幼儿对周围世界的探究热情、创造精神、尊重事实的科学态度、尊重他人的发现，即创造、乐于合作、喜欢分享和交流等。

三、幼儿园科学教育评价的作用

（一）鉴别作用

很多时候，我们是为了作鉴别而开展教育评价的。比如，一个幼儿园的教育质量是否"达标"？达到什么等级？这些都是需要通过教育评价的。在科学教育活动中，也经常需要进行鉴别性的评价。如，教师的教学质量如何，幼儿发展的状况如何，也都需要通过教育评价才能准确地获知。教育评价是为幼儿园、教师、幼儿贴"标签"的依据。

通过教育评价，我们可以对教育活动的各个方面进行科学的鉴别。这里的鉴别包含两层含义：鉴定和区别。

所谓鉴定，就是检查教育的各个要素是否达到了预定的目标，即检查教育目标实现的程度。教育是在一定的教育目标指引下进行的活动，而它最终是否达到了预定的目标，就需要通过教育评价来加以检查和鉴定。因此，教育评价是达到教育目标的保证。在教育活动评价的实践中，我们可以对教师进行评价，也可以对幼儿进行评价。针对不同对象的评价能够从不同的侧面反映教育目标达成的程度。如我们可以对某一次教育活动的结果进行评价，通过了解幼儿对某一内容的学习情况，来评价教育活动的效果。我们也可以通过对幼儿的评价，鉴定幼儿的发展水平，包括其发展的一般水平和个别差异。

在对评价对象进行鉴定的基础上，我们还可以对评价的对象进行一定的区别，即作出高低、优劣之分。这通常是在对不同的评价对象作横向比较的基础上，而作出的相对的区分。比如，哪一位教师的教学效果更优，哪些幼儿的发展水平更高等。

（二）诊断作用

在当今的教育评价实践中，渐渐出现了一种趋向，即淡化评价的选拔性功能，而更强调通过评价诊断问题、改进教学、促进发展。也就是说，评价不仅限于面对教育活动的结果作横向的比较，而要面对整个教育活动的过程，作动态的、纵向的比较，着眼于教育过程自身的完善和发展。这实际上是强调教育评价的诊断和改进作用。

教育评价的诊断作用，是指通过评价揭示、暴露教育过程中的存在的问题，并根据一定的价值观对这些问题进行分析和诊断，以便教育者明确教育中的症结所在，并在下一阶段的教育中加以改进。

比如，教师在进行某一内容的教学活动之前，有必要了解幼儿对相关知识的掌握情况，为此所开展的评价就具有诊断的作用。教师通过评价可以了解幼儿已经知道了什么、不知道什么，并根据评价的结果在教学中有的放矢，进行有针对的指导。

对幼儿的发展状况进行评价，同样具有诊断的意义。我们可以通过评价了解哪些幼儿发展得较好、哪些幼儿存在不足，以便进行个别教育；还可以了解幼儿的个别差异，以便因材施教。

（三）改进作用

从根本上说，教育评价的目的不在于鉴别或诊断，而是改进今后的工作成效。因为教育活动是一个循环往复、持续不断的过程，同时也是一个螺旋上升的过程。在每一个循环中，教育评价都起到总结和检查的作用，可以说它既是"终点"，又是新的循环的"起点"。换句话说，教育评价不仅能够鉴定教育的结果，还能为进一步确定教育目标和内容、及时调整教育过程提供依据，最终达到改进教育过程、促进幼儿发展的目的。

在教育活动中，我们需要进行持续不断的评价。即根据教育目标，不断地对照实际的教育结果，找出教育活动偏离目标的程度，以便通过一定的改进措施更好地达成目标。评价能够使教师及时得到反馈的信息，以便调整教学策略，改进教育过程。比如，在教育过程中，针对幼儿的各种言语和表情，教师可以通过这些信息进行评价，了解幼儿对学习内容是否理解、是否感兴趣等。同时，教师还可以根据评价的结果，对幼儿理解有困难的内容进行具体的指导，运用各种方法调动幼儿的学习兴趣，以获取更好的教学效果。

（四）激励作用

评价过程可能会伴随一定的心理效果。通过严肃、认真、负责、有说服力的评价，特别当适宜的评价与奖励制度相结合时可以对被评价者在认识自身工作实态的同时，产生进一步改进工作的内在需要与动机，增强改善意识，调动积极性。幼儿园科学教育评价的激励功能够从另一角度反映评价与教育改革的强大动力。

(五) 导向作用

幼儿园科学教育评价所依据的目标和标准应具有鲜明的方向性。就目前而言，它应在《幼儿园工作规程》和《幼儿园教育指导纲要》的目标的指引下确立。这样就会使被评对象产生追求肯定的评价，从而有意识地依据目标和标准，把科学教育工作引向科学，使其更具科学性。可见，评价所具有的导向功能，对整个科学教育过程起着定向作用。

在教育活动结束后进行评价，虽然不能及时地改进教育效果，但也可以在以后的教学中采取某些措施加以补救。对教师来说，教育评价反馈的信息还可以使其在今后的教育生涯中不断改进。从这些均可看出教育评价的改进作用所在。

总之，我们要全面地看待教育评价的作用和意义。对于教师来说，不能仅仅把评价看成鉴别幼儿孰优孰劣的手段，而要通过评价更深入地了解幼儿发展的年龄特点和个别差异，做到因材施教；也不能仅仅把评价看成对自己的教学检查，而要通过评价找到问题的症结，以利反思和改进教学。

第二课 幼儿园科学教育活动评价的类型

从不同的角度来看，幼儿园科学教育活动的评价可以有不同的类型。

一、幼儿发展评价和教学评价

按照评价的对象和内容划分，科学教育活动评价主要包括两种：一种是幼儿发展评价；另一种是教学评价。尽管幼儿园科学教育活动的评价总是要关注教师和幼儿两个方面，但有时我们出于不同的需要，会将评价的焦点集中于不同的方面。例如，在幼儿发展评价中，评价的焦点就是幼儿的发展状况，包括幼儿发展的总体水平以及个别的差异，而不太关注实际的教学过程。而在教学评价中，则对教学的过程更为关注，尤其是关注教师与幼儿互动的性质，关注教师的教学如何促进幼儿的发展。

幼儿发展评价常常运用于各种情形。为了了解教学活动特别是长期的教学活动的效果，我们可以对幼儿的发展状况进行评价，并对教学活动前后幼儿的发展状况进行对比，以此证明教学活动的作用。此外，教师在开展教学工作时，为了了解幼儿是否具有相应的学习准备，也要对幼儿的发展状况进行一个诊断性的评价，才能将自己的教学建立在幼儿已有的发展水平基础上。幼儿发展评价还能让我们对幼儿发展的个别差异有所了解，帮助教师真正做到"因材施教"。在具体的评价实践中，既有对幼儿发展进行全面的、整体性的评价，也有针对个别幼儿和具体情境的随机性评价。

教学评价则常常是结合具体的教学活动进行。其目的是及时了解教学的效果，帮助教师改进教学。教学评价既可以是对一次教学活动的评价，也可以是对一段时期教学活动的评价；既可以在教学活动过程之中同步进行，也可以在教学活动结束之后进行。

由于幼儿发展评价和教学评价关注的焦点不同，因此其评价的方法和手段也有所不同。在幼儿发展评价中，我们为了了解幼儿发展的一般和真实情况，要排除教学因素（主要指短期教学）对评价结果的影响，就常常要有意回避教学中涉及的一些内容。而在教学评价中则不必过多考虑这一因素。我们可以采用和教学内容相类似的问题对幼儿进行评价，有时甚至也可以直接用教学的内容进行评价，以了解幼儿对教学内容的掌握、巩固和迁移达到何种程度。

下面的例子说明的就是这个问题。

例：幼儿序列观念的发展水平评价。

序列观念是幼儿逻辑观念的一种。为了了解幼儿序列观念的发展水平，包括幼儿对序列中的差异性、传递性和可逆性的认识，评价者计划采用"长短排序"的内容对幼儿进行测查，即提供七根长短不等的棍子让幼儿排序，并检查其结果。出乎意料的是，很多中班的幼儿都能熟练地完成这一排序任务。经过反思，评价者猜测，可能是教师的教学因素影响了评价的结果。因为中班的教师已经把"长短排序"的策略——把最短的一根放在最前面，再从剩下的当中找出最短的一根依次放在它的后面……教给了幼儿。是不是幼儿的学习经验促使其序列逻辑观念提前获得了呢？还是它掩盖了幼儿真实的发展水平？评价者对评价的方式进行了调整，即在前面让幼儿进行长短排序的任务基础上，追加一些补充的任务，如："刚才你是从短到长排队的，现在你能不能用很快的方法把它们按从长到短的顺序排起来呢？"

或者在幼儿排序完成以后，又拿出一根中等长度的棍子，对幼儿说："我这里还有一根棍子，它也要排队，你能不能把它排进队伍里呢？"

结果发现，幼儿在这一次评价活动中的表现和前面就有了很大的不同。有的幼儿，虽然能够按从短到长的顺序正确地排序，但是在完成从长到短的排序任务时，并不会在原有的序列基础上，将最后的一根依次调整到新的序列中，而是将其全部打乱，用老师教的方法来进行重新排序。而有的幼儿就能够认识到新的序列和原来的序列之间存在的可逆性关系，在排序时只是将原来的顺序完全颠倒，很快完成了任务。

在第二个追加的问题中，评价者更能明显地看出幼儿能否理解"序列中的任何一个棍子都比前面的长、比后面的短"这一关系，而这正是其传递性和可逆性观念的具体表现。如果幼儿不具备这样的逻辑观念，就很难帮追加的一根棍子在已经形成的序列中找到合适的位置，而只能将序列完全打乱重新排序，或者完全依靠尝试错误来寻找答案。

由于评价者追加了两个问题，因此这次评价较好地揭示了幼儿序列观念发展的真实水平。

从上面的例子可以看到，在进行幼儿发展评价时，短期的教学有时会掩盖幼儿的真实发展水平。如果我们要对幼儿的发展水平进行评价，就必须考虑到这一影响因素并加以规避。而在教学评价中，由于评价者的初衷就是了解幼儿对教师的教学内容是否理解和掌握，因此不必过于考虑。这就是幼儿发展评价和教学评价的一个重要的区别。

在评价实践中，幼儿发展评价和教学评价是可以相互印证的。因为幼儿的发展状况能反映出教师教学的情况，而教师教的情况也往往暗示了幼儿的学习结果，所以它们只是从两个不同的方面来进行评价的，其评价的结果也是从两个不同的侧面反映幼儿园科学教育活动的情况的。

不过，我们也应该看到，教育过程是一个相当复杂的过程。幼儿发展评价和教师教学评价的结果虽然可用于相互印证，但是二者之间也会出现不一致。也就是说，幼儿在评价中表现出较高的发展水平未必就是一次或几次教育活动的直接结果，它有赖于长期的教育影响，甚至受制于其自然的成熟过程和个人的生活经验；同样，一位教师教的不错，也未必就立竿见影地表现为幼儿发展水平的提高，尤其是可见的行为变化。因此，这就要求我们在进行幼儿园科学教育活动的评价时，既要从不同的角度进行评价，将不同的评价结果相互印证，又要慎重地对待评价结果，避免片面的解释。

二、诊断性评价、形成性评价和终结性评价

根据教育评价的不同功能，以及它们的运行时段，可以把幼儿园科学教育活动的评价分为三种类型：诊断性评价、形成性评价和终结性评价。

1. 诊断性评价

诊断性评价是在开展科学教育之前，对教育对象进行的预测性评价。其目的在于充分发挥教育评价的诊断功能，了解教育对象的发展基础，发现存在的问题，以便制定教育计划和实施教育时有的放矢、因材施教。诊断性评价既可以在学期开始时进行，也可以在一个活动开始时进行。

学期开始时进行的诊断性评价通常都是比较正式的评价。通过诊断性评价，我们可以对幼儿已有的发展水平有所了解，为制定学期的教育目标提供依据。

例如，从小班开始，科学教育的一个重要目标就是培养幼儿的观察能力。但是刚入园的小班幼儿在观察能力方面的发展如何，受过托儿所教育的幼儿和没有受过托儿所教育的幼儿在观察能力的发展上有没有差异，要了解这些问题，就必须进行诊断性评价。通过评价，我们可以知道，有多少幼儿能够自觉地运用多种感官进行观察；有多少幼儿只会运用一种感官进行观察；有多少幼儿在教师的指导下能够运用多种感官进行观察；有多少幼儿还不知道运用感官进行观察；幼儿对观察对象的注意能够维持多少时间；等等。这样教师就可以确定本学期集体教育的重点，同时也能针对不同幼儿的具体特点进行个别教育。

在开展某一个教育活动之前，教师也可以通过各种方法对幼儿进行诊断性的评价，以了解幼儿对相关的教育具备哪些知识，能力和态度上的准备。这样在设计和组织活动时就能做到有的放矢，根据幼儿的发展水平调整教育目标和内容。比如，某大班教师计划组织一个"认识小鸟"的活动。她原先设计的活动目标是让幼儿认识各种各样的鸟，概括鸟的共同特征并形成"鸟"的科学概念。在进行这一活动之前，她为了了解幼儿对于鸟已经具备了哪些知识，他们心目中的"鸟"概念是什么，就进行了一番调查。结果发现，幼儿知道很多种鸟，但是对鸟的理解却是五花八门的，所以就谈不上对鸟的共同特征的关注了。教师同时还发现，幼儿对不同的鸟明显表现出不同的态度，有的幼儿还知道鸵鸟也是鸟。根据这些了解，教师改变了原先的设计，把目标的重点从认识鸟的名称及其共同特征改为和幼儿谈论各种各样的鸟，包括你知道哪些鸟？它们是什么样的？生活在哪里？你喜欢它们吗？为什么？等等。这样的活动由于教师对幼儿的已有经验作了了解，充分调动了幼儿的主动性、积极性，而取得了较好的效果。从这个例子可以看出诊断性评价是教师了解教育对象的一个极为重要的途径。

2. 形成性评价

形成性评价是在教育过程中持续进行的评价。其目的在于及时了解教育活动的反馈和成效，以便及时调整教育策略，优化教育过程。形成性评价通常都是非正式的评价。

在一个持续时间较长的教育过程中，教师需要及时了解幼儿的发展情况，以便根据这些反馈信息计划和组织下一阶段的教育。这就需要开展形成性评价，比如，"数的组成"内容的教育就要持续较长的时期。幼儿对数的组成的理解也是逐渐加深的。首先，他们能了解"分"与"合"的规则是什么，知道数是可以进行分合的。但是对于一个数可以分成几和几则不能在头脑中进行运算，而完全依赖于尝试性的动作。经过长期的练习，幼儿逐渐能熟练地对一个数进行分合，并能穷尽所有的分法。接着，幼儿还能知道数的各种分法可以按照一定的顺序排列出来（如6可以分成1和5、2和4、3和3、4和2、5和1），这样就不会再有遗漏。

这就是幼儿认识数的组成的不同水平。教师在一系列教育活动进展过程中，需要随时了解幼儿的发展水平，知道幼儿对数的组成理解到什么程度，同时根据评价的结果安排教学的进度和操作活动的难度。再比如，在一次认识海洋动物的主题活动中，教师组织了各种形式的教育活动：首先是讨论，交流各自知道的有关海洋动物的知识；然后集体参观"海底世界"里的动物，参观归来交流心得，提出未知的问题，并分头收集资料寻找答案；最后进行集体交流，汇报自己的发现；等等。整个活动历时几个星期。在这个过程中，教师不断地了解幼儿在这方面的发展，作出评价，并根据评价的结果有意识地引导幼儿深入探究下去。

而在某一个教育活动中的评价主要是对幼儿的探索过程进行评价。因为活动时间往往很短，形成性评价经常渗透在教育活动的过程，所以教师的评价形式也多种多样。幼儿在活动过程中会有各种表现，这些都是幼儿的学习情况的反映，也是可供教师评价的信息。教师对幼儿的反馈，就是发生在活动中的形成性评价。

比如，幼儿语言的表现是最容易被教师注意到的：他们提出问题，回答教师提出的问题，和同伴交流和讨论，以及自言自语，等等。幼儿通过语言，表达他们的发现、困惑和情绪体验。教师通过倾听幼儿的语言，就可以了解到幼儿的学习情况：他们知道了什么，他们的认识有何不足之处，还有什么疑问，等等。进而对幼儿的语言进行评价，比如肯定和鼓励幼儿的发现和发问，或者让幼儿通过集体的讨论交流获得他人的评价和自我的评价。在评价的基础上，教师还可以进行进一步的指导，把幼儿的探索和认识引向深入。

除了语言，幼儿在教育活动中还会有各种各样的表现，如动作、表情等。比如，幼儿在个别的操作和探索中的行为，就能充分反映出他们的探索过程、思考过程，而不仅仅是结果。通过对这些行为表现的观察，教师可以获得更多、更细微的评价信息。她能够更准确地了解幼儿是怎样获得他的发现的；如果幼儿有了错误的认识，他是怎样导致这个错误的。针对这些信息作出的评价，有助于教师及时地对幼儿进行个别的指导，帮助他们获得发现。

幼儿在操作过程中的表现，往往能充分反映幼儿思维的过程和发展的水平。如有一个男孩在进行"4的分合"的操作活动时，先把4个物体分成2和2并记录，然后又分成2和2，但是他没有记录。教师问他对不对，他知道这是不对的，但也没有解决的办法。教师提示他先把4个物体放在一边，然后再从中分出一些放到右边的格子里。他分了一个出来，发现分成了3和1（这完全是尝试的结果），便记录下来。第三次他开始时先分成3和1，然后又通过尝试发现可以分成1和3。通过观察这个幼儿的操作过程，我们就能发现，他对分合的规则（分4个物体，要分成2份，每次分的要不一样）是清楚的，但他的动作远没有达到内化的程度，还完全依赖于具体的动作。他每次的尝试动作正是他学习过程的表现。教师对这名幼儿的观察和指导过程，也是进行形成性评价的过程。

形成性评价能够使教师把握教育过程中的随机教育机会，灵活地、创造性地组织教育活动。比如，当幼儿在活动中表现出创造性的行为时，教师如能及时发现并作积极的评价，就能引导幼儿继续深入地探究下去，取得满意的结果。

教育活动中的形成性评价虽然多是非正式的，甚至是隐性的，但却是非常重要的。从最广泛的意义上说，教师在教育活动中的一言一行、一举手一投足，对幼儿都具有评价的作用，都能鼓励、支持、帮助幼儿的科学探索。反过来，幼儿在教育活动中的所有表现，又都是可供教师进行评价的材料，能帮助教师更好地组织和指导教育活动。

3. 终结性评价

终结性评价是在完成某个阶段的教育活动之后进行的评价，其目的在于了解这一阶段的教育效果，对达成教育目标的程度作出总结和鉴定。终结性评价一般都是正式的评价。

终结性评价是一种事后的评价。幼儿园里某一阶段（如一学期）教育结束时，就需要对幼儿的各方面发展进行终结性评价，借以了解每个幼儿的发展情况。对于一个教育活动来说，在活动结束时也有必要进行终结性评价，以了解这次教育活动的效果。

终结性评价是针对幼儿的学习结果而进行的评价。它一般只关注结果，基本不涉及对过程的评价。终结性评价可以通过对幼儿的测查、调查进行，也可以直接评价幼儿的作业或作品。

比如，为了了解一学期以来幼儿在好奇心方面的发展，我们可以在学期期末进行一次终结性评价；可以创设一个具有新意刺激的情境，观察幼儿在其中的行为反应，并加以评判；还可以将终结性评价的结果和期初的评价结果进行对照，以了解幼儿是否有进步和发展。

从幼儿的作业和作品中，我们也可以进行分析和评价。幼儿的科学探索和技术操作中常常表现为具体的作品，比如成功地操纵一个科学现象，或做成一个科技小制作等。通过对这些产品的评价，我们可以综合了解幼儿在各个方面的发展。

以上三种类型的评价只是在运行时间上不同，在具体的评价方法的采用上，并没有严格的区分。另外，诊断性评价和终结性评价在某些方面类似于教育实验中的前测和后测，但也不能把它们等同于前测和后测。后者完全是一种客观的测量，其目的是揭示事实，而评价则是构成教育活动的一部分。

三、外部评价和内部评价

我们还可以按照评价的主体不同，把幼儿园科学教育活动的评价分为外部评价和内部评价。其中外部评价又称他人评价，是指由第三者（如园长和教育行政人员、科研人员等）从外部对科学教育活动进行的评价。而内部评价是指参与教育活动的人对教育活动的自身评价，又可分为教师评价和幼儿自我评价。

外部评价通常是由专门的人员组织实施的。从外部来评价幼儿园科学教育活动，往往能够获得比较客观、可信的结果，并且具有一定的可比性。例如，园长为了了解教师的教学情况，要对教育活动进行评价，这就是一种外部评价。通过对不同班级之间的比较，园长还可以对不同教师的教学情况、教学效果进行比较客观的评价和鉴别。

不过，尽管外部评价比较客观，但它也有不足之处：由于评价者是外在于教育活动的观察者没有参与到活动中，甚至对教育活动的过程一无了解而只是对活动的结果加以评价，从而导致评价信息的不完整。因为评价者是教育活动的"局外人"，往往不能亲历教师在特定教育情境下的感受，也无法体验幼儿自身的学习过程，所以其评价结果也就失去了一定的"真实性"。相反，在内部评价中，无论是教师评价还是幼儿评价，被评者就是评价者，这种"主观"的评价反而更能深入教育活动过程，而且更能发挥评价工作的激励功能和改进功能。

教师在组织教学活动的过程中，不仅要考虑自己怎样教，也要了解幼儿怎样学，并且要根据幼儿学习的情况调整自己的教学策略，而这一切都离不开评价。教师自觉或不自觉地扮演着评价者的角色，如以下的例子。

例：通过活动中的评价及时调整教学策略。

某大班教师设计了一个"人民币购物"的活动。她计划先让幼儿从"1元""2元""5元"

的"纸币"中取出 10 元，然后用这 10 元去"购物"，以获取相应的加减运算经验。但是在活动开展时，她发现幼儿在第一个教学环节的表现不尽人意：有些幼儿取出的钱加起来超过了 10 元，还有些幼儿尽管取对了，但是他们都认为自己取出的是 10 元，而别人取出的和自己不一样，就不是 10 元。由此，她便及时调整了活动的安排，让每个幼儿说明自己是怎么取出 10 元的，并且看看别人取出的和自己的是不是一样的、是不是 10 元。这个活动并没有完成预定的目标，然而幼儿却有了很多收获，因为他们知道可以有很多方法组成 10 元，实际上对于 10 的组成也有了更丰富的理解。

作为"反思型"的教师，一个重要的品质就是能够在教学过程中进行持续不断的评价，并根据评价结果及时改进教学，上面的教师就是一例。幼儿在教学活动中的表现不仅说明了他们的年龄特点，也是教师教学是否有效的真实反馈。教师通过观察幼儿的行为表现，能反思自身的教学，并及时加以改进。

在一次教学活动结束后，或者在一个阶段的教学结束以后，教师也可以对自身的教学进行反思性的评价。这些评价活动都是教师改进自身教学的重要前提。由于评价的实施者和教学的实施者相统一，因此评价的信息能够及时、完整地反馈到教学过程中，发挥其改进教学的功能。

内部评价不仅指教师对自身教学的评价，还应包括幼儿对自身学习过程和结果的评价。当代的教育评价实践，越来越强调"多元评价"的观念。而"多元评价"的一个重要方面就是评价主体的多元化，尤其是让幼儿参与到教育评价的过程中。幼儿作为教育活动的参与者，完全可能也应该参与到对教育活动的评价中。教师鼓励幼儿对自身和同伴的学习进行反思和评价，可以促使幼儿的学习更自主，同时促使同伴之间的相互学习和交流。如在上面的例子中，教师引导幼儿观察、判断和思考：自己取钱的方法对不对？和别人的方法一样不一样？别人的方法是不是正确？在这一教学过程中，幼儿扮演着学习者和评价者的双重角色，也就是说：幼儿通过评价学习。

除了在科学教育活动中展示和交流各自的学习结果外，幼儿还可以在活动结束之后将各自的学习结果（如作业）展示出来并和同伴交流。例如，在一次活动中，教师让每个幼儿尝试把一个长方形变成一个梯形。幼儿完成后，教师又让他们把自己变成的梯形都展示在白板上，引导他们比较自己和别人做的有什么不同，这实质上就是一种自我评价。幼儿的自我评价能促进幼儿的反思性学习，同时也能激励幼儿的学习动机。

在幼儿园科学教育活动的评价中，外部的评价和内部的评价各有其作用。这几种不同的评价之间是相互补充、相互印证的关系。而不同主体、从不同角度进行评价的结果可以使评价者（包括教师、幼儿乃至局外人）对幼儿园科学教育活动有更丰富、更全面的理解。

总之，对幼儿园科学教育活动评价的分类，可以从不同的维度进行。以上所进行的各种分类，其目的就是使我们对幼儿园科学教育活动的评价有更为丰富的理解。

第三课　幼儿园科学教育评价的一般步骤

一般而言，评价过程大体可以分为确定目的、设计评价方案、实施评价方案和处理评价结果等阶段，每一个阶段或步骤又与特定的工作内容相联系。

一、确定评价目的

任何评价,不论是大规模的正式评价,还是在教学过程中的即时评价,都是一种有目的的行为。因此,评价的第一步是确定评价的目的。评价目的涉及三个具体问题。

(一)为什么评价

评价者要明确,当前评价的直接目的是什么,是衡量教育效果是否达到质量标准,还是进行比较和鉴别?是对幼儿进行选拔,还是为向家长提供所有幼儿的发展情况?是发现和诊断问题,还是为了改进教学?出于不同的目的,评价的具体实施(包括由谁评价、评价的具体内容、收集资料的方法等)也就不一样了。

(二)由谁评价

根据评价的目的不同,评价的组织者和实施者也不一样。如果是为了对幼儿园的教育质量进行评估定级,就需要由权威的评价机构或者上级教育行政或业务主管部门组织实施;如果是幼儿园内部为检查教育效果而进行的评价,则可以由幼儿园的管理人员进行,各班教师配合;如果是教师在教学过程中为了诊断和改进教学而进行的非正式的评价,则可以由教师本人实施。

(三)评价什么

评价的对象和具体内容直接取决于评价的目的。在教育评价中,既要全面完整地反映评价对象的事实面貌,又要从实际出发,节约人力和物力,在条件允许的情况下,选择可行的、能够真正说明问题的内容进行评价。比如,在对一种课程模式进行评价时,要根据评价的目的,决定是只评价该课程的实际效果,还是评价该课程的全部结构。如果是前者,就只需评价课程实施以后幼儿的发展状况;而如果是后者,就要对课程的目标、内容体系、方法手段的合理性,课程结构的独特性以及课程实施的效果进行全面的评价。

二、设计评价方案

所谓评价方案,是指整个评价的总体结构与工作计划,是评价过程技术性最强的一个环节。具体而言,评价方案的设计主要包括以下工作。

(一)明确评价所依据的目标

对于幼儿园科学教育的评价,应当根据评价的目的,对评价依据的具体目标,进行深入细致的分析,将它逐层逐步地具体化,以便在此基础上,有针对性地建立评价的指标体系。如要评价幼儿思维发展状况,就要根据幼儿认知发展的总体目标,即将与思维发展密切相关的内容逐步具体化,并以此作为制定评价体系的依据。

(二)设计评价指标体系

评价的指标体系,是关于被评对象各级各类因素的集合体,以及相应的权重系数集合与量化方法。

(三)确定收集评价资料的方法与步骤

收集评价资料有多种方法,如实地观察、填表调查、访问谈话、查阅文件、口头或书面汇报等，应根据评价的目的、内容等适当选用。评价时可以用其中某一种方法，有时也可以用多种方法结合进行，这样可以提高评价的可靠性。

（四）准备评价记录表格与文件

涉及评价方案时，应根据评价指标体系及计划采取相应的方法，制订出适宜可行的评价表格与文件。在设计表格时，应注意全面、合理、科学、尽量考虑周到，保证重要的评价信息不至于遗漏，并让使用者能方便、准确地运用。

三、实施评价方案

评价方案的实施，是直接评价评价对象的阶段。前面的步骤为实施评价提供了技术上的准备，在具体实施评价方案时，还需作必要的组织和发动，以保证所收集的评价资料的可靠性和真实性。

（一）收集评价资料之前的工作

评价正式实施之前，要做一定的宣传发动工作。评价的组织者有必要对评价所涉及的对象，如教师、幼儿、家长等人员作必要的解释。有的教师害怕自己的教学评价结果低于同行，就对班上的幼儿进行训练，甚至猜题押宝，在评价过程中对幼儿进行提示、泄题等。有的家长担心自己的孩子在评价中落后于他人，也用各种方法进行"补课"，人为地影响了评价结果的可靠性。这些行为的出发点都是可以理解的，但是它们有意无意地成为实施评价方案时的干扰因素。所以，评价者一定要取得他们的理解和合作。此外，我们也要对幼儿进行适当的解释，以免其产生紧张的情绪。

（二）收集评价资料的过程

收集评价资料的过程，依评价目的的不同而不同。在幼儿园科学教育中，很多评价都是由教师担任评价者，负责收集资料，有的还要求在较长的一段时间中持续地收集有关资料。这就要求教师平时勤观察、勤记录，全面准确地收集资料、整理保存和积累资料。尤其是在日常生活中，幼儿往往会表现出不少学科学的行为，如专心致志地探索自然现象，摆弄科技产品，而对周围的事情"漠不关心"。这些其实都可能是反映幼儿学科学的有价值的资料，不能遗漏。

教师在评价幼儿的过程中，不能随意发表议论和评论，如"某某很好""某某不行"等，因为这样既会对幼儿产生不利的影响，又会影响自己记录评价资料时的客观程度。

如果评价资料需要以文字记载的方式加以收集，则教师应特别注意记录的客观性。教师应以纯描述性的文字加以记载，而要避免一切带有主观色彩的词汇。比如，"他对自然角很有兴趣"则属于一个带有主观推断的评价，而客观的记录应该是："他在每天早晨来园以后，都会到自然角中去观察。每天观察自然角平均有××时间。"如果评价活动的规模较大，一般需要聘请测试员。聘请的测试员要经过培训，以免在评价中出现对标准的把握宽严不一的现象。在正式实施评价方案时，组织者要对评价现场进行巡视，及时处理测试员遇到的问题。

（三）获得评价资料之后的工作

在获得评价资料以后，要及时对评价资料进行汇总和统计整理。这一阶段的工作需要认真、精确地分析资料，如将评价资料加以归类并汇总。有些量化统计的工作可以由计算机辅助完成。

四、处理评价结果

经过第三步骤的工作，评价者已经获得了有关评价对象的事实材料。评价者要对这些材料进行全面、认真的分析，形成对评价对象的综合性评判意见，作出评价的结论。

根据评价的结论，评价者可以分析和诊断教育工作中的问题和不足，也可以检查过去教育活动的效果，并对今后的教育工作提出意见和建议。

教育评价的结果，要通过评价报告的形式提供给有关的对象，或者反馈给教师，供其改进教学，或者报告上级，使其了解情况。总之，要使教育评价的结果发挥作用，使其真正成为改进工作或作出决策的依据。

第四课 幼儿园科学教育评价资料的收集方法

收集资料是幼儿园科学教育评价中工作量最大、技术性也最强的一个步骤。设计一个既可行又经济的资料收集方案，是评价获得成功的关键。幼儿园科学教育评价资料的收集方法主要有：观察分析法、测查法、作品分析法、问卷调查法、访谈法。它们各具特点，分别适合于收集不同类型的评价资料。

一、观察分析法

观察分析法就是在自然状态或准自然状态下，对评价对象的行为进行现场观察，并根据观察结果进行分析，作出评定的一种资料收集方法。这种方法既可以用于对幼儿行为的观察，也可以用于对教学情境中的师幼互动行为的观察。在运用观察方法收集资料的时候，观察者在事件现场及时记录行为的发生过程、行为出现的次数、持续的时间等，要力求保持客观、真实、详尽的记录，避主观的臆想或推断。

观察在评价中的应用非常广泛，具体的方法也比较多。常用的有行为检验、情境观察和事件详录等。

（一）行为检验

行为检验的方法就是在观察之前，依据评价的内容确定观察的目标，并制成一份观察行为检核表，将要观察的行为列在表中。实际观察时，观察者只要对照行为检核表中的各个项目进行逐条检核，并在符合的条目上作记号就可以了。

（二）情境观察

情境观察的观察方法对观察者的要求不高，实施起来比较方便。但在观察之前需要制定一份观察行为检核表。检核表中的行为必须反映想要评价的内容，而且具有一定的代表性。行为检核可以通过现场的观察和记录进行，也可以通过面对面的测试进行，向幼儿提出指定的问题，观察其对问题的行为反应，并作出评判。

（三）事件详录

事件详录，就是详细记录某种特定行为或事件的完整过程，并作评价。一般在观察之前，观察者就已明确欲观察的行为或事件的类型，在观察时只需等候这些行为或事件的发生就可以了。

事件详录的方法对观察者的要求比较高，没有现成的记录表格，完全靠事件发生时的速记。但是这种方法也有优点，便于教师灵活地记载日常观察到的幼儿行为，并作出评价。而且事件详录方法所获取的资料比起前面两种方法更加生动、具体，更能完整地反映幼儿行为的面貌。

教师在日常工作中的评价，就可以通过事件详录的方法进行。通过日积月累，也能掌握很丰富的关于幼儿行为的资料。比如，幼儿在日常生活中经常会表现出各种科学探究的行为，或者向教师提出各种各样的问题。教师如果及时把这些事件详细记录下来，就可以了解：幼儿对周围的哪些事物比较感兴趣，他们提出了哪些问题，他们是怎样进行探索的，哪些幼儿更富有科学探究的精神，等等。下面就是一个幼儿在某次科学活动中的行为实录。

某男孩（中班），在一次科学活动中的行为实录。

这次活动的主题是"宝贵的土壤"。教师把幼儿带到户外的场地中，让每个幼儿寻找土壤里有什么。小男孩埋头寻找，发现了一只小小的西瓜虫。于是他把西瓜虫捡起来，放在手心里，一会儿看看远处的老师和小朋友，一会儿看看自己手心的西瓜虫，但是他并没有把自己的发现告诉别人，也不再去寻找土壤里的东西了。在集中谈话的时候，他对教师的问题也没有反应，一心注意他手心里的西瓜虫。西瓜虫在他的手里也慢慢地爬动起来。当西瓜虫快要爬到手掌边时，他马上用另一只手接过来。这时教师开始注意到他的举动，就走到他面前，终于发现了他的发现，就对他说："等会儿，把西瓜虫放到班上的自然角里，好不好？"他点点头，依然低头照看他的西瓜虫。

从上面的事件详录中，我们可以具体地看到这位幼儿的探索行为：他的发现，他对小动物的兴趣和态度等。

二、测查法（适用于教师或幼儿）

测查法也称测试法，这种方法的不同点在于分别对幼儿教师和幼儿测试。对幼儿教师进行测试是为了检验幼儿教师是否具备科学精神和品质，是否具备了现代科学教育思想与理念，是否具备激发幼儿科学兴趣的教学艺术。评价者可以设计一些测试以取得数据来证明。幼儿测试指通过预先准备的问题测查幼儿的发展水平。对于幼儿的测试采用口试法，其目的是测试幼儿是否具备科学精神和品质以及科学探究能力。

1. 对教师实施"科学教育活动"的测评

1）测查者根据评价目的，拟定测试的内容、题目

指导语要求简练明确、通俗易懂，易于被幼儿接受。

2）准备测试资料

测查中需要纸、笔，有时需要测试者操作。

3）设计记录表格

记录表格一般用来记录被试者在测试过程中的言语或行为表现，是统计分析的原始资料。

4）拟定评分标准

要根据不同类型的测试题目，拟定不同的评分标准。

2. 对幼儿进行"科学教育活动"的测评

幼儿测评一般运用口试法。口试法就是通过评价者与被评价者在宽松的环境中围绕测试的内容进行谈话，来获取信息的一种评价方式，多用于了解幼儿对于科学事实、科学概念的理解、回忆和幼儿智力的运用能力等。口试法通常以情境测试、讨论、口头汇报等形式出现。在幼儿科学教育评价中口试法有自然情境问题测试、设计情境问题测试和选择性问题测试三

种具体类型。

1）自然情境问题测试

自然情境问题测试是随机进行的，围绕日常生活中发生的事情和现象提出一个或几个问题直接进行回答，即以评价者根据自然情境提出问题，幼儿回答问题的方式进行。问题测试的优点在于通过自然情境问题测试能够帮助评价者诊断幼儿对科学知识经验的理解情况。

2）设计情境问题测试

设计情境问题测试是指先由评价者设计一个需要思考的情境，然后要求幼儿根据他们已经熟悉的科学实验、事实或科学概念来解释这个情境中出现的新现象。设计情境问题测试是幼儿园科学教育评价中经常使用的一种方式。

3）选择性问题测试

选择性问题测试即幼儿只需要回答测试者的问题"是"或"不是","能"或"不能"等，或者让幼儿在众多答案中选择一个他认为是对的答案。

三、作品分析法（适用于幼儿）

作品分析法是通过分析幼儿的各种作品（包括手工作品与口头作品）来确定幼儿科学素养发展水平的一种方法。例如，通过对幼儿观察、记录的分析，了解幼儿对科学现象的观察水平。作品分析法的优点在于资料较易收集，并且具有间接性，教师有足够的时间对幼儿作业进行分析、比较，使评价更为客观准确。其缺点是，较多地反映当前教学的影响，而不能反映幼儿稳定的发展水平，不能系统地、完整地了解幼儿的科学素质发展水平。

四、问卷调查法

问卷调查是由调查对象通过书面形式提供给调查者有关评价对象情况的一种评价资料收集方法。问卷调查和其他的方法相比，缺少"面对面"的沟通，获得的信息也不够深入、细致。但它的优点是简便易行，能在较短的时间内获得大量的反馈信息，而且便于进行量化的统计分析。在幼儿园科学教育的评价中，应用较多的是对教师和家长的评价。近年来，也出现了以幼儿为对象的问卷调查。

问卷调查的关键在于问卷的设计和编制。为了取得满意的调查结果，在设计问卷时，应该注意选择恰当的题型。一般来说，填空题、选择题、判断题、排序题都是比较便于作答的题型，而且比较容易统计，而问答题是让调查对象按照自己的想法自由作答的问题，不仅回答费时，而且结果难于处理。除非是那些很有必要深入了解或者调查者心中无数，需要摸底的问题，否则应尽量少出问答题。

在问题的表述方式上，也要精心考虑。比如，在词语的使用上，要考虑到调查对象的知识背景。如果是对家长的调查，要尽量采用简短、明确的话语。调查者提出的问题不能带有暗示性，更不能带有倾向性，以免出现调查对象"讨好"调查者的现象。

如果是对幼儿的书面调查，则问卷中必须避免文字，尽量用图画。在实施调查时，要由调查者（一般是教师）指导幼儿理解问卷上图画的意义，以及问题的意义，再让幼儿作答。比如，我们调查幼儿关于动物生存环境的知识时，可以向幼儿出示一张画有各种动物的图，同时给予相应的指示语："你知道这些动物生活在哪里吗？请你把生活在水里的动物打上○，生活在陆地上的动物打上△。"

根据幼儿反馈的结果，我们可以进行统计，分析幼儿对科学活动的兴趣如何。

对幼儿的问卷调查，更多的是采用口头式的调查。即由教师口述问题，让幼儿口头回答。教师根据幼儿的回答进行评价。比如，我们曾对幼儿进行过一次口头的调查，问题是："你有什么办法运走一个很重的物体"，以此了解幼儿运用所学知识的能力。

五、访谈法

访谈法是指评价者通过直接和访谈对象进行交谈来获取有关信息的一种收集评价资料的方法。相比前面两种方法，访谈法获得的资料更为真实可信，也更为生动具体，富有个性。但是访谈方法对访谈者的素质要求是非常高的，不仅要求访谈者对访谈的内容非常熟悉，还要求访谈者本人具有较高的语言能力和敏锐的洞察力，善于倾听对方和理解对方。

访谈的形式多种多样，可以进行小组访谈；既可以和几个访谈对象同时进行，又可以个别访谈；既可以进行封闭式地访谈（即限定问题的访谈），又可以进行开放式的访谈。

不管采用何种形式的访谈，访谈者事先都需要准备详细的访谈提纲，包括访谈的程序、中心问题、附加问题，等等。要注意访谈中的问题不能太多，尽量避免提出和主题无关的问题。提问题时，要先从一般性的问题开始，逐渐深入具体的问题。

值得一提的是，对于幼儿来说，访谈是最让幼儿感到轻松的方法。因为访谈是在一种平等的气氛中进行访谈，所以幼儿可以表露出他的真实想法。在幼儿园科学教育的评价中，我们应该充分利用访谈的方法获取评价资料。

例如，一位教师在了解幼儿心中的"虫子"概念时，就运用了访谈的方法。她拟出了几个中心问题，和幼儿进行交谈：

"你喜欢虫子吗？为什么？"

"你知道哪些虫子？"

"蜜蜂、蚊子、苍蝇……是虫子吗？为什么？"

通过交谈，她甚至发现幼儿有很多想法，是自己不曾知道的。比如她和某一个幼儿的谈话是这样的：

"你喜欢虫子吗？"

"不喜欢。"

"为什么不喜欢？"

"虫子不好，会咬人。"

"你知道哪些虫子？"

"我知道好多虫子，就是不知道名字。"

"蚂蚁是虫子吗？"

"蚂蚁不是虫子，它就是蚂蚁。"

"蚊子是虫子吗？"

"蚊子是虫子，它会咬人。"

"苍蝇是虫子吗？"

"苍蝇也是，会咬人。"

在这位幼儿的心中，他实际上把虫子定义为会咬人的东西。而只有通过谈话式的方法，我们才能如此真切地了解幼儿的这些想法。

访谈法也可应用于教师、家长等对象。它比问卷调查更直接、更富人情味，因而也更便于评价者从中获取真实的资料。

第五课　幼儿园科学教育评价的指标体系

幼儿园科学教育评价体系主要面向教师和幼儿两个层面。对幼儿园科学教育评价时既要评价幼儿所获得的发展，又要评价教师的教育组织策略，因为教育组织策略是否适宜，直接影响着幼儿所获得的发展。

一、对教师教育组织策略的评价

教师的教育组织策略评价，主要评价教育内容、教育环境和材料、教育过程、教育结果、教育目标和价值等方面。

（一）教育内容要具有意义性

（1）教育内容要符合幼儿的兴趣和需要，使幼儿有内在的动机和兴趣，在幼儿的兴趣点上生成活动内容；能有效激发或转化幼儿的兴趣。

（2）教育内容体现能够实现具有发展性的教育目标，与幼儿的已有经验相关联；有幼儿经过努力可能达到的新目标、新经验。

（二）物质环境和材料具有启发性

（1）材料能够引发幼儿探究。
（2）材料物化着教育目标。
（3）材料有益于幼儿自己发现关系和获得经验。

（三）教育过程具有探索性

（1）教育过程能有效地引发幼儿的好奇心和疑问。
（2）教育过程能有效、充分地使幼儿调动已有的经验进行猜想、预测。
（3）教育过程能接纳所有幼儿的想法。
（4）教育过程能鼓励每一个幼儿按自己的想法做，通过操作验证自己的想法。
（5）教育过程能鼓励、引导幼儿反思并依据事实作出解释。
（6）教育过程能鼓励、引导幼儿将新的发现和解释与预想相比较，进行交流。

（四）结果具有经验性

（1）经验和结果建立在幼儿充分操作和体验的基础上。
（2）结果是在幼儿经验和观点基础上的概括，与幼儿的概念和思维水平相宜。
（3）结果为幼儿提供不断运用已获得的经验的情境和条件。

（五）教育价值具有可持续性和多项性

1. 注重长远教育和价值，注意抓住时机实现多种教育价值

（1）乐学的态度。
（2）科学的精神和品质。
（3）合作、接纳的态度。
（4）解决问题的能力。

（5）良好的生活习惯和能力。
（6）语言表达能力和交流能力等。

2. 注重促进每一个幼儿在原有基础上的发展

（1）接纳幼儿不同的发展进程和速度，给每个幼儿充分的、适宜的探究事件。
（2）接纳幼儿不同的最终发展水平。
（3）给予幼儿富有启发性的并能促进幼儿成功的指导。

下面的评价问卷仅供评价者参考：

1. 当幼儿的兴趣、关注点与你想要进行的活动发生冲突时（如，你发现多数幼儿不听你讲了），你的做法是：
① 停下来批评这些幼儿；
② 设法吸引幼儿的注意力（如，口头提醒，用眼神暗示，表扬做得好的幼儿等），将活动进行完；
③ 看看他们的兴趣在哪儿，调整自己的计划，进行幼儿感兴趣的活动。

2. 你是否注意在一日生活中利用幼儿感兴趣或关注的事物作为教育内容？例如，天突然下起了大雨，幼儿被瓢泼大雨吸引住了，你的做法是：
① 马上叫他们回来，继续按照原计划进行下面的活动；
② 等幼儿看够了，再继续按照原计划进行下面的活动；
③ 与幼儿一起观看，讨论描述大雨，并提出"雨是怎么来的？"等问题，将有关雨的问题作为教育内容，实现有关目标。

3. 当你维持秩序时，你想到的是：
① 今天幼儿不配合，和你过不去；
② 目标和内容太难或太容易，幼儿没办法学习；
③ 你预想的内容不能引起幼儿的兴趣。

4. 幼儿在日常生活中会产生许许多多的疑问，你如何对待幼儿的问题？例如，雪化了以后，幼儿会发现田里的麦苗竟然没被冻死这类问题。幼儿发现幼儿园的院子里竟长出一棵不知名的小苗，这棵小苗是什么？它从哪里来？没人种它为什么会长？"等疑问。
① 没太注意过幼儿的这些问题；
② 能回答的尽量直接回答，不能回答的设法岔开；
③ 能回答的尽量直接回答，不能回答的等自己找到答案后再告诉幼儿；
④ 以这些内容为起点生成教育活动，引导他们通过自己的探索和寻找有关的信息，得到答案。

5. 你在投放材料时，考虑过材料暗含的教育目标和内容吗？
① 有什么投放什么，或看别的幼儿园（班）投放什么材料，自己学着做；
② 考虑过部分材料与目标和内容的关系；
③ 考虑过大部分材料与目标和内容的关系；
④ 每投放一种材料，都考虑到能实现什么教育目标和内容。

6. 你能根据幼儿的兴趣和需要增加或变换活动材料吗？
① 基本没有；
② 偶尔；

③ 经常。

7. 活动材料和图书是放在低矮、便于幼儿自己去放的地方吗?
① 幼儿拿取不方便,但对教师方便;
② 幼儿拿取方便。

8. 你是把创设环境的过程作为教育过程,以引导幼儿参与为主吗?
① 基本由教师创设;
② 有时让幼儿参与;
③ 以幼儿参与为主。

9. 你班墙面的布置是在幼儿的视线之内吗?
① 基本在成人的视线之内;
② 有一少部分在幼儿的视线之内;
③ 基本上在幼儿的视线之内。

10. 你是否乐于探究周围事物,并试图以此激发幼儿探究的兴趣和行为?
① 没想过;
② 自己乐于探究,没想到激发幼儿;
③ 自己乐于探究,并有意地感染幼儿。

11. 你是否尽量利用当地特有的材料、环境和事物(如,实物、农户和田园现场),把要让幼儿学的东西变得直观、具体、生动,让幼儿看得见、摸得着、感觉得到?
① 从不;
② 偶尔;
③ 有时;
④ 经常;
⑤ 总是。

12. 在幼儿学某种新东西时(如,怎么配绿色,怎么用电池接亮小电珠……),你的做法是:
① 讲给他听,告诉他做的方法;
② 讲给他听,告诉他做的方法,并用图演示;
③ 讲给他听,告诉他做的方法,给他实际材料让他试试老师讲的方法;
④ 不直接告诉他正确的做法,让幼儿通过自己动手摆弄实际材料的探索过程找出做法,教师给予支持、引导和帮助。

13. 当幼儿用一种与你预想的完全不同的方式操作材料时,在没有危险的情况下,你的做法是:
① 阻止他的做法;
② 观察、倾听他的想法;
③ 实际支持他的做法(点头表示允许和赞同,并给他提供所需要的材料……)。

14. 在学习过程中,当幼儿的想法和做法明显是错误的时候(如,幼儿想把熟玉米粒种在土里让它发芽),你的做法是:
① 马上纠正他的错误,批评他;
② 马上纠正他的错误,告诉他正确的答案;

③ 接纳他的错误，鼓励他大胆尝试，让结果反馈来调整他的认识。

15. 在教育过程中，你鼓励幼儿猜想事物的关系及可能出现的情况或结果吗？
① 从不；
② 偶尔；
③ 有时；
④ 经常；
⑤ 总是。

16. 你给幼儿时间，让他们描述、谈论幼儿的活动、行为和想法吗？
① 从不；
② 偶尔；
③ 有时；
④ 经常；
⑤ 总是。

17. 当幼儿向你提出一个问题（如，蜗牛有嘴吗？）时，你的做法是：
① 直接告诉他答案；
② 让他自己想，不管他能不能想出来；
③ 和幼儿一起讨论找到答案的办法，并鼓励幼儿去做。

18. 当幼儿提出的问题你真的不知道答案时，你的做法是：
① 为维护自己的面子，而责备幼儿；
② 岔开，等你找到答案后再告诉幼儿；
③ 告诉幼儿你不知道，并和幼儿一起通过看书、向别人询问等方式，找到答案。

19. 在幼儿遇到不会做的事情时，你的解决方法是：
① 不理他；
② 帮他做；
③ 直接告诉他正确的做法，让他自己做；
④ 和幼儿一起讨论，引导幼儿想出几种解决问题的可能方式，供他们选择。

20. 你会为幼儿提供时间和条件，鼓励和支持他们与同伴间的交往吗？（例如，不打断幼儿间正在进行的谈话或游戏，提供幼儿间合作或做事的材料、机会等。）
① 没想过；
② 偶尔；
③ 有时；
④ 经常；
⑤ 总是。

21. 在生活的每一个环节和每一种教育活动中，你是否尽可能地实现多方面（各领域）的教育目标？

例如，在手工活动中，不仅让幼儿学会做某种工艺品（美工领域），而且让幼儿感知材料的特性（认知领域），看看用了几个秫秸秆，几种几何图形（数学领域），还可以让幼儿讲述自己的制作过程和所用材料（语言领域），学会与同伴交流，欣赏同伴好的做法（社会领域），也可以让幼儿懂得把没用的材料放在一起，便于收拾，免得弄满地（良好的卫生行为习惯）。

每一个活动所实现的目标都是多方面的。
① 从不；
② 偶尔；
③ 有时；
④ 经常；
⑤ 总是。

二、对幼儿所获得的发展的评价

教师对于幼儿在进行某种尝试中和完成探究后的评价取向和不同的评价方式，反映着教师不同的教育观念，直接影响着幼儿在科学教育领域发展方向和教育目标的实现。评价引导着幼儿科学教育的方向。如果以幼儿掌握知识多少为标准，将影响幼儿获得乐学、会学和会用这些有益于终身发展的长远目标和教育价值。如果以幼儿智商高低和智力测试的方式来衡量，将无法反映幼儿乐学态度和探究解决问题的实际能力。因此，我们对幼儿发展的评价指标应以幼儿的科学精神和品质与科学探究能力为核心，倾向于具有发展性的、可持续性的、有益于幼儿终身发展的教育目标和价值。

下面是幼儿在科学教育活动中的发展评价指标体系，仅供幼儿教师参考。

1. 科学精神和品质

1）明显的探究乐趣。
① 有自己真正的感兴趣的食物；
② 对于不知道的东西，想通过自己动手探究来搞清楚；
③ 不断探究未被指定的东西（室内外、园内外，如家庭、公共场所等）。

2）创造精神。
① 创造新活动（新的玩法，新的内容）；
② 为探究解决问题，表现出首创精神（如，以不寻常和建设性的方式使用设备、材料，建议或尝试新的实验）；
③ 根据观察和探究，描述和形成新的结论。

3）乐于思考。
① 不断思考、揣摩；
② 敢于依据证据改变自己的想法；
③ 指出实验和操作中矛盾的地方；
④ 为达到深入理解的目的，敢向一般观点和解释提出反问。

4）吸收精神。
① 认可、倾听同伴的不同想法；
② 接纳和吸入同伴的合理意见，修正或完善自己的想法和做法；
③ 能尝试使用别人的想法和做法解决问题（按自己的想法完成后，试试同伴的想法和做法）；
④ 必要时能寻求帮助。

5）坚持性。
① 不怕明显的失败而不断尝试；

② 尽管别人早已做完，仍坚持做完整个活动或操作；
③ 对自己感兴趣的东西能坚持很长时间（几天、几个星期或几个月）。
6）独立性。
① 对自己的看法；
② 自己能做的事情尽量自己探索，适当地拒绝帮助。
2. 科学探究能力（水平由低到高）
1）好奇心、发现问题和提出问题的能力。
① 用行动表现出好奇心和疑问；
② 能提出有关的问题；
③ 能进行有关的猜想和预言。
2）对材料操作、工具的使用。
① 探究和操作材料与实用工具时犹豫不决；
② 探究和操作材料与实用工具的方法有限，有很大的失误性；
③ 能用比较适宜于解决问题和发现关系的方式操作材料和使用工具；
④ 能寻找独特的方法去发现各种关系；
⑤ 能寻求教师没有提供的材料和工具。
3）探究的倾向性和深度。
① 稍微操作几下就完了，或根本没操作起来；
② 探究一阵材料又去搞别的了；
③ 能保持平稳的探究进程；
④ 能热切而专心地深入探究材料；
⑤ 对感兴趣的活动能提出下一个活动的建议，连续不断地深入探究。
4）记录合同及有关的信息。
① 用简单的图画记录自己观察和探究的事物；
② 能用图画的方法记录事物的特征和变化过程；
③ 能用简单的图表（符号、表格、图表、曲线）收集和记录有关的信息，即汇聚数据；
④ 能用简单的计算、图表等方式对观察和探究的结果做简单的统计整理；
⑤ 能使用自己的记录合同来说明结果，形成解释。
5）发现关系的能力。
① 发现某个物体的特征；
② 发现差别明显的两个物体的不同点；
③ 发现相近物体的共同点；
④ 依据一定标准，对物体进行比较和分类；
⑤ 发现事物间的因果关系。
6）表达与交流。
① 叙述自己所做、所发现、所想的事情，并与预先的猜想相比较；
② 敢于报告自己的做法、发现和想法；
③ 能清楚地表达自己的观察和发现；
④ 能清楚地表达自己的观察和操作所发现的关系；

⑤ 能清楚地说明自己的观察和操作的程序与相应的发现；
⑥ 能有条理地描述事物间的相互作用及关系；
⑦ 能对他人的发言作出自己的反应（不是附和老师的话），提出新问题、新想法。

三、评价时需要注意的问题

1. 评价以促进幼儿的发展为目的

发展是一个生命体永不停息的更新和进步的过程。人的发展是一个贯穿生命始终的过程。儿童的发展是一个不断进步而且速度很快的过程，不会停止，也没有终结。因此，我们要用发展的眼光看儿童。我们的评价是要了解、判断幼儿的当前水平，并为进一步引导和促进幼儿的发展提供依据，而不是要判断幼儿"智商"的高低，给幼儿标上"上、中、下"或"好、中、差"的标签。

可以说，评价是了解幼儿发展水平的手段，更是教师了解自己的工作效果，反思自己工作中的问题的一种参照标准。评价是为了改进教师的工作，促进幼儿的发展。

2. 接纳和尊重差异

就人类而言，差异构成多彩的、多样的、互补的人群，使每个人具有很大的个体差异，而且年龄越小，差异越大。他们发展的优势领域、发展的起点、发展的速度和最终达到的水平都有很大的差异。他们的思维特点、学习方式也各不相同。

因此，我们要尊重这些幼儿的这些差异，尽可能少地作横向比较，更多地看到他们在原有水平上的发展和进步。

3. 结合幼儿真实具体的探究活动评价幼儿的发展

长期以来，在幼儿园科学教育实践中，教师使用最多的是根据评价功能和运行时间划分的评价方式，即诊断性评价、形成性评价和终结性评价。而且，教师往往注重在学期期初为了了解幼儿的基础水平而进行的诊断性评价和在学期期末为了了解幼儿本学期发展水平所进行的终结性评价。但是我们对于幼儿在科学探究方面的发展进程了解较少，对于幼儿在每次探究活动中获得了什么发展和如何获得发展的重视不够。因此，我们要加强在这方面的研究和实践探索。

教师要学或关注并评价幼儿在自发的个别和小组活动中，在教师有组织的集体和小组活动中，他们的科学探究能力和科学精神品质的表现；要通过自然观察幼儿的行为、倾听幼儿的自言自语和同伴间的交谈，通过与幼儿的交谈与询问等多种方式，全面了解幼儿的发展情况。

学练结合

（1）根据自己的理解说一说教育评价的作用。
（2）以小组为单位运用"问卷调查法"编写幼儿园大班科学教育调查问卷。

第六单元

幼儿园科学教育环境建设

1. 内容提要

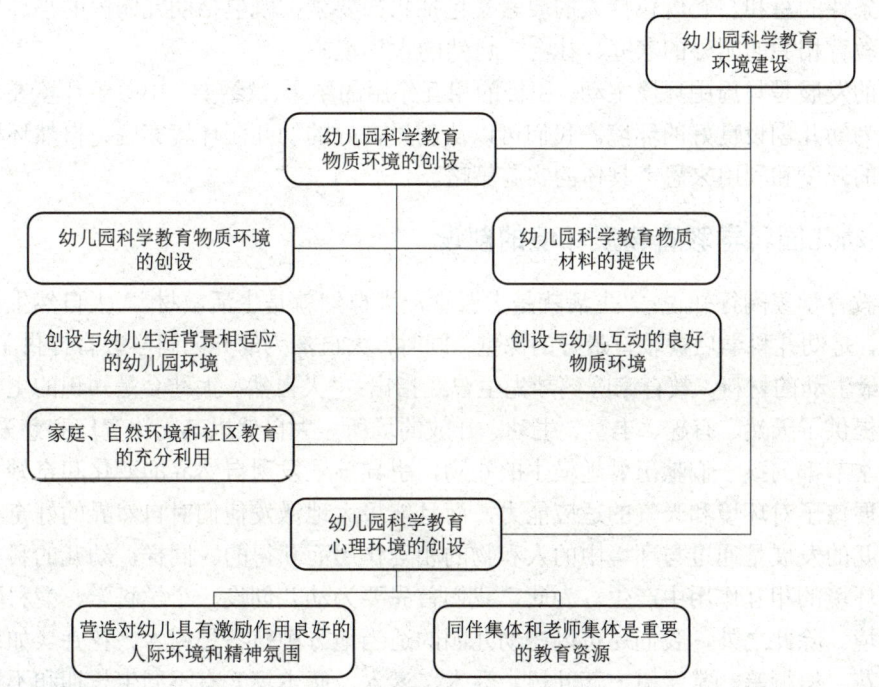

```
                                              ┌─────────────────┐
                                              │ 幼儿园科学教育  │
                                              │   环境建设      │
                                              └────────┬────────┘
                      ┌─────────────────┐              │
                      │ 幼儿园科学教育  │──────────────┤
                      │ 物质环境的创设  │              │
                      └────────┬────────┘              │
    ┌─────────────────┐        │        ┌─────────────────┐
    │幼儿园科学教育物质环境│────┤        │ 幼儿园科学教育物质│
    │     的创设      │        │        │   材料的提供    │
    └─────────────────┘        │        └─────────────────┘
    ┌─────────────────┐        │        ┌─────────────────┐
    │创设与幼儿生活背景相适应│──┤        │ 创设与幼儿互动的良好│
    │   的幼儿园环境  │        │        │   物质环境      │
    └─────────────────┘        │        └─────────────────┘
    ┌─────────────────┐        │
    │家庭、自然环境和社区教育│──┘
    │   的充分利用    │                 
    └─────────────────┘                 
                      ┌─────────────────┐
                      │ 幼儿园科学教育  │
                      │ 心理环境的创设  │
                      └────────┬────────┘
    ┌─────────────────────┐    │    ┌─────────────────────┐
    │营造对幼儿具有激励作用良好的│──┴──│同伴集体和老师集体是重要│
    │  人际环境和精神氛围 │         │   的教育资源        │
    └─────────────────────┘         └─────────────────────┘
```

2. 教学基本要求

　　了解材料的种类、结构和呈现方式以及选择材料的标准；培养学生以研究性学习的方式学习物质环境的创建、安全的心理氛围的营造原则及策略；初步培养学生的科研能力。

　　幼儿生活环境是一个复杂的整体。它既包括自然环境又包括社会环境；既包括空间环境又包括心理环境；既包括教师设计、选择提供的环境又包括未经选择无法控制的环境。

　　这里所说的环境是指由教师设计、选择提供给幼儿的，作为幼儿园科学教育要素之一的环境，包括自然环境、物质材料和心理环境。《纲要》正是将幼儿园教育置身于终身教育的大

· 119 ·

范围中,用大教育观来界定幼儿园环境,并对环境有专门的论述:"环境是重要的教育资源,应通过环境的创设和利用,有效地促进幼儿的发展。

(1)幼儿园的空间、设施、活动材料和常规要求等应有利于引发、支持幼儿的游戏和各种探索活动,有利于引发、支持幼儿与周围环境之间积极的相互作用。

(2)幼儿同伴群体及幼儿园教师集体是宝贵的教育资源,应充分发挥这一资源的作用。

(3)教师的态度和管理方式更有助于幼儿形成安全、温馨的心理环境;教师的言行举止成为幼儿学习的良好榜样。

(4)家庭是幼儿园重要的合作伙伴。幼儿园应本着尊重、平等、合作的原则,争取家长的理解、支持和主动参与,并积极支持、帮助家长提高教育能力。

(5)充分利用自然环境和社区的教育资源,扩展幼儿生活经验和学习空间。幼儿园同时应为社区的早期教育提供服务。

第一课　幼儿园科学教育物质环境的创设

以终身教育理论为主要理论基础的广义环境观认为,幼儿园环境是指幼儿园教育赖以进行的一切条件的总和。它既包括人的要素又包括物的要素;既包括幼儿园内的小环境,又包括幼儿园教育相关的园外的家庭、社会、自然的大环境。

幼儿的发展是与周围环境主动、积极的相互作用的结果。《纲要》中关于环境要求的核心思想就是为幼儿创设良好的环境。我们可以从创设良好的幼儿园环境家庭、自然环境与社区教育资源的开发和利用来思考具体的实施策略。

一、幼儿园科学教育物质环境的创设

著名教育学家陶行知说:"生活就是大课堂,大自然就是生活教材。"大自然生机勃勃、变化万千,是幼儿科学启蒙教育最好的课堂;同时,大自然为幼儿园科学教育提供了最充分、最直观、最生动的材料。教育家陈鹤琴先生曾经指出:"大自然、大社会是知识的主要源泉。"自然环境提供了天然、有趣、丰富、生动、开放的场所。大自然以其无比宽广和慈爱的胸怀,在每一个季节都向孩子们献出妙趣横生的礼物,引导孩子发现自然界的变化和奇妙。大自然不仅能发展孩子对环境和天气的适应能力,而且能极大地激发他们对自然界的好奇心和探索欲望。幼儿的发展是通过与环境中的人和物的相互作用而获得的。同样,幼儿的科学兴趣也必须在与环境的相互作用中产生。为此,我们首先要为幼儿创设一个学科学、爱科学的良好氛围和环境。除此之外,我们还可以在幼儿园的适当地方种植各种树木、花卉(如:竹子、紫薇、桂花、梧桐等,常绿树、落叶树、乔木、灌木、藤本等)有不同生长期和不同体形、色彩的花叶果还有大片的绿荫草坪,真正做到"春有花,夏有荫,秋有果,冬有绿"。幼儿园内种上了各种四季变化明显的树木和花草,创设了一个常年充满鸟语花香的优美园林,可以让孩子们在自己班上的小菜地里种下种子,开始充满期待地进行管理、浇灌、除草。在等待种子发芽的焦急盼望中,幼儿经受了意志品质的考验。在收获的季节中,幼儿充分地享受着成功的喜悦。幼儿在与自然与环境的交互作用中,充分领悟了自然与科学的奥妙,体验了自然科学带给他们的快乐,感受到了自然界的奇妙。

幼儿园的科学教育,除了可利用客观的环境,使幼儿在接触广阔的大自然、大社会中接

受教育外，还应尽可能地创造幼儿园的微观环境，如：园地、自然角、科学发现室等。例如，可以选择一个房间作为"材料室"，将游戏材料统一存放在材料这里，以便管理和有效使用；也可以在园内设置一至两个"操作室"，把操作室布置成物理区、化学区、生物区、拼装区、阅览区等，作为幼儿园科学教育的区域。

好动是幼儿的天性；活动是幼儿与环境互动的形式；科学教育的主渠道是各种科学活动——科学游戏活动、科学小制作活动、科学小实验活动、科学种植、饲养活动等。因此，营造幼儿动手探索的科学环境氛围，吸引幼儿主动动手参与活动，应当成为科学教育的重要取向。

幼儿园科学教育的物质环境一般包括以下两个方面。

（一）科学探索室

科学探索室是一个专门提供幼儿进行科学活动的空间环境。在这个空间环境里，教师按照幼儿发展的规律与特点，有目的、有计划地投放大量操作材料和设备。幼儿在这个充满刺激的环境中，自由地操作、探索和思考。在游戏的过程中，幼儿发现了物体之间的相互关系；幼儿的主动性独立性和创造性得到了淋漓尽致的发挥；幼儿的探索精神和解决问题的能力得到了良好的培养。

（二）班级科学活动区

班级科学活动区是指按近期科学教育单元目标及科学探索室活动的系列内容、要求来规划的环境。在班级科学活动区内，幼儿利用区域活动时间和离园前零碎时间，通过大量的操作活动，继续感知、体验和探索，以积累点滴有关科学方面的经验。例如，幼儿通过种植植物、饲养小动物的过程，了解了动物、植物的自然属性及其生长变化规律，从而引起了对自然界的浓厚兴趣，产生了强烈的求知欲望；幼儿在对龙虾与河虾的比较性观察中，了解了水生动物的异同；用两种颜色的水插养同种茎类植物，从植物茎产生两种颜色变化的现象中，幼儿了解了植物的水分、养料输送管道，还初步了解植物的光合作用。班级在科学活动区为幼儿提供了一个继续探索和学习的物质环境，保证了幼儿在幼儿园一日活动中接触科学教育的时间和练习，提高了幼儿的认知能力。

二、幼儿园科学教育物质材料的提供

（一）幼儿园科学教育物质材料提供的原则

与教育目标相匹配的物质材料的提供必须遵循一定的原则。

1. 不同起点的发展性原则

由于每个幼儿的认知基础、习得的经验不同，因此每一个幼儿都有可能在各种活动中获取与自己发展水平相适应的经验。作为环境创设者，如何把握幼儿的发展水平、兴趣和需要，促进幼儿自主建构知识、发展能力显得尤为重要。因此在幼儿园科学教育环境创设的操作层面上，要尽量从多角度、多方位、多功能出发提供丰富材料，鼓励幼儿从自己的水平出发主动地运用材料去探索和提出问题，并尝试错误。幼儿会在适应自己发展水平的活动中获得各种有益的经验。

1）同一内容不同材料和不同内容同一材料

不同材料是指有着色、形、大小、质地等不同的外部特征，但又具有某种共性或属性的材料。这些材料属于某一单元教学范畴。同一内容不同材料和同一材料不同内容的材料投放，使幼儿在操作这些材料过程中，既能保持操作兴趣，又能积极尝试体验各类材料中隐含的事物之间的关系。如"纸"的单元，教师可投放各种质地的纸材料，让幼儿玩纸爬山的游戏，使其在玩的过程中体验不同纸所具有的不同的吸水性；也可让幼儿用同一类纸的材料，制作他所喜欢的东西。幼儿就在这样自主探索的环境里感受了纸的性质和不同纸在人类生活中的不同作用。这样既能保持操作兴趣，激发探索欲望，又能使幼儿能充分自由地选择与认知能力相吻合的操作材料，感受到物体与物体之间的相互关系。

2）前置性材料和后置性材料

我们在以单元为形式编排内容的科学教育活动中，根据幼儿认知发展水平和经验结构提供前置性与后置性的操作材料。前置性的操作材料是指幼儿园科学教育中某一个教学单元的内容在正规教学活动开展前的材料设置与投放。后置性的操作材料是指幼儿园科学教育某一个教学单元活动结束后，仍保留着一部分该单元的操作材料。以"力"的单元为例，在该单元的正规教学活动未开始前，我们就在科学探索室、班级活动区域及户外体育锻炼中，投放有关"力"方面知识的前置性材料，旨在形成新的认知冲突，增强环境对幼儿的刺激作用。由于幼儿感受的程度不同，所以存在着构建认知结构的程度差异。如在完成"桥"的正规性科学教育单元教学活动后，我们在保留部分操作材料的基础上，对投放的操作材料进行调整，提高操作要求或改变操作方法，落实"下要保底，上要封顶"的层次目标；又要保留构建各类"桥"的后置性材料，以使幼儿对有关桥的外形结构决定承重能力的知识的巩固。

2. 小步递进顺序深化的原则

小步递进顺序深化是指幼儿在对环境的观察和实践中，往往会形成自己独特的认知路线，在科学教育环境中材料的投放，要以幼儿的认知路线为依据，适时适宜地小步递进，切不可跳跃式地跨越和停止。如"电"单元的活动中，幼儿发现了只有接通电池的正负极才能使小电珠发光，于是教师马上以幼儿的认知路线设置材料。其序列为：一只小电珠和一只小马达—电磁—电珠和马达同时发亮和转动的操作材料，这样满足了幼儿的探索愿望，帮助幼儿运用规律、举一反三，体现了在材料投放上小步递进循序深化的教育效果。又如"空气"单元中，教师投放材料的路线为气球—打气筒与气球—打气筒、气球与书—打气筒的拆装……幼儿通过对顺序深化材料的操作了解了有关空气的某些粗浅知识，对事物之间的关系有了进一步理解，并且提高了其推理能力、迁移能力。

3. 思考性原则

思考性是幼儿园科学教育物质环境的核心内容；操作是运行思考的有效手段；发现是思考的有效结果。由于非正规性科学教育活动的特点决定了幼儿在这个环境中以自主性、探索性的操作为主，有时带有一定的随意性和盲目性，因此决定了为此环境所提供的材料必须具有引发、思考的作用。在这种材料的刺激作用下，幼儿操作时，若达不到自己所希望的结果，就会思考、推敲，表现出一种强烈的探索欲望和积极思维的精神状态，从操作过程中思考自己的操作结果，然后通过修正操作方式，获得科学经验或形成初级的科学概念。如在"水"单元活动中，教师提供了垫板、乒乓球剪成的小船和水等，并以游戏口吻提出"想办法使小船动起来"的操作要求。幼儿在尝试用三种材料相互作用、使小船动起来的过程中，通过多次探索发现了垫板上加上适量水，并且用手调整垫板斜度能使"小船"转动起来。幼儿终于成功了，感受到水往下流的特性。因此，科学教育环境中提供的材料具有引发幼儿思考的作用，能有助于幼儿获得更多的思考机会、探索机会及成功的机会，从而有助于促进幼儿科学经验的获得和认知能力的发展。

（二）活动区物质材料的准备及使用方法

材料是幼儿活动的对象，与幼儿的年龄特点、经验、能力和需要适应的材料，能激起幼儿对学习的主动性，使他们在没有压力的环境中主动观察、发现问题、独立思考、解决问题。因此在准备、选择、提供操作材料时，我们根据幼儿的兴趣和发展水平综合使用。

1. 家长、幼儿园配合准备材料

皮亚杰提出："儿童的智能源于材料。"区域活动的教育功能主要通过材料来表现。区域活动材料越丰富，形式越多样，幼儿在操作过程中就会变得更聪明、自信、大胆。而利用自然物和废旧物品就成了很好的丰富区域材料的形式。在材料收集中需要老师、家长和幼儿共同配合。一是充分利用自然物，在自然区域里，有着"取之不尽、用之不竭"的天然游戏材料。如小树叶粘贴成小动物、叶子拓印制成"书签"；捡来小石头、小树枝当成计算材料；小石头染色，当成飞行棋子；叶子当成小伞、扇子、帽子……孩子们在随心所欲的玩乐中得到了自由的体验和创造的乐趣，增加了想象力和合作能力。二是巧用废旧物品，如将老师或幼儿带来家中的洗发水瓶、化妆品瓶投放到"理发店"；用方便面碗种上葱、蒜；小朋友把以前穿过的小衣服带来，变成了"娃娃的盛装"；瓶盖做成串铃等。幼儿参与了制作，其动手能力进步了，创新意识增加了，环保意识提高了，也更喜欢玩区域活动了。欣怡和妈妈用矿泉水瓶做了个"漂亮娃娃"；嘉嘉和爸爸用牛奶盒做了几部"移动电话"；星男和姐姐用旧挂历纸剪来了"窗花"；豆豆和爷爷用各种广告纸折出了"轮船"等。家长积极的参与丰富了区域活动，他们的环保意识也为幼儿树立了良好的榜样。

2. 根据幼儿兴趣使用材料

教师投放材料丰富程度可直接关系到幼儿活动质量，能使幼儿尽兴尽情地"研究"他们的世界。活动区材料投放应该是丰富多彩的，然而，丰富的材料并不等于越多越好，因为多则滥，滥则泛。幼儿注意力具有不稳定性，过多过杂的材料投放，尽管能吸引幼儿投放活动，但也易造成幼儿玩得分心，玩得眼花，一会儿拿这个玩玩，一会儿拿那个玩玩，只学会了拿起一物—摆放片刻—丢弃—另换一物。显然这与我们投放材料的初衷是相悖的。因此，在投放材料时，应考虑材料与活动目标的关系，做到有的放矢，加强材料投放的针对性、目的性和科学性，并依据对幼儿活动的观察，进行定期更换与补充。通常在开展某一区域游戏前，先与幼儿共同探讨，再根据幼儿的认识特点、兴趣及教育目标，共同制定区域游戏的规则。如：在开展"奇妙的信"这一主题中，幼儿对寄信、写信一直保持着浓厚的兴趣，于是，就生成了"邮电局"这一游戏区：带领幼儿参观了邮局，了解了邮局工作人员的工作内容，与幼儿共同讨论了游戏的玩法，满足了幼儿的需要。又如，若幼儿对自己没玩过的玩具很感兴趣，则可建议他们把家里的玩具带到幼儿园来，这样一个令幼儿流连忘返的玩具区就可形成了。

3. 根据幼儿发展需要提供层次性与多样性的活动材料

一方面，材料的投放要根据班级幼儿不同的需要、能力，尽可能多地提供有较强操作性、趣味性、可变性的材料，以吸引幼儿的主动探索。每个幼儿的发展水平不可能是整齐划一的。不同的幼儿，有着不同的兴趣、爱好和个性，甚至同一年龄的幼儿，他们之间也存在着能力上的差异，而且发展速度也不一样。所以我们在提供材料时，千万不能"一刀切"，既要考虑"吃不了"的幼儿，还要兼顾到"吃不饱"的幼儿，使每一个幼儿都能在适宜的环境中获得发展。如为了有助于幼儿小肌肉发育和培养其细致的操作能力，教师可以在手工角中设置"夹玻璃球"的内容。在练习用筷子夹玻璃球时，能力强的幼儿可选择夹进瓶中，能力弱的幼儿可选择夹进盒中。由于先天原因动作发展特别缓慢的就在旁边放一把勺子，他可以用勺子把玻璃球舀进盒中。这样可以让每个幼儿都能找到适合自己的材料，给他们提供不同的操作机会。在活动中，允许操作能力强，完成较快的幼儿在完成本次活动后选择第二区角内容，这样既让操作慢的幼儿有足够的操作时间，又让操作快的幼儿减少消极等待的时间，使每位孩子都获得成功感。另一方面，围绕教育目标，提供多样性的材料。如在小班的主题"认识花"中，就可以提供画花、花拓印、插花；中班认识"树"中，可以提供叶脉标本、变色树叶等。

4. 选择在活动时间内易观察到变化的材料

"在一次区域活动中，考虑与主题活动'树'相结合的同时，在科学区中为小朋友们准备了'树叶变色'的小实验。活动开始，5个小朋友兴冲冲地到科学区中，将各种树枝、树叶插进红、黑、蓝墨水中，然后很认真地观察，可是等呀等，仍不见树叶变色。在指导树叶粘贴时发现科学区相当安静，经询问才发现：树叶变色需要一段时间，就及时引导这5个幼儿先到其他区域活动，请在小朋友活动快结束时再来观察。'像树叶变色'这类需要较长时间才能观察到变化的小实验应放在日常生活中观察，而不应该放在区域活动中，特别在科学区中，要选择和投放易发现结果的活动材料。"

5. 收集安全卫生的材料

因为收集的材料大部分来源于大自然和孩子，所以教师必须注意幼儿的卫生、安全，把幼儿的安全放在首位。因为农村幼儿收集废旧物比较困难，有的瓶、盒、罐都是幼儿从路边捡来的，所以我们一定不能忽视里面的残留物。因此，教师必须和小朋友们一起做好卫生工作，把收集来的瓶、盒、罐等材料洗干净，放置在阳光下暴晒后方可使用，以免意外事故的发生。

当幼儿自主选择操作材料时，教师不仅应成为幼儿游戏的好伙伴、好搭档，还应当成一位细心的观察者。通过观察和参与游戏，教师能从孩子的操作中发现新问题、产生新思考、生成新课程，从而使下一次的材料投放有了新的目标和针对性。

三、创设与幼儿生活背景相适应的幼儿园环境

幼儿园环境创设应使用身边一切可以利用的自然环境和其他物质资源，以发挥其最大的教育价值。

幼儿园、家庭、社区构成幼儿的基本生活圈。幼儿园教育和环境创设融合它所在的社区，植根于幼儿的生活圈。

第一，幼儿园的园舍、设备条件要与社区人们的生活和谐一致。

幼儿园好的园舍、设备条件，体现了我们对孩子的关爱，但不能和社区人们的生活实际水平反差太大。

第二，要充分利用当地的物质资源、人力资源和文化资源。《纲要》中渗透的思想是："身

边现有的事物和发生在身边的事情都是教育的良好资源和时机。"当地特有的自然资源：场所、动植物、材料都应有效利用。以自然资源为例，有的幼儿园自身的自然条件非常好；也有的幼儿园虽然园内的自然条件不太好，但社区的自然条件非常好。但我们常常对这些存在于身边的资源予以忽视。比如秋天来了，为了让孩子认识秋天，花费很多人力、物力投到很远的郊外，这种活动如果有条件的话不是不可以搞，而有的幼儿园让孩子认识郊外的美景，却对自己"园内和社区内的秋天"视而不见。如果利用了这些资源，不仅可以节约开支，而且有助于培养幼儿观察周围事物，发现周围事物变化的兴趣、能力和习惯，使幼儿从小有一双善于观察和发现的眼睛。

利用当地的文化资源创设幼儿园环境，能够让幼儿从社区人们的生活中体验到本土文化的深刻内涵和价值，感受到祖国文化的历史悠久和博大精深，从而使幼儿产生对社区文化、本民族文化乃至祖国文化的自豪感。

四、创设与幼儿互动的良好物质环境

良好的物质环境的基本标准应该是：有利于解放和支持幼儿主动获取有益的经验。幼儿园的空间安排、设施材料、墙面布置都应符合这一标准。《纲要》指出："那种没有幼儿主体地位的物质环境创设必须彻底改变！幼儿园的每一寸空间、每一件材料、每一面墙壁都应有利于引发和支持幼儿通过与之相互作用主动获取有益的经验。"

有利于引发和支持幼儿主动获取有益经验的物质材料至少应该具有以下特点。

（1）教育价值与审美价值同时存在。

（2）主题是孩子们感兴趣且与教育目标和内容相适应的。

（3）形式和使用的材料应符合幼儿的年龄特点。

（4）墙壁应成为幼儿的经验、想法表达、表现的空间。

（5）某一主题的内容应随着幼儿学习活动的展开而不断发展和深化，使幼儿能不断逐步获得有益的经验。

以天气预报栏为例，很多幼儿园在墙壁上都有这个栏目。以往的做法就是老师做些图片，孩子能根据天气情况选择适宜的图片粘上去就行了，似乎很难与孩子互动起来。但只要我们努力体现上述几个特点，就能使幼儿主动获得有益的经验。

小班的天气预报形式和内容材料应该是：生动形象、软绵绵的材料，符合小班幼儿需要安全感、爱操作的特点，如提供娃娃，结合小班孩子喜欢娃娃、爱摆弄娃娃、爱给娃娃穿衣服的特点。有情节的、拟人化形式更能激发他们报告的兴趣。各种材料用按钮、纽扣、尼龙搭扣等连接，可以使孩子们在报告天气的同时，发展他们穿衣、系纽扣等生活自理的能力。

当到了中班，孩子们有了责任意识，很愿意为班集体做事时，就可以用值日、自愿报名等多种预报天气的方式满足孩子们的需要。他们可以关注更多的信息，了解多种获取信息的渠道，尝试着获取较为准确的信息。孩子们学着记录和报告天气，清楚地表达自己获得的信息。

大班幼儿除了中班的内容外，还可以增加预报天气与实际天气的对比项目。孩子们可以观察、记录早晨、中午、晚上的天气变化，可以不断记录他们关于天气的发现。

五、家庭、自然环境和社区教育资源的充分利用

（一）家庭是幼儿园重要的合作伙伴

1. 建立平等的合作伙伴关系，是家园共育的基本前提

幼儿家长和教师分别是家庭和幼儿园两大环境的施教者，同为教育主体，他们之间原本就应该是一种平等的关系。因此，它们之间应该相互尊重和平等合作。

2. 家园共同构建有效的教育策略

家园沟通是家园共建的有效教育策略的基础。教师只有与家长不断相互作用才能构建有效的教育策略。

由于家庭背景不同，幼儿间有很大的个体差异。要实现《纲要》中提出的"尊重幼儿在发展水平、能力、经验、学习方式等方面的个体差异，因人施教，努力使每一个幼儿都获得满足和成功"这样的教育理念，教师力求和家长一起研究幼儿，从而全面而深入地了解幼儿；并在此基础上共同构建能针对个别差异的有效的教育策略，使每一个孩子都能在原有的水平上获得最大限度的发展。有效的教育策略是在教师与家长的相互作用中，在教师与家长的交流与沟通中产生的。

3. 充分发挥家长的资源作用

物质材料上的支持：因为家长们有不同的职业，所以教师可以动员他们利用职业的特点和便利条件，为孩子们搜集安全、卫生、有意义的废旧材料，支持和丰富孩子们在幼儿园的探究和游戏活动。老师也可以号召家长在日常生活中同孩子们一起保存和搜集孩子们在活动中可以再利用的废旧物品，培养孩子们勤俭的习惯和创造的意识。

知识经验的帮助：家长们有不同的知识和专业背景，可以成为知识和技术的资源，为幼儿园的教育提供咨询和帮助。

教育经验的分享：家长中有许多先进的教育思想和实际有效的经验，不仅教师可以从中获益很多，而且家长之间也可以相互交流、经验共享。

（二）充分利用当地特有的自然资源

大自然是世界上最有趣的老师，她的教义无穷无极。自然环境向幼儿展示了具体、形象、生动的认识内容，为培养幼儿的探索和认识兴趣、获得对周围世界的感性认识，提供了天然的材料。当儿童以自己独特方式接触自然时，陶冶和发展了他们的情操，培养起他们的美感和对自然、对生活、对家乡的热爱之情和环保意识。

我们要充分利用存在于身边的各种自然资源。比如秋天来了，可以让孩子从身边自然界的变化中发现和感受秋天的到来。这有助于培养幼儿获得观察周围事物，发现周围事物的变化的兴趣、能力和习惯，使幼儿从小有一双善于观察和发现的眼睛。

第二课 幼儿园科学教育心理环境的创设

一、营造对幼儿具有激励作用的良好的人际环境和精神氛围

重物质环境的创设，轻人际环境和精神氛围的营造、相关资源的利用，是当前幼儿园环

境创设的一个误区。

很多幼儿园把环境片面地理解为物质环境，从而把主要精力都放在物质环境的更新和改善上，无论是出国考察还是国内参观都特别注意关注物质材料和墙壁布置，而很少关注教师与幼儿的相互关系氛围和互动方式。近10年来，各个幼儿园在物质环境方面都有了很大的改善，但人际环境和精神氛围的改善却是比较缓慢的。

（一）幼儿心理环境创建的内容

幼儿的发展是与周围环境主动、积极地相互作用的结果。幼儿园科学教育的心理环境主要指良好的幼儿园环境和家庭环境。

幼儿园、家庭、社区构成幼儿的基本生活圈。很多幼儿园把环境片面地理解为物质环境。实际上，物质环境只有通过人才能发挥作用。而且，教师在一定教育观念的指导下，在与幼儿的相互作用形成的相互关系和幼儿能够感知到的教师的态度中，直接影响着幼儿能否通过积极主动的学习获取有益的经验。平等、宽松、理解、激励的人际环境和精神氛围是幼儿能轻松愉快地生活、积极主动地学习的基本条件和重要保证。同时，幼儿同伴集体和教师集体也是重要的教育资源。幼儿园科学教育心理环境建设，应当着重于以下几个方面。

1. 深层次的尊重和满足幼儿对爱和安全感的需要

教师要通过自己的言谈举止、行为态度与幼儿进行有效的交流和互动，使幼儿感受和体验到教师对自己的关注、喜爱、鼓励和支持，成为幼儿良好的榜样。这里最关键的是：尊重孩子们的差异，满足孩子们对安全感、对爱和归宿感的不同需求。孩子们之间存在着很大的个体差异，要使每一个在幼儿园的幼儿感受生活、学习的愉快，敏感地觉察到他们的差异和不同的需求是至关重要的。不同的幼儿需要不同的爱的方式。例如：一个幼儿忘了自己的牙缸是哪一个，便问老师，教师一边爱抚地摸着幼儿的头一边告诉了他。教师下意识的抚摸却让幼儿倍感亲切，接着几次，他都假装忘了自己的刷牙缸是哪一个，目的是得到老师的抚摸。

2. 深层次地满足幼儿探究和认识周围世界的需要

幼儿都有强烈的好奇心，乐于探索周围事物和获得新体验。教师们常常容易忽视或看不出幼儿这方面的需求而误解幼儿，造成幼儿心理紧张、不敢探究、怕老师批评。目前，教师都知道要尊重幼儿间的差异，但在教育实践中却总是情不自禁地表扬那些回答正确和与自己心目中的答案一致的孩子，夸他们聪明，为他们鼓掌；而对于那些回答错误的孩子不进行批评，只是说"请坐""再想想"，这些孩子的感受是什么呢？自己错了，老师不喜欢。这实际上造成了一种不安全的心理氛围。

教师不接纳幼儿错误，对幼儿的学和教师的教都是不利的。幼儿不敢作出诚实的回答，不敢表露出她真实的想法；教师也因此接触不到幼儿真实的认知水平，无法有效地促进幼儿的发展。

教师要接纳幼儿的错，分析他错误背后的原因，调整自己的提问方式。教师还要特别注意不要用相同的尺度去衡量所有的幼儿。当教师表扬某一个或几个孩子时，其他孩子会放弃自己的想法和做法，仿向那些教师表扬的孩子。

（二）幼儿园科学教育心理环境创设的原则

1. 给予幼儿出错的权利

作为教师首先要认识到，幼儿的错误代表着幼儿当前的认识水平。在讨论幼儿的认识特点时我们已经分析过，幼儿那些在成人看来是错误的认识，在幼儿的认知结构和水平上却是合理和"正确"的。教师要给予幼儿出错的权利，并应把幼儿的错误作为了解他思维线索的机会和背景。

2. 寻求幼儿的真实意图和认识水平，避免误解或伤害幼儿

幼儿在认识事物时，常常用自己独特的、不同于成人的眼光。因为幼儿总是怀着强烈的好奇心和良好的动机去探究周围的世界，所以教师要寻求幼儿真实的动机，不要急于批评或制止幼儿，而要真诚地询问，耐心地倾听和观察，有时还需要教师以幼儿的方式操作物体才能真正地了解到幼儿的真实意图。在这一过程中，教师一般应当注意以下几点。

第一，观察、倾听幼儿的问题和谈论，询问幼儿的意图，努力理解幼儿的想法。在没有弄清楚幼儿的真实意图时，教师不要轻易地下结论。

（如案例"丢失的小磁铁"：一次，刘老师发现班中的明明把班级的磁铁拿回家了，第二天，刘老师并没有当着全班的幼儿呵斥明明，而是把他叫到一旁询问缘由，才知道，明明搬了新家，家里添了许多家具、家电，他想用磁铁吸一吸这些新东西，看看哪些能被磁铁吸引住。而且，早上明明已经把磁铁带回了幼儿园，刘老师弄清原因后，表扬了明明的好学、探索精神，也告诉明明，幼儿园的东西是小朋友共同所有的，以后想用什么东西，要事先告诉老师，小心不要用坏，用完要及时送回。）

第二，观察幼儿用材料做什么，用与幼儿相同的方式使用材料。教师像幼儿那样使用材料，这一点常常被教师忽视，也很少这样去做。事实上，这是了解幼儿的重要方式。只有当我们用幼儿的方式操作材料时，才会真正体验到幼儿的真实感受，才会真正理解幼儿。例如：在选择性科学教育活动时，一个儿童守着一盒拼插玩具却没有插出什么，而是把两个管状的玩具插在耳朵上，并且一副笑眯眯、美滋滋的陶醉样子。老师发现此情况，没有阻止这个儿童的这种按照常理来看是不好的行为，而是也拿了两根同样的玩具放在了自己的耳朵上。啊，我听到了。所有的声音都变得好听了，像从远方传来，伴着沙沙的声响，妙不可言。儿童见到老师有了与他同样的表情，更热情地介绍说："沙沙地，像下雨一样。"多好的比喻，多有趣的发现。

第三，尊重和接纳每一个幼儿的观点、兴趣、探索、发现和解释。幼儿的观点和兴趣常常与教师不同。接纳和支持幼儿的兴趣和观点会使幼儿有安全感。

第四，挖掘每一个幼儿探究活动的独特价值。教师要善于挖掘每一个幼儿探究活动过程和结果的价值，使每一个幼儿在每一次的探究活动中都有所发现，有成功的体验。尤其是那些表面上看"失败了的幼儿"，教师更要给予支持和鼓励，并培植他们乐于探究和从不同角度看问题的态度和品质。

第五，给予每一个幼儿以激励性的评价和具体的反馈。这里，教师应当做到以下几点。

1）不要笼统地表扬

教师对幼儿笼统地表扬会使受表扬的幼儿不知道自己究竟好在哪里，甚至使幼儿只关注教师的喜好，而不关注探究活动本身。教师对于幼儿探究操作的过程和结果要给予具体的反馈，也可以在幼儿的基础上澄清、扩大幼儿的经验。如教师在评价幼儿对颜色混合的探索时可以在幼儿表达了自己的想法和做法后，描述幼儿的探究和发现，以便澄清和巩固幼儿已经发现的关系。"噢，你把红色和蓝色混合配出了褐色。""你用了一点蓝色和比较多的黄色配出了绿色。"等

2）作出具体的反馈

例如：

教师对幼儿1："你这个想法很有趣。你用一种新的方式把每个人的意见结合起来了。"

幼儿1（想）：那样原来也是一个好想法呀！也许，下次我可以再试试。

总之，形成安全的、鼓励幼儿探究的心理氛围是使幼儿园科学教育成为引导幼儿主动探究过程的前提和基本条件。教师必须努力为幼儿营造这样一种氛围和环境。

二、同伴集体和教师集体是重要的教育资源

《纲要》中指出：同伴群体及教师集体是宝贵的教育资源，要更充分发挥这一资源的作用。"教师应鼓励幼儿间的积极互动与交流，使同伴成为幼儿的重要教育资源。"

幼儿园教育较之家庭教育的一个最大特点，就在于教师指导下的集体生活的教育力。它使每个幼儿在集体中，既是主体又是被他人认识、交往的客体；幼儿既主动地与他人交往，又同时能体验他人对自己的看法、态度、对待方式，从而进行有效的社会性学习。

幼儿集体：幼儿与幼儿的交往在促进社会性发展上，有成人不可替代的作用。因为每个幼儿都有社会交往的需要，被同伴承认、接纳的需要，都害怕其他幼儿不和自己玩，所以他们会尽全力去学习如何加入同伴的圈子，学习公平友好交往的规则等，而这些行为习惯由教师直接教幼儿是很难掌握和改善的。

同伴间的相互调节也是幼儿新经验的获得和建构过程的重要途径。同伴集体的作用不仅在于促进幼儿社会化的过程，而且还有助于幼儿获得物理经验；同伴间有着相似的知识经验背景，更易沟通和交流；同伴间可以相互提示，看到事物和现象的不同角度和方面，更有利于经验的概念化。儿童的知识是在同伴间的讨论中产生的。

教师集体：教师集体是由不同特点的教师组成的，他们每个人有自己特有的智能、能力和个性，每个人都是一个资源体。而集体汇集了每个人的智能，形成了更加丰富的资源，并使每个人都能从中分享这些资源，变得更加富有。

在集体中，教师间的合作研究和交流具有重要的价值，能够创造更加有效的教育策略，为孩子们提供更好的教育。

教师集体的协调一致会形成教育合力，对幼儿的教育和引导更加有效。

学练结合

（1）试分析低收入家庭的父母把孩子送到国际学校，"家、校"物质条件反差很大，对孩子身心发展的影响。

（2）试分析"心理环境"与"幼儿主动探索、探究客观事物"之间的关联。

第七单元

幼儿园科学教育课程的整合

1. 内容提要

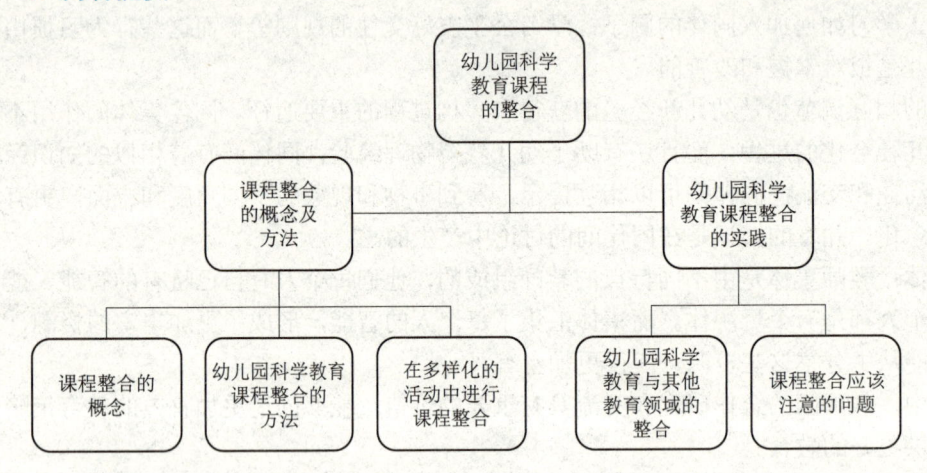

```
                    幼儿园科学
                    教育课程
                    的整合
                   /          \
          课程整合的              幼儿园科学
          概念及                 教育课程整合
          方法                   的实践
         /    |    \            /         \
    课程整合的  幼儿园科学教育  在多样化的    幼儿园科学    课程整合应该
    概念      课程整合的      活动中进行    教育与其他    注意的问题
              方法          课程整合      教育领域的
                                          整合
```

2. 教学基本要求

明确课程整合的意义，掌握课程整合的方法，能够根据教学需要进行课程整合。

第一课 课程整合的概念及方法

一、课程整合的概念

所谓幼儿园科学教育课程的整合，就是指打破幼儿教育过程中课程之间以及课程与生活之间生硬的割裂，使各类课程重新归于知识一体的课程及形态的过程。具体说来，就是将幼儿园课程的各个部分、要素，有机地组合在一起，形成一个整体的课程。幼儿园科学教育课程整合的目的，就是让幼儿在全面和谐的氛围中自主地活动和发展，有计划、有步骤地培养幼儿成为主动积极有效的学习者。

那么，为什么要进行幼儿园科学教育课程整合呢？我们认为，幼儿生活的世界不同于知识的世界，是以问题为中心的，而不是以学科为中心的。问题本身并不属于哪一个学科，只是在解决问题的过程中我们才会借助于某个学科的概念体系或思维方式。但即使这样，也只是从某一个学科出发的回答，还不能说是对这个问题的全面的、丰富的回答。事实上，学科强调的是一种分析的、单一的思维方式，而生活中的问题，却需要一种综合的、丰富多样的回答。幼儿园科学教育具有生活性的特点，也就是说，他们认识的对象应该是生活中熟悉的事物，他们研究和探索的问题应该是来自生活的问题。既然如此，我们就应该遵从生活的逻辑而不是学科的逻辑来对幼儿进行科学教育。此外，幼儿认识世界的方式也是整体性的。幼儿的学习是一种整合性的学习，而不是学科性的学习。在他们的世界里，工作和游戏难以区分，科学的观察和艺术的想象同等重要，严谨的表达和创造性的表现也相得益彰。在成人看来，科学和艺术有着明确的界限，思维和想象也是无法相容的。但是幼儿却打通了它们之间的鸿沟。即使是在学科学的活动中，幼儿也常常是以一种艺术的眼光来看待面前的事物的。对于幼儿心灵世界中的艺术精神，成人应该加以理解、接受，并赋予重要的价值。以"扎染"这个活动为例，把一张方形的宣纸按一定方式折叠起来，可以横折、竖折、斜折或随便窝成各种形状，然后蘸事先准备好的各种颜色的颜料，可以只蘸一种颜色的颜料，也可以同时蘸几种颜色的颜料，蘸完颜料后，把宣纸打开，便形成各种色彩斑斓、形状各异的图案。教师设计这个活动的出发点也许是科学：引导幼儿发现其中蕴含的科学现象——"毛细现象"，但是如果从"扎染"这个活动本身所蕴含的意义来看，它绝不仅仅是一个科学问题。也许我们更应该把它看成一种工艺活动，甚至，我们还可以把它看成民族文化的代表。而这些都超越了科学学科的视野。在这个例子中，尽管教师的设计是"科学"的活动，但幼儿就一定会明确地意识到自己在"学科学"吗？也许"扎染"对他们来说，只是一个好玩的活动而已。在活动的过程中，幼儿也许注意到其间发生的科学现象，也许陶醉于各种美丽的图案，甚或只是满足于"做"本身而全然不顾其他，当然也会出现各种社会交往的行为。总之，这是一种整体性的经验——有科学的、有艺术的、也有社会的；也是一种混沌的经验——因为幼儿自己对此并没有多少自觉的意识。教师如果看不到这种经验的整体性，看不到幼儿认知方式的整体性，而只是纠缠于科学学科的目标和内容，就会使教育违背幼儿的本性。我们在此提出"给幼儿以完整的眼光"，正是要强调让幼儿以整体性的心智参与到科学活动。

  由此可见，整合教育的理念体现了一种完整意义上的科学观。后现代科学观给我们的启示就在于：科学不仅仅是一种逻辑的理性，更是一种人与自然对话的方式。相比于狭隘的理性主义，完整意义上的科学观不唯科学理性的思维方式独尊，而主张不同思维方式的包容与对话，以达到对事物的丰富的认识。例如科学和艺术的关系：二者本来就具有互补性，逻辑的理性也绝不应排斥艺术的想象。只有将二者完美结合起来，才能达到对事物的完整理解。科学不仅是对自然的认识，而且是对自然的欣赏和审美。科学与艺术相融合的主题，体现在教育中就是将艺术精神、艺术化的思维方式渗透于科学教育。再如科学和社会的关系：科学从来都不是脱离于社会之外的价值中立活动，必须受到正确的社会价值观的引导。从科学与社会互动的视点看科学教育，就是要在科学教育活动中，渗透社会价值观的教育。从科学教育本身来说，它更强调科学的价值，科学技术和社会的联系。而从课程整合的意义上来说，它把科学和社会这两个传统的学习领域结合起来，具有内容综合的意味。从这个意义上说，整合的视角之于科学教育，既是幼儿发展与学习的需要，又是科学之本义所在。

二、幼儿园科学教育课程整合的方法

幼儿教育是一个复杂的系统，在这个系统中有众多的因素，应对其加以有机整合。幼儿教育的整合，应该是系统的整合，只对局部的要素进行整合往往难以取得应有的成效，甚至往往会变成形式的整合，而不是实质的整合。幼儿园科学教育课程整合的方法，一般有以下几种。

（一）纵向整合法（教学结构的整合）

1. 内容的整合

教育内容的整合是幼儿教育整合的主要表现，也是一种最基本的整合。幼儿教育的整合最终总要体现在内容的整合上。教育内容整合的主要表现是使同一个领域的不同方面的内容、不同领域的内容直接产生有机的联系，甚至可以突破领域这一内容组织形式。内容的整合最终要落实到具体的教育活动之中。内容的整合性，影响到活动的整合程度。

幼儿园科学教育活动设计的起点是什么？是学科的知识点，还是幼儿的生活？从技术性的层面看，二者都是可行的。幼儿的生活世界为科学教育提供了最生动和丰富的来源。幼儿的生活世界是幼儿自己的世界，是他们可以亲身经历、直接感知的世界，是具体的、真实的世界。来自幼儿生活的内容和主题最能激发幼儿主动学习的需要，也最具有延伸、扩展及整合的可能性。但是，这并不意味着排斥从学科角度出发选择和设计教育活动的内容。只要教师能够摆脱学科知识框架的束缚，将学科知识和幼儿的生活联系起来，不是仅关注自身的兴趣和考虑，而是及时呼应幼儿的兴趣和需要，那么以学科知识为起点的活动设计就是可行的，也是必要的。

2. 目标的整合

教育目标是教育所要达到的最终结果。教育目标在表述时，可能划分为不同的方面。《幼儿园教育指导纲要（试行）》中把教育目标划分为健康、社会、科学、语言及艺术五个方面。除了这种划分方式外，也还有体、智、德、美或运动与技能、认知及情感等归类、划分的方式。不管哪种归类、划分的方式，都是对整体发展的相对划分，这种划分只是为了使我们在考虑教育目标时，不致笼统、无序。任何一种划分都存在对整体发展分隔的问题。这种分隔对年龄较大的学习者来说是必要的，能使学习内容分化、深入。但对年幼的学习者来说，分隔是不得已而为之，是应该在现实的教育活动中加以弥补的。因此，教育目标的原形态并不是割裂。要使教育深化和具体化，有必要对教育目标进行适当的划分，但这种划分不应只是单一领域的目标细化和分解，而应是多领域的、有机的、整体的层层推进。教育目标从总体的目标到现实的活动目标应该是一个整合—分解—整合的过程。

目标的整合是教育整合的基础。目标的整合直接影响教育内容的整合，进而影响教育内容、方法和形式的整合。

幼儿的发展是一个有机的整体。它不是堆积、累积，而是生长、成长。幼儿的发展史不是学科知识和技能的简单相加，事实上幼儿在任何一个活动中，获得的都是整体的发展。过去无论是主题活动的设计还是学科性教学活动的设计，在进行目标设计时，都是从学科出发的，只考虑到活动的学科教育价值，而考虑活动能否引发幼儿兴趣、适合幼儿水平，更谈不上考虑它可以促进幼儿哪些方面的发展。我们所提出的整合观念，正是要努力实现这样一种转变，使教师能真正关注幼儿发展的需要，从幼儿的整体发展需要出发设计活动，而不单是从学科的需要来展开活动。当然，这也并不排除在一些学科性活动中，我们更应当突出学科的目标，而不是其他。

3. 组织实施中的整合

教育资源的整合是与教育内容紧密相关的。教育资源中蕴含了多种教育内容，对教育资源的整合，有利于教育内容的整合，有利于拓展幼儿教育的空间，丰富幼儿教育的方法、形式和手段。幼儿园、家庭及社区都有丰富的教育资源。我们应充分地对其加以运用，并进行有机的整合，使它们真正协调、一致地对幼儿的成长产生积极的、有效的影响。

科学教育活动要体现幼儿学习方式的多样化，将科学探究和多样化的艺术表现、社会性参与等方式相结合。

幼儿有着丰富的认识世界、表现世界的方式，然而长期以来的教育实践却限制了他们的表达。学科化的思维方式，就是成人化的思维方式，往往限制了幼儿自由和丰富的表现。要体现整合教育的观念，就应该克服这种单一化的思维方式，开展多样化的学习活动，鼓励幼儿从多方面来认识和表现。如：幼儿可以对自己感兴趣的问题进行调查，学习用图画、标记等方式记录调查结果，甚至自己设计记录的表格；可以引导他们把自己懂得的知识编成儿歌，来帮助自己记忆；也可以和老师一起，将自己在主题活动中的收获汇编起来，做成小图书；还可以用自己收集来的图片、实物、模型等布置一个展览，邀请大家参观……在这些活动中幼儿可以经历一种更为丰富也更为主动的学习。

（二）横向整合法（一日活动的整合）

横向整合，就是将幼儿的一日活动进行整合。

这种整合，一是把一日生活看作一个教育整体。幼儿在园的一日生活包括了多种多样的活动。这些活动可以大致地区分为专门的学习活动、游戏活动及生活活动。这些活动在幼儿的发展中都具有特殊的价值，起着特定的作用，也是幼儿园课程实施不可缺少的环节。因此，幼儿园课程的实施应关注幼儿一日生活中的各类活动，并注意各类活动之间的有机联系，发挥这些活动的互补作用，做到在生活中学习，在游戏中学习，使一日生活成为一个真正的教育整体。

专门的学习活动是幼儿园课程实施的基本途径。这些专门的学习活动，应把认知、情感、运动技能等方面的发展结合起来，把教师的指导与幼儿发现、探究和体验结合起来，把计划的学习情境与变化的学习情境结合起来，把室内的学习活动同室外的、园外的学习活动结合起来，把先前的活动与当今的活动和将要进行的活动结合起来，对各种学习活动产生多维度的联系。应避免学习活动目标单一、内容单一、形式单一的现象，避免各种活动之间的封闭、割裂甚至抵触的现象。

生活活动是幼儿在幼儿园活动的重要组成部分。晨间锻炼、用餐、就寝、散步、日常劳动都是与生活直接关联的活动，都有着科学教育的因素。对幼儿来说，身体的发展，基本的生活习惯和生活能力形成是最为重要的目标。因此，生活活动在幼儿园课程中占据重要的地位，是幼儿园课程的一个重要的特质。生活活动对幼儿的发展有特殊的意义。而且，现实生活具有对课程内容的渗透作用、综合作用。生活就是一种综合性的活动，生活活动中包含了多领域的丰富的教育内容。

游戏也是课程内容整合的重要方式。游戏对幼儿发展的价值从来就不是单一的。智力游戏绝对不可能只发展智力，角色游戏也有智力的价值。幼儿会把广泛的生活内容反映在游戏活动之中。游戏不只是教学的一种手段，更有它自身的价值。作为课程重要活动之一，游戏应充分发挥幼儿在游戏中的主动性和创造性，鼓励幼儿参与多种游戏，鼓励幼儿在游戏中反映生活。

二是要注意教学内容之间的整合。课程内容之间的联系，是人们经常关注的联系。内容的联系和整合的本质目的，往往不在于内容本身，而在于通过内容的整合，促进幼儿的整体性和谐发展。内容的整合涉及两个层面：课程中内容的纵向联系和是不同的；相关的内容之间的横向联系、整合。课程内容联系和整合的形式很多，在此主要讨论领域内的教育内容的整合、领域间的教育内容的整合和超领域的教育内容的整合。这几种整合。均属于横向整合。

1. 领域内的整合

相对于学科而言，领域已经对教育内容进行了一定的整合。领域是在学科的基础上的一种内容组织体系，本身就是整合的结果。因此，领域的内容必然比学科内容整合程度大。但这并不意味着学科的内容已不需要整合。从当前我国幼儿教育的实践来看，要实现真正的领域内整合，必须加强对领域内容的整合。每一个领域的教育内容应该是一个相对独立的体系。但在一个领域中，教育内容可以做相对的划分。如在科学领域中，有关自然界的内容、有关科技的内容、有关数学的内容，这些内容有一定的独立性，甚至自成体系，但在现实的课程中，应努力使这些内容之间尽可能地相互联系、有机结合。如，关于动物的知识，经常与关于植物的知识联系在一起，有时也会跟一定的地理条件、气候条件联系在一起，甚至还跟科技联系在一起，其中很有可能有分类、数量等数学的内容。对于我国大部分的幼儿园来说，课程的整合首先应该关注的是领域内的整合。

2. 领域之间的整合

不同领域的课程内容之间需要整合。领域是对课程内容的相对划分。领域的划分，必然要割断不同领域间某些固有的联系。我们在课程设计和实施的过程中，要注意恢复不同领域内容之间的一些固有联系，将某些内容还原成整体的、联系的状态，并尽可能发现和挖掘领域间的、更多的联系线索。这种联系的发现和利用不是为了使领域消失，而是为了使不同领域相互联系，实现幼儿园教育发挥更大的整体性功能。领域之间的整合有多种水平，有两个领域之间的整合、多个领域之间的整合，有领域之间的零星联系、多点联系和密集联系。在一个课程中，可能不同的领域间联系和整合的水平是不同的。

3. 超领域的整合

在我国当前的幼儿教育实践中，有一些课程并不是以领域的形式加以组织的。这些课程对课程内容进行了高度的整合，已经超越了领域，在这种课程中，已经看不到特定领域的存在。不同领域的内容都围绕一个核心整合在一起。（比如：活动课——认识蝴蝶，第一步，教师示图讲解蝴蝶从卵到成虫的过程；第二步，孩子们用画笔给蝴蝶翅膀填充图形，渗透对称图形教育；第三步，孩子们学着蝴蝶的样子翩翩起舞……）这种课程一般称为综合课程、整体课程或整体性课程，也有的课程方案从具体的组织形式上考虑，把这种课程称为主题课程、单元课程。

三、在多样化的活动过程中进行课程整合

真正的教育整合应在现实的、多样化活动中加以实现。要在各种现实的、具体的活动中实现整合，应关注以下几个方面。

（一）对活动的开发和创新

良好的活动应该是融目标、内容、环境、材料及方式、方法等活动的基本要素合理组合的、幼儿全身心投入的过程。一个合理的整合的活动应该是各种活动要素的有机结合的活动。使各种活动要素有机结合，实现真正的活动整合的重要的途径之一就是对活动的开发和创新。活动开发和创新不在于名称的新奇，不在于材料的花哨，而在于活动能真正激发幼儿参与的兴趣，在于能真正符合幼儿的需要，在于能启发幼儿的操作、探究和体验，在于能为幼儿已有的经验建立一定的联系。由此可见，活动开发和创新的基础是对幼儿需要和兴趣的了解，对幼儿原有经验的了解，对幼儿现实生活的了解。在此基础上，从幼儿的学习特点出发，充分挖掘和利用现实生活中广泛的教育资源，开发形式多样、新颖活泼、具有趣味性的多种多样的活动。这种活动应该能够引发活动要素有机结合，能够有效地促进幼儿的发展。应提倡让幼儿从事探索和发现性的活动、观察和参观性的活动、调查和访问性的活动、查阅和阅读性的活动、交流和探讨性的活动、感受和体验性的活动。避免只站在领域知识的基础上，无视幼儿的兴趣和需要，选择和组织活动的现象出现。

（二）注重活动目标、内容和方法等的生成

活动目标、内容和方法等的生成，从一定意义上说，就是目标、内容、方法、形式手段等的整合，即把计划的目标、内容、方法、形式及手段等与非计划的、实时性的目标、内容、方法、形式及手段整合起来。活动的情境是经常变化的，与当前活动相关的信息不断涌现。有些信息与当前的活动有紧密的联系，且对幼儿发展具有重要价值，应充分加以利用。在活动过程中，教师和幼儿不断发现新的活动线索。这些新线索，能把活动不断引向深入。因此，活动的生成，要求营造一个有利于生成的氛围，要求教师有一种生成的意识、生成能力，对幼儿新的需要、新的兴趣、新的发现有接纳的态度。只有这样，活动的生成才能实现，计划的活动和非计划的活动才能整合，幼儿现有的经验才能与新的经验实现整合。

第二课　幼儿园科学教育课程整合的实践

一、幼儿园科学教育与其他教育领域的整合

（一）幼儿园科学教育与语言教育领域整合

在语言教学的过程中，以科学知识为内容的文学作品有很多，主要是自然科学方面的知识，也有少数写社会科学方面的知识。它的题材非常广泛，从原子到宇宙，从原始时代到现代社会，从对微生物世界的探讨到人类征服自然、改造自然的斗争，琳琅满目；体裁也是多种多样，主要有科学小说、科学故事、科学童话、科学诗、科学相声、科学小品等。这些文学作品具有科学性、形象性和愉快性。例如：科学故事《月亮姑娘做衣裳》生动地向幼儿介

绍了月亮时圆时缺，引起幼儿观察月亮的兴趣及探索的欲望。故事"曹冲称象"浅显地向幼儿介绍了浮力的作用。还有科学故事"小蝌蚪找妈妈"向幼儿形象地叙述了青蛙的成长过程。科学童话"谁丢了尾巴"生动有趣地介绍了几种动物尾巴的形态及其功能。这些文学作品能使幼儿置身于艺术的境界，感受文学作品的美，同时萌发幼儿探索科学的兴趣，接受科学信息，体会科学精神，对幼儿科学素质的提高起着重要的作用。

（二）幼儿园科学教育与艺术教育领域整合

艺术是情感启迪、情感交流、情感表达的良好手段。艺术活动和幼儿进行科学教育活动整合是一个很好的切入点。幼儿的绘画、咏唱，各种形体表演都充溢着童真之美。他们不拘一格的绘画，自编的歌词，兴高采烈的手舞足蹈都富有个性的创新意。这些稚嫩而新颖的创造性表现需要教师以真诚、喜悦之心去表现、去接纳、去欣赏，更需要引导他们不断地探索和深入，引导幼儿走入科学殿堂。如美工活动"三原色水粉画"中，教师将三原色水彩颜料随意倒在纸上，再在上面盖上透明塑料布，然后用擀面杖将塑料布下的三原色水粉颜料糅在一起，形成一个色彩斑斓的不规则的图案。这时请幼儿发挥想象力，说一说作品像什么，幼儿有的说："像一座山""像一只犀牛""像一只恐龙""像一只老虎"……突然彤彤发现："老师，我们倒在纸上的是红、黄、蓝三种颜色，怎么现在画面上出现了绿色、紫色、橙色、棕色这么多的颜色呢？"许多孩子也发现了这个变化。于是我请幼儿自己动手操作，仔细观察、记录。幼儿兴趣盎然，用自己的方法开展着科学小实验，在不知不觉中幼儿知道了三原色的变化的秘密，同时幼儿的求知欲、操作能力、观察能力、合作能力等科学素养得到了提升。又如学习歌曲《春天是一块大花布》，这首歌词就是一首很好的科学诗："桃花布，杏花布，春天是一块大花布，燕子姐姐剪呀剪，剪成美丽的大花布，娃娃穿上去唱歌呀，妞妞穿上去跳舞呀，唱呀唱，跳呀跳，乐坏了可爱的春姑姑"，既富童趣又生动地把春天的主要特征表现得淋漓尽致。再如我们自编的舞蹈"摘葡萄"，让孩子们观察植物的生长，一起讨论为什么植物需要阳光、空气和水，如果植物缺少了这些会怎样等问题，幼儿在的观察兴趣和探索欲望得到较大程度的满足。有的幼儿通过观察能够提出自己的困惑和疑问。由此可见，由于科学舞蹈渗透了科学原理，融合了音乐舞蹈科学因素的美，幼儿在舞蹈活动中进一步了解了科学事物规律，加深了幼儿科学原理的理解；幼儿认真仔细地观察事物，并注意发现问题，积极思考努力探索解决问题的方法，较好地培养了幼儿对科学活动的探索兴趣和愿望。

（三）幼儿园科学教育与健康教育领域整合

《中国青少年科技普及活动纲要》中提出3~6岁幼儿活动目标中"科学技能"的第一条就是"生命与科学"。因此，在健康领域中有许多地方具有科学教育因素。促进幼儿健康发展既是幼儿教育的根本目标，又是幼儿教育的终极目标。《纲要》由此提出四条总目标，即：一是身体健康在集体生活中情绪安定、愉快。二是生活、卫生习惯良好，有基本生活自理能力。三是知道必要的安全保健常识，学习保护自己。四是喜欢参加体育活动，动作协调、灵活。

根据总目标，我们生成了一系列的科学活动。"身体的奥秘"使幼儿了解了人体生理机能必然经历"幼稚—成熟—完善—消退"的不断变化的过程；知道了人的成长需要事物、空气、水等；了解了人体结构及其功能，知道怎么爱护它们；感受了人的生理和心理活动，学会控制自己的情绪。在这些活动之后，我们又延续了系列科学活动"有趣的变化""我们身边的危险""我生活的环境"等，使幼儿了解了简单的天文现象、气候和季节特征，能主动适应外界环境的变化；了解了生活中一些常见的物理、化学现象；了解了我们生活密切相关的社会场所，节日风俗；了解了电器的用途和安全的使用方法；认识了各种交通工具的特征等。这些活动既提高幼儿的健康认识，改善幼儿的健康态度，培养幼儿的健康行为，又使幼儿懂得了很多的科学道理。

（四）幼儿园科学教育与社会领域整合

从社会性（个性）发展的角度，一个良好的、积极的环境意味着一个能够诱发、维持、巩固和强化的社会行为的环境。在积极的意义上，一个良好的环境所指的不是教师直接影响幼儿的社会性行为，而是教师所创设的条件、机会能够影响幼儿活动的方式，通过幼儿的活动方式间接地影响幼儿的社会性品质。所以，这种环境应具备如下基本特征：

1. 在物质上是丰富的和多样的

丰富多样的活动材料能刺激幼儿的活动需要、诱发幼儿的探索。

2. 在气氛上是宽容的和接纳的

宽容和接纳也意味着教师要善待幼儿的"错误"。如果我们不是从正确标准的角度来看待幼儿的行为，而是从幼儿自身学习和发展的角度，从他们自己积累经验的角度，那么我们就不会将幼儿的错误看作不符合正确答案，而是看作他们自己获得经验的必然途径。

3. 在环境上是倾向的、暗示的

环境是我们的第三位老师，其中的关键，正是在经过良好设计之后，环境起到暗示的作用、起到诱发幼儿积极行为的作用。又由于环境的作用是潜移默化的，是不断重复的，所以其效果往往比教师的言传身教来得更实在。

二、课程整合应该注意的问题

（一）课程整合的目标要坚持发展性

幼儿园课程是为幼儿的发展而存在的，而不是为系统知识的传授而存在的。幼儿园的课程关注的不是应教给幼儿哪些知识，而是幼儿发展的任务是什么，或者说幼儿应在哪些方面得到发展。过去我们过分强调分科或分领域的教育，往往导致教师只注意某一学科或领域的教育价值。如：在数学课或语言课的教学过程中，往往会只注重幼儿的知识技能的掌握，忽视对活动中出现的人际交往问题或幼儿感兴趣的自然现象或社会性的问题，这对幼儿的全面发展是不利的。幼儿发展的整合是幼儿教育整合中核心的整合，是其他各项整合的出发点和归宿。幼儿教育整合中的工具性目标、认知性目标与情意性目标的制定都应该关注幼儿的发展。例如：在绘画活动"小鸭"教学过程中，某教师一改以往先讲解示范绘画步骤后让幼儿模仿的枯燥教学方法，而是为每个孩子提供了一个可以活动的小鸭纸板玩具。结果，孩子们一接过就很有兴趣地和它玩了起来，转转"小鸭"的头，动动"小鸭"的翅膀，摆摆"小鸭"的腿，每个孩子都玩得非常带劲，有时还发出欢快的笑声。孩子们一边玩，一边用桌上的各种圆片粘贴小鸭，这位老师看了情不自禁地问："你的小鸭在干什么"？孩子们争着回答："我的小鸭在看天上的云""我的小鸭在低着头找小鱼吃""鸭妈妈不见了，小鸭回头找妈妈哟""我的小鸭和你们都不一样，他和好朋友手拉手一起向前走……这位教师趁热打铁："小鸭怎么会做各种动作"？"转小鸭的头，嘴巴朝哪儿，小鸭就能看到哪儿了"。孩子们通过摆弄探索，经过了一个实验过程后，轻松地在纸上画出各种动态的小鸭。这个活动中，孩子自始至终在玩的过程中学习，学得轻松又自然。他们的作品充分表现了各自的创造和想象，是孩子们自己的画。

（二）整合课程内容要坚持系列性

教育内容的整合不仅表现在不同领域、不同内容之间产生的有机联系，而且需要构成系列。在进行课程中，应当注意以下几点。

首先，选择孩子日常生活经验。选择大量的孩子日常生活经验，进行合理整合，能够引导孩子对日常司空见惯的现象加以关注、概括和交流，以此激发孩子进行探究、发现。

其次，选择孩子可以理解的社会信息。现代社会中的孩子已不再生活在一个狭隘和封闭的空间里，社会信息通过各种渠道渗透到孩子的生活中并影响着孩子。孩子们会关心"神舟五号"，会讨论"北京奥运"，会谈论"希望工程"。教者不妨由此引导孩子开展积极的讨论。这类整合活动不仅使孩子的语言得到发展，而且也使他们的社会责任感得到培养。

最后，选择孩子可接受的科技发展信息。时代的快速发展使孩子有机会感受或了解到许多科技信息。他们不再拘泥于拼插积木、电动玩具，而更多地对新的科技现象产生极大的兴趣，想去了解、去探究、去发现。这不仅使孩子的语言表述、运用的机会大大增加，而且思维的加工和概括也不断地得到锻炼。孩子的语言和思维在相辅相成的过程中得到整合，如"家乡的高层建筑""神奇的电脑""我见到的高速公路""上海的磁悬浮"等。这类内容整合无疑能大大帮助孩子积累有益的生活经验，为孩子的将来打下扎实基础，促进孩子和谐、全面的发展。

（三）整合课程过程要坚持综合性

幼儿园整合课程的过程，就是融生活、游戏、学习为一体的综合过程。目前，幼儿教育发展新趋势之一就是在教育目的上倡导"教育是生活"的主张。生活活动是幼儿园课程设计和实施的现实背景，是幼儿在园活动的重要组成部分。晨间活动、用餐、午睡、日常劳动等都是孩子们在幼儿园的生活活动。如果课程脱离了幼儿生活，就难以产生教育，难以落实科学的教育目标。幼儿的生活能力与习惯的养成均是在生活活动中逐步形成、慢慢积累的。幼儿的发展特点和学习能力决定了幼儿园的课程必须是与幼儿的生活相关联的。以往，我们把教育看成幼儿生活以外的一个因素，认为外加的教育能促进幼儿发展。其实，幼儿园课程事实上就是幼儿发展的生活世界本身。教师如果不善于捕捉幼儿生活中的教育契机，不注意调动幼儿学习的兴趣和积极性，这样的整合课程就不是我们所需要的。

游戏是幼儿的基本活动形式，是孩子生活经验的反映，在幼儿园里是孩子们开展频率最高的活动。幼儿会把广泛的生活内容反映在游戏活动之中，也会把丰富的学习内容反映在游戏之中。幼儿往往是在游戏的过程中获得身心健康、和谐的发展，习得一些知识或某些技能。

在游戏的过程中，孩子们是自己的主人，可以自主能动地进行自己的活动，发表自己的意见。因此，幼儿园的课程与游戏是密不可分的。作为课程实施重要活动之一的游戏，应充分发挥孩子们在游戏中的主动性和创造性。鼓励幼儿参与多种游戏，鼓励幼儿在游戏中反映生活，以为幼儿在游戏中运用和发展学习到的知识及能力提供机会和条件。

(四）整合课程实施要坚持多样性

幼儿是在自身与周围环境中的人、事、物相互作用过程中获得发展的。教者从主题选择、内容规划到活动设计，必须有机整合集体、小组、区域活动，引导幼儿在探索中发现并学习，在乐趣中得到发展。比如，学习"叶子变色了"，我组织幼儿到户外去观察秋季的变化，捡树叶，让幼儿了解秋天来到时树叶的变化、气温的变化以及大自然的变化，收到了良好的效果。又如，我们在学习"声音"这一主题活动时，改变了在教室里"听"这一呆板的教学方式，而是通过让幼儿亲自到户外聆听、观察，在辨别声音的好听与不好听、高与低、噪声与乐声的过程中激发了幼儿浓厚的兴趣，从而使活动目的顺利达到。这些不同的活动形式，使我们认识到在实施整合课程时必须改变我们以上课为主的传统观念，而是以活动为主，以游戏、参观、制作等多样性活动作为基本的组织形式。

由于整合课程常常不能按照教师用书上的活动方案去开展，而是以"儿童发展为中心"实施开放性教学展开学习活动的，因此需要我们去构思、去创设。至于如何具体地去实施每一个环节，用什么样的形式、方法，还要根据本班幼儿的实际情况去设计。如在学习课程单元中的"开伞、收伞"这个活动时，我用演小品的形式展开学习活动。孩子们从我形象、有趣的表演中，认识到用伞不当带来的危害，懂得了自我保护的重要性，学会了正确用伞的方法。同时，孩子们对伞表现出极大的热情，不厌其烦地玩着"开伞、收伞"这一本领。趁着这股热情我让幼儿交流"开伞、收伞"的感受。他们把伞比作"荷叶""蘑菇""大树"……把自己比作"小青蛙""小白兔""小鸟"……这种巧妙构思、灵活多样的方法深受孩子们的喜爱。在整合课程实施的过程中，一定要将生活活动、户外活动、参观活动、野外活动等都列入课程的范畴，创设以幼儿为主体的、优化了的活动情境，通过幼儿的亲自实践，充分调动幼儿的各种感官，去体验、探索、发现，全方位地获取有关物质世界和人际社会的各种经验，从而使知识在情境中生成构建，在情境中显现社会生活的意义。

（五）要坚持全员参与进行整合课程

整合课程应该是师生共同参与探求知识的过程。教师不再作为知识权威的代言人全面控制课程的组织与开展，而更多的是以支持者、合作者和引导者的身份出现。幼儿也不再是知识的被动的接受者，而应成为课程发展的积极参与者，他们的需要、兴趣、经验、探索和体验将受到高度重视。整合课程作为很重要的课程改革运动，也必须得到家长的了解、认同和支持，从而让他们也能做个积极的参与者。如此，才有可能不出现：家长每天询问孩子学到了什么，如果孩子没有认出几个字，或是没有学会几个美丽的形容词，或是没有认识几种动物，那就会认为孩子什么也没学到，从而质疑教师的教学水平；如此，才有可能出现：家长不只限于询问孩子今天学到了什么，还应和孩子一起在家里或到大自然中去探索延伸主题活动，从而观察孩子在活动过程中不断丰富的学习经验及创造性表现，甚至为主题活动做力所能及的事，如收集准备各种资料，给予孩子有关知识方面的准备，以及发挥自己的特长参与某些教育活动等。

虽然整合课程强调重视孩子的兴趣和与孩子在互动中生成课程，但根据孩子的发展特点、最近兴趣点，还是需要教师在进行每个主题教学之前做好教学计划。不仅如此，我们幼儿园同事之间还常常共同讨论一个主题的月计划、周计划、日计划，再根据各自的强项来分工，以便通过形式多样的活动安排，更好地让幼儿了解资讯、形成概念和获得技能。整个学习过程中既需要孩子们的积极参与，又需要教师的引导、家长的配合。只有这三者之间建立起有效、积极的互动关系，才能达到理想的教育效果。一般来说，在主题活动刚确立时，孩子们的相关表达均比较贫乏。如果通过师生互动"你说我也说"、生生互动"大家一起来"、家长与孩子互动"我是小小调查员"、孩子与环境互动"一个人闪光"等，或许就能很快地激发孩子们积极探究的热情，发挥其自主学习的能动性，并获得多方面的能力。

学练结合

（1）根据书中实例，试着自己举例说明什么是"超领域整合"。
（2）举例说明幼儿园科学教育与其他领域的整合。

参 考 书 目

[1] 冯晓霞. 幼儿园课程［M］. 北京：北京师范大学出版社，2002.
[2] 朱家雄. 幼儿园课程［M］. 上海：华东师范大学出版社，2003.
[3] 林嘉绥，李丹玲. 幼儿数学教育［M］. 北京：北京师范大学出版社，1994.
[4] 林嘉绥. 幼儿园数学教学法［M］. 北京：北京师范大学出版社，1990.
[5] 周淑惠. 幼儿数学新论［M］. 台北：心理出版社，1995.
[6] 金浩. 幼儿数学教育概论［M］. 上海：华东师范大学出版社，2000.
[7] 朱慕菊，等. 入学前数学教育［M］. 北京：中国少年幼儿出版社，1995.
[8] 胡本炎. 小学数学教育心理学研究［M］. 上海：华东师范大学出版社，1998.
[9] 施燕. 幼儿园科学教育（修订版）［M］. 上海：华东师范大学出版社，2006.
[10] 王志明. 幼儿园科学教育［M］. 南京：南京师范大学出版社，2001.
[11] 张骏. 幼儿园科学教育［M］. 北京：人民教育出版社，2005.
[12] 刘占兰. 幼儿园科学教育［M］. 北京：北京师范大学出版社，2002.
[13] 周鸣. 打开眼睛，让我们一起发现［M］. 上海：百家出版社，2003.
[14] 余志强. 科学课程论［M］. 北京：科学教育出版社，2002.
[15] 徐苗郎. 幼儿数学教学游戏化的探索［J］幼儿教育.1998.（9）.
[16] 陈国眉，冯晓霞. 学前心理学参考资料［M］. 北京：人民教育出版社，1991.
[17] 中国学前教育史编写组编. 中国学前教育史资料选［M］. 北京：人民教育出版社，1989.
[18] ［苏］列乌申娜. 学前儿童初步数概念的形成［M］. 曹筱宁，成有信，朴永馨，译. 北京：人民教育出版社，1982.
[19] 邱淑慧. 学前儿童科学教育与活动指导［M］. 北京：教育科学出版社，2012.
[20] 李玮，庄彩霞. 学前科学教育［M］. 天津：南开大学出版社，2012.